21世纪高等院校教材

# 运营管理

主 编　吕　竑　王冬玲
副主编　李众宜　路　英　钮小萌

科学出版社

北　京

# 内 容 简 介

运营管理是对企业运营过程的计划、组织、实施和控制。本书系统介绍了运营管理的基本概念、基本原理和基本方法。全书共分 13 章，内容包括：价值链与运营管理、竞争优势与运营战略、产品与服务设计、运营系统设计与分析、生产能力与生产计划、作业排序与控制、库存管理与库存控制、质量管理、项目管理、企业资源计划、设备综合管理、生产现场管理、先进生产方式介绍等。

本书适用于普通高等院校应用型本科、大专及高职高专、成人高校等企业管理类专业以及其他相关专业的教学，也可作为企业管理人员的学习和培训用书。

**图书在版编目（CIP）数据**

运营管理/吕竑，王冬玲主编 . —北京：科学出版社，2013
21 世纪高等院校教材
ISBN 978-7-03-038995-4

Ⅰ.①运… Ⅱ.①吕… ②王… Ⅲ.①企业管理-运营管理-高等学校-教材 Ⅳ.①F273

中国版本图书馆 CIP 数据核字（2013）第 255021 号

责任编辑：张 凯/责任校对：鲁 素
责任印制：阎 磊/封面设计：蓝正设计

*科 学 出 版 社* 出版

北京东黄城根北街 16 号
邮政编码：100717
http://www.sciencep.com

**北京市文林印务有限公司** 印刷
科学出版社发行　各地新华书店经销

\*

2014 年 1 月第 一 版　　开本：787×1092 1/16
2017 年 1 月第四次印刷　　印张：14 1/2
字数：293 000

**定价：36.00 元**
（如有印装质量问题，我社负责调换）

# 前　言

世界进入了一个崭新的全球化的时代，新思想不断涌现，新观念激烈碰撞，新知识持续爆炸，在这种快速变化的动荡的外部环境中，管理理论和实践持续创新，管理学科的高等教育面临着新的挑战。

现代管理理论认为，企业管理的最基本的职能是生产（运营）、营销和财务，再加上技术开发和人力资源管理两项职能，这五项职能被称为企业管理的最主要的职能。

运营管理是对运营过程的计划、组织、实施和控制，是与产品生产和服务创造密切相关的各项管理工作的总称。从另一个角度来讲，运营管理就是对生产和提供公司主要的产品和服务的系统进行设计、运行、评价和改进。

经济的发展、社会的进步及市场需求的多样化趋势，赋予运营管理在企业竞争过程中的不可替代的重要地位。优秀的企业战略必须由运营管理加以实施和体现；基于先进的信息技术的企业信息系统、基于价值链整合的成本管理成为运营管理的基础；对人本、全面、协调、可持续发展的密切关注，成为运营管理的关键。本书的编者一直在努力体现运营管理的这一前沿趋势。

另外，本书在承认理论和实践的天然差别的基础上，特别重视理论联系实际和企业实践案例的研究，努力帮助读者提高运用运营管理的理论解决实际问题的能力。

本书是团队合作的成果，是集体努力的结晶。具体的编写分工如下：吕竑、王冬玲担任主编，负责全书的结构设计及最后的统稿和定稿，同时吕竑承担了第一、二章的编写，王冬玲承担了第三、四、十一、十二章的编写；路英承担了第五、六、七章的编写；时奇文承担了第八章的编写；王冬玲、赵秀共同承担了第九章的编写；钮小萌承担了第十章的编写；杨立娟承担了第十三章的编写。除此之外，刘超教授、李众宜副教授为本书的编著出版努力创造条件、提供便利，王启敏、赵琳、张晓毅、闫娜、姜颉等为本书的编写做了大量的资料收集、校对、审稿等工作，在此一并表示感谢。

由于本书涉及的理念新、知识面广、信息量大，再加上时间紧以及作者自身水平限制，难免会有不当之处，恳请专家、学者及同行批评指正。

吕　竑　王冬玲

2013 年 12 月

# 目　录

# 第一章  价值链与运营管理

**本章学习目标**

1. 掌握价值的概念。
2. 掌握价值链、供应链的概念，以及它们的区别和联系。
3. 了解价值链集成的概念、特点及其动因。
4. 掌握运营管理的概念、范围。
5. 了解多品种、中小批量生产方式。

## 导入案例：  ZARA 的霸业

GAP（美国）、ZARA（西班牙）、H&M（瑞典）、C&A（德国（荷兰）），是目前国际上最成功的四大服装零售品牌。ZARA 品牌诞生于 1975 年，目前在全球 56 个国家中有 2000 多家 ZARA 连锁店，在中国的连锁店也已经有上百家。

深刻理解和领会行业产品的本质是企业成功的关键。时装行业，产品每天贬值 0.7% 左右，只要提前 10 天卖出，就少贬值 7%，毛利率就可增加 13%。在对时尚高度敏感的时装行业，谁更快，谁就更有可能成功。快速必然带来资本周转率的提高，缩短了资本周转的时间，从而带来巨额的利润。

近年崛起的最成功的时装企业 ZARA，不是原创者，不去创造时尚潮流，而是对潮流进行快速反应。它们收集和吸收潮流信息，捕捉时尚元素，挑选出最受顾客欢迎的服饰，经过改良和变种，并通过整合强大而灵活的供应链，保证产品快速投入生产和销售。

一件 ZARA 时装从设计开始，到生产、物流，最后进入销售环节，平均仅为 2～3 周，遥遥领先于业内大多数公司数月甚至超过一年的前导时间。

按照传统的观点，企业要达到规模经济效益就需朝产量多、款式少的方向发展。ZARA 创新的运营模式使产量少、款式多同样实现了规模经济效益。其秘诀就是通过整合流程，建立快速、有效及灵活的供应链以减少前导时间，从而实现对市场的快速反应，构建出其他企业难以模仿的核心竞争力。在减少前导时间的同时，还要考虑成本效益和前导时间的平衡。

ZARA 是各国著名模特儿、明星喜爱的一个品牌，也是普通民众所拥戴的一个品牌，原因就是其快速推出的时尚时装和平民的价格。ZARA 的母公司印第迪克集团（Inditex）1963 年由高纳（Amancio Ortega Gaona）创立，如今成为全球排名第一的服装零售商。

简单来说，ZARA 的成功之路由三大步骤组成：第一步是减少前导时间；第二步是降低成本，增加效益；第三步就是多品牌扩张。

### 一、速度为王

前导时间就是指一件服装由设计到售卖所需的时间。越潮流的服饰需求就越不稳定，所以，越短的前导时间就越能让服装公司对市场潮流做出快速反应。

ZARA 年轻的设计团队穿梭于世界各地的时尚场所、时装发布会，观察时尚领袖们的着装，利用各种渠道和手段收集世界最前沿的时尚元素信息，用于时装的设计。利用强大的企业信息网络将设计团队、市场专家团队、采购专家团队联合起来，快速设计紧跟最时尚潮流的时装。近年来，ZARA 每年推出上万款时装。一旦设计款式得到批准通过，生产指令就可以马上下达到 ZARA 的生产工厂，从设计到生产，ZARA 最快可在两天完成。

## 二、神奇的供应链

ZARA 通过高效灵活的供应链来减少前导时间。Inditex 拥有自己的纺织厂、服装加工厂，在欧洲一些主要地区建立了独立的物流运输企业，几乎全权控制了服装设计、生产、物流以至销售的整个供应链。Inditex 在巴塞罗那自有的布料公司 Comditel 生产的布料 89% 都供应给 ZARA，增加 ZARA 采购的速度和灵活性。同时，ZARA 还有 260 多家布料供货商随时候命，保障了原材料供应。

ZARA 在西班牙的生产基地拥有 20 多家资本密集、高度自动化的自有工厂，负责染色和裁剪；而在涉及劳动密集的大量烦琐的缝纫环节，ZARA 将工序外包给 400 多家中小企业，经常能做到一家企业生产一个款式，生产效率也很高。ZARA 采购的布料 95% 都来自欧洲，而且 80% 的时装都会在欧洲生产，只有一些基本款式的时装才会在低成本地区生产。

ZARA 在西班牙交通枢纽拉科鲁尼亚有一个庞大的物流配送中心。这个极具效率的物流配送中心，保证了 ZARA 快速的时装周期得以实施。

在运输上，ZARA 不惜以空运争取时间。在欧洲，3/4 的货品由货运承包商用卡车运送，保证在两天内到达。而对于美国、日本、中国等地的门店，ZARA 不惜成本，以飞机运送，从而在时间上超越其他竞争对手。

有赖于价值链的高效整合，ZARA 的前导时间相比竞争对手大大缩短。

快速的周转，饥饿营销手段的实施，自主销售门店的销售信息和设计、生产环节的高效沟通，使 ZARA 折扣货品率远低于同业。有限的货品增强客人对 ZARA 的新鲜感，每年消费者平均光顾其商店 17 次，而行业平均水平仅为 3～4 次。

## 三、成本控制大师

1. ZARA 降低成本四招：少打折，少打广告，用非正式工，低技术投入

为了弥补 ZARA 创造极速前导时间，以及选择城市最优商业地理位置开店等所提高的成本，ZARA 主要采取以下几种方法大力降低成本。

（1）比行业平均水平低一半的打折率。紧跟时尚、前导时间短、产品不断推陈出新、饥饿营销手段的采用等，致使 ZARA 的货品大多都能够以正价卖出。打折率不超过 18%，只有行业平均水平 35% 的一半。促销成本大大降低。

（2）压缩广告宣传费用。ZARA 广告宣传成本只占总销售额的 0.3%，而远低于行业平均的 3%～4%。ZARA 通过电子邮件、顾客服务热线等低成本通道宣传自己。并且，

ZARA 认为优越的商铺地理位置、独特的店内商品展示和考究的橱窗就是最好的广告。

（3）聘用非正式的工人。ZARA 与西班牙和葡萄牙的一些小加工厂签订合同来生产成衣，那些工厂绝大多数的员工是非正式工人，例如母亲、祖母和年轻的女孩，这些人大多都生活在小镇或是村庄，对工资没有太高的要求。为 ZARA 工作的女裁缝得到的还不到产业工人工资的一半，约 500 美元/月。

2. 多款少量也可达到规模经济

传统观念认为，款少量多是企业达致规模经济的不二法门。研究发现，ZARA 销售额上的增长，比产品成本的增长更快，产品平均成本因销售规模的增大而减少。ZARA 虽然采取了多款少量的策略，但出乎意料地也能收到明显的规模经济的效果，降低了产品的平均成本。

3. "前导时间"和"成本控制"哪个重要？

ZARA 为追求更短的前导时间而不计成本，不仅 80％的衣物在成本较高的欧洲生产，在某些特殊情况下还会用飞机去运送，而 H&M 则选择了在追求前导时间更短的同时，也要平衡成本，选择 60％的衣物在低成本区生产。

最终结果是，ZARA 的前导时间最快可达 7 天，较 H&M 最快的 21 天快了近 2 倍。但平均来说，H&M 的货物售价较 ZARA 的便宜 30～50％。

## 四、多元化带来的增长和安全

Inditex 的旗舰品牌 ZARA 在 1975 年开业。集团依赖单一品牌 ZARA 的日子在 1991 年才得以打破。从 1991 年开始，Inditex 注入了不同品牌。2000 年，ZARA 占整个 Inditex 集团的除息前净利高达 85％；到 2004 年，已跌至 69％。其间，ZARA 的业绩取得大约一倍的增长，可见其比重的下跌并不是因为其业绩在倒退，而是因为集团其他品牌的高速成长。

2000～2004 年这几年来，ZARA 致力于拓展西班牙以外的欧洲市场，其所占的份额由 29.6％增长至 37.3％。集团的销售增长率也长期高居约 20％的水平。

ZARA 通过构建基于顾客需求并引导顾客需求的高效运营的价值链，具有了低成本、差异化及超高的资金周转率等竞争优势，为企业带来了超额的利润，并成为未来服装行业的标杆企业。

资料来源：郎咸平. 你想到的都是错的——本质Ⅳ：你的想法要符合行业本质. 北京：人民出版社，2011：120-160.

**讨论：**

1. ZARA 生产模式对现代制造业有哪些启示？
2. 简析 ZRAR 运营模式的理念、框架和特点。
3. 简析 ZARA 价值链的整合过程。

# 第一节　价　值　链

价值链是由企业资源和流程构成的网络，企业经营中所产生的产品流、资金流、信息流和服务流，是构成这个网络的重要元素。从供应商开始，经过企业的资源和流程，生产出产品和服务，然后传递给顾客。

价值的创造是基于企业所拥有的全部资源所构成的一个统一有效的系统。这个系统包括企业所拥有的全部资源——无形资源、有形资源、物质资源、人力资源等。从组织上讲，它不仅包括运营管理层，还包括生产服务、市场营销、财务管理、信息系统、人力资源等部门。这个系统的运营，集中体现了价值的创造和传递，因此有了"价值链"的概念。

技术的进步和社会的发展，缩短了世界各地之间的距离。全球化和社会分工的持续推进，使企业所处竞争环境更复杂、变化更快、竞争更加激烈。企业既需要降低成本、提高质量，增强竞争力，同时又要为顾客和股东创造更大的价值，使管理者们面临着极大的挑战。对企业价值链进行深入分析研究，在全球范围内重构自己的价值链，成为优秀企业保持竞争优势进而确保盈利的重要手段。在全球化的时代，这种手段的应用已经成为企业发展的主流趋势。

随着信息技术的高速发展及世界交通状况的持续改善，企业在全球范围内构建和掌控自身价值链的能力得到了极大的提升，大大提高了企业在全球范围内打造价值链的可行性和成功率，许多优秀的先行的企业获得了长久的竞争优势和丰厚的利润。

## 一、价值的概念

消费者对产品的价值体验，集中体现在产品的新颖性、优良的质量、完美的服务、对品牌的认可度以及相对较低的价格上，消费者总是希望在每一次交易中都能够获得符合自身预期的超值的"价值"。

价值，是消费者对所获取的收益的主观感知，这些收益来源于企业提供给消费者的产品、服务，以及产品和服务的组合。消费者总是基于可感知到的收益和所付出的价格之间的对比（即性价比），来判断是否购买某件产品、某项服务，或产品和服务的组合包。

价值＝消费者感知到的收益／消费者所支付的价格

消费者购买产品或服务的依据，就是其价值的高低；提供高价值产品和服务的企业，更容易将其产品销售出去，从而实现盈利。

显然，根据上述价值的函数表达式，企业可以采取以下几种方式来增加产品和服务的价值：

（1）既降低价格，又增加可感知的收益；

（2）价格保持不变，只增加可感知的收益；

（3）可感知收益保持不变，只降低价格；

（4）少量提高价格，大幅度增加可感知收益；

（5）少量降低可感知收益，大幅度降低价格。

在产品和服务的设计中关注价值，成为企业提高竞争力的主导手段。越来越多的传统制造企业开始为消费者提供服务以实现其产品的可感知价值的增值。如果不能以合理的成本提升产品的质量或性能，并且市场价格又不能再提高，那么增加的额外服务所产生的成本，必然会蚕食企业的利润。

在工业经济时期，服务业不发达，服务业的组织和管理基本是参照制造业的模式，然而，在当今新经济时期，制造业的组织和管理也将参照服务业的模式进行。制造业不再只是生产产品的工厂，而必须依照消费者的感知来为其输送价值。运输、安装调试、维护修理、技术支持等都是影响消费者价值感知的因素。协调企业的运营能力，以消费者感知价值为中心，设计和传递产品与服务价值包是运营管理的本质。

## 二、价值链

在企业运营过程中，价值链从为该过程提供原料的供应商开始，经过企业运营系统的转换，成为价值增值的产品和服务，传递给目标市场，最后到达最终消费者手里。企业所拥有的土地、人力资源、资金、信息资源等，是这一转换过程顺利实施的支撑。供应商可以是零售店、分销商、经销商、信息与网络公司、建筑工程设计单位，以及原材料和组件的制造商。这些输入可以是有形的物资资源，比如，供应给冰箱装配车间的压缩机、供应给酒店的鱼肉蔬菜、供应给职业学院或培训机构的学生等。这些输入通过企业运营系统就被转换成了价值增值的产品和服务。

价值链运营的成功依赖于其构建和日常运营，包括供应商、输入、加工转换、输出、消费者等各个环节，也包括土地、人力资源、资金、信息资源等环节的支撑。最终产品和服务的价值增值，取决于运营系统的整体效率。

价值链分析法是由美国哈佛商学院著名战略学家迈克尔·波特提出的，他把引起价值增加的活动分为基本活动和支持性活动。基本活动涉及生产作业、市场销售、进料后勤、发货后勤、售后服务，支持性活动涉及人事、财务、计划、研发、采购等；基本活动和支持性活动构成了企业的价值链（图 1-1）。在不同的企业参与的价值活动中，并不是每个环节都创造价值，实际上只有某些特定的价值活动才真正创造了价值，这些真正创造价值的经营活动，就是价值链上的"战略环节"。企业要保持的竞争优势，实际上就是企业在价值链某些特定的战略环节上的优势。运用价值链分析方法来确定企业的核心竞争力，就

图 1-1　迈克尔·波特的价值链分析

是要求企业密切关注组织的资源状态，要求企业特别关注和培养在价值链的关键环节上获得重要的核心竞争力，以形成和巩固企业在行业内的竞争优势。企业的竞争优势既可以来源于价值活动所涉及的市场范围的调整，也可来源于企业间协调或合用价值链所带来的最优化效益。

价值活动是企业所从事的物质上和技术上的界限分明的各项活动，这些活动是企业创造对买方有价值的产品的基石。利润是总价值与从事各种价值活动的总成本之差。

价值活动分为两大类：基本活动和支持性活动。基本活动是涉及产品的物质创造及其销售、转移、买方和售后服务的各种活动。支持性活动是辅助基本活动，并通过提供采购投入、技术、人力资源以及各种公司范围的职能支持基本活动。

### 三、供应链

供应链是价值链的一部分，主要由运营系统中产品和原料的实物移动过程，以及由于供应、生产、销售流程而产生的信息流和资金流构成，如图 1-2 所示。

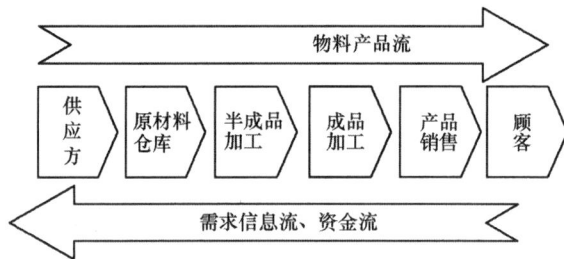

图 1-2　典型供应系统

许多公司对价值链和供应链不做区分，但二者之间是有区别的：

（1）从范围上讲，价值链比供应链范围更广，涵盖了创造和传递整个消费者价值包的所有的售前和售后服务。

（2）从视角上讲，价值链是从消费者价值角度来考察企业的运营系统，也即从产品和服务包的价值创造角度考察的；而供应链更多的是从企业内部考察产品和服务的生产过程的。

（3）价值链更加关注产品和服务在创造消费者价值中所扮演的角色，而供应链只着眼于制造过程和物料、信息流的流动。

（4）价值链分析在服务型企业和制造型企业中都能够得到很好的应用。

### 四、价值链运营结构

确定产品数量、类型和制造厂位置；选择分销商、零售商；建立维修中心、客户服务和技术支持中心；选择技术、工艺和流程；选择整个价值链的管理方式；选择供应商和合作者；然后，将全部的参与者都整合在一个有效的系统中，从而构建出价值链运营结构。

不同的运营结构对管理技能的需求是不同的。例如，沃尔玛、家乐福、乐购等大型超市集团，虽然它们的价值链非常庞大，但是，其关注的重点是采购和分销。相反，通用电气公司，由于其涉猎的业务不同，其价值链的结构也不同，其医疗设备、飞机发动机、电器及发电系统等业务各自拥有自己不同的价值链运营结构。

同时，先进的技术和信息系统的采用，可以大大降低价值链中各环节、各流程的运营成本，节省运营时间，并为消费者个性化服务需求提供保证。

## 五、价值链集成

对于供应商数量庞大、设施设备和外包服务需求等都很复杂的企业来说，企业特别需要良好的信息系统的支持，以协调所有参与者、运营流程和方法。对于制造业来说，价值链需要统一供应商、生产商、分销商和消费者之间的信息系统，管理供应链并安排业务进度，掌握新技术的使用方法。

价值链集成，是在保证产品和服务质量的前提下，管理信息、实物、产品和服务的过程，以使位置、时间、成本和数量等都是最恰当的。只关注实物流的协调，以保证在供应链的各个环节都能够用到恰当的材料和部件的过程，被称为供应链集成。

价值链的集成包括，在外部如何更好地集成供应商、生产商、分销商和消费者，在内部如何更好地集成各种资源，从而降低整个价值链的总成本、减少库存、获取新技术、和所有参与者良好沟通，以及为消费者提供更好的产品和服务。

在服务业中，价值链的集成更多地体现在降低成本、增加便利和处理特殊服务等方面，如快递公司的邮件位置查询系统、零售商的网上商店、金融企业的网上银行等。它们管理信息，简化业务流程，使价值链更有高效，为消费者创造更多价值。

价值链集成商区别于传统产品集成商。在过去的产品集成模式下，集成商更侧重于对价值链进行硬性控制，希望以此确保安全，并从整条价值链中获取最大的利益。这种情况在那些实行垂直一体化经营模式的企业身上表现得最为明显，比如通用汽车、IBM、苹果、惠普、东芝等许多大企业都曾经如此。现在，尽管许多企业都已经告别垂直一体化，但作为产品集成商的思维仍未完全转变，比如索尼，直到施金格上台前，该公司仍试图牢牢控制价值链，丝毫不肯舍弃价值链中任一环节上的利益。诺基亚也有这种倾向，不论是Symbian操作系统，还是下游应用软件，甚至互联网应用，它都进行控制。

而价值链集成模式，最大的特点是抛弃了对价值链实施全链条硬性控制的企图，根据自身优劣确定其在价值链中的定位，并以市场黏合力聚合各方力量，共同创造价值。苹果公司在开发iPod时，并不是对价值链实施全程硬性的控制，从设计开发、生产再到销售，苹果公司只是有针对性、有选择地参与，同时，利用市场黏合力、资本实力来主导整个集成过程。

价值链集成的另一显著特点是以集成商为依附，多方力量协作，合理分利。仍以iPod为例，苹果公司在开发iPod时，牵头成立了一个开发小组，使参与研发的各公司飞利浦、IDEO、General Magic和Connectixand网络电视等走到一起。

当然，合理分利是合作共赢的前提。苹果公司与便携播放器公司在合作开发iPod时达成了这样一种分利方式：苹果每卖出一台iPod，便携播放器公司即可获得15美元。

与传统产品集成相比，价值链集成所达至的企业发展速度的确相当惊人。iPod上市仅5年多，销量就达到了1亿台，而索尼Walkman达到这个数量级用了14年时间。

价值链集成快速发展的原因，一般认为有下面两条：

（1）成本大大降低。苹果公司的 iPod 产品，从设计这一环节开始集成，采用了生产外包的方式，大幅降低了生产成本和研发成本，分摊了风险。通过价值链集成使其能够享有资产而不必拥有资产，从而有效降低了保有资产的巨大成本。

（2）大大缩短了市场距离，市场响应速度大大加快。市场距离是指企业与市场之间的感知距离，而非物理空间距离。随着市场距离的缩短，企业对市场的响应速度大大加快。苹果公司从获得独立承包商托尼·费德尔的创意到开发 iPod/iTunes 产品解决方案仅用了 8 个星期，而整个产品的开发也只用了短短 6 个月。

电子信息技术的高速发展，为企业借助强大的企业 IT 系统，使信息能在价值链中有效而快速地流动创造了条件，从而保障了价值链的高效集成。

在未来的市场竞争中，信息优势的作用将会愈发突显，这是所有企业都不能忽视的。信息优势是企业运营优势的重要组成部分，已经成为现代优秀企业竞争优势和核心竞争能力的基础。信息流动效率与总资产周转效率一样，对企业尤其是价值链集成意义重大。成本优势依赖于企业运营管理的效率，战略、运营优势、品牌等因素的密切结合，是企业价值链集成成功的关键要素。

# 第二节 运营管理

运营管理是由生产管理演变来的。早期的企业组织，一般都有三个基本的职能部门：财务、销售和生产。生产管理是企业的最基本职能之一。最近一二十年，业界对生产的理解逐步深化。

首先，人们认识到，生产不仅仅是指有形产品的制造，同时也是无形的服务的提供过程；是投入生产要素之后，经过生产系统转换为有形产品和无形服务的产出过程，是创造效用从而增加产品附加价值的过程。其次，近年来，业界又突破了有形产品和无形产品的界限，认为生产过程还受到观念、思维、文化、品牌等的影响。因此，生产（产品生产）管理逐步演变成了生产和运作（产品生产称生产，服务提供称运作）管理，最后演变为运营管理。

运营管理所要研究的就是如何对制造产品、提供服务或者产品与服务组合的系统和过程，进行组织、计划、实施和控制。

运营管理的职能包括预测、能力计划、进度安排、库存管理、质量管理、员工激励、设施地址确定等。

## 一、运营管理的范围

运营管理的范围，并不局限于制造企业的制造过程，还包括供应商管理、产品的研发、售后服务等，涵盖产品生产和服务提供的全过程，也即涵盖产品和服务价值增值的全过程。

运营管理的范围因组织的不同而异。运营管理人员的主要工作包括：产品和服务的设计、生产工艺的选择、技术选择和管理、生产系统的设计、选址及布局规划、设施规划、产品和服务质量的改进等。

第一，传统的生产活动的范围在原来的基础上向前向后延伸了。

运营管理讨论的生产活动的范围，从原来的制造环节延伸到供应商管理、产品研发、售前售后服务的全过程（图 1-3）。

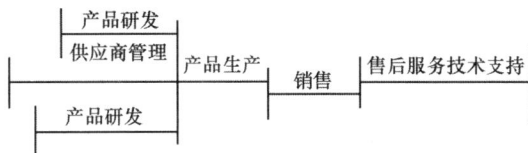

图 1-3 现代运营管理生产活动范围的延伸

生产活动的范围延伸以后，运营管理关注的是怎样从运营的角度做好售后服务。以汽车的售后服务为例，由于产品更新换代很快，针对不再生产的车型，怎样才能既做好售后服务，又能够不使零部件的库存品种数量太多、库存费用太高，这就引出了产品的多样化和零部件的继承性问题。

第二，运营系统的边界从内部扩展到外部。

产品的市场竞争力的主要评价指标是质量、价格、交货期、功能、柔性和服务等，前三项指标由企业决定，后三项指标取决于市场的需求。运营管理必须研究市场需求等外部环境，提供适合市场和消费者需求的产品和服务。因此，运营管理已经不再局限于企业内部，而是扩展到了企业外部。在目前经济全球化和市场多变的形势下，电子网络信息技术的进步和应用，使得企业间的竞争变成了企业所在的供应链之间的竞争，企业的许多活动需要供应链上的上下游企业之间的合作，供应商的选择、供求关系的开发和合作等构建供应链的内容都属于运营管理所要研究的课题。

第三，运营管理的对象从制造业扩展到服务业。

服务的提供也是一个投入与产出的转换过程，同样需要研究转换的成本效率问题。虽然服务业在国内生产总值（GDP）中的比重增加是大的趋势，但是，服务业普遍存在着技术含量低、效率低下的问题，用运营管理的原理改造服务业的生产系统，往往可以取得巨大成功。

麦当劳强调快速服务、统一规格的产品和始终如一的质量。当顾客在柜台要"7个麦香鸡，3个巨无霸"时，柜台营业员就向后台操作间要货。烘烤师听到后，马上从冰箱中拿出12个肉馅饼，6个一排放在双层烤炉的架子上，并按下定时开关（麦当劳操作规范规定：每批烤制的肉馅饼不超过12个，并且每次只能烤制一批，以保证质量），以秒为单位计时，烤制的时间、温度都是标准化的，并且在全世界的麦当劳连锁店里执行统一的标准。在烤制肉馅饼的同时，小面包加热等工作也在同时进行。鸡、鱼、肉的馅饼烤制完成时，小面包成批加热、加料也同时完成。将馅饼放在面包上，组合起来，然后包装，接着顺着一个滑槽滑到柜台上的保温箱里。一切按照标准的流程操作，生产出统一质量、规格和口味的产品。麦当劳按照工厂生产的理念严格规范，成功改造了自己的服务系统。

我们也可以以一个航空公司的例子来说明服务组织的运营系统。航空公司的运营系统包括飞机、机场设施、维修设备、航线等。航空公司的管理人员和员工所从事的工作大部分属于运营管理之列。

（1）预测空运市场的发展状况、座位需求，以及天气和着陆条件等。

（2）飞行能力计划是公司保持现金流和获得合理盈利所必需的。飞机数量、留空时间、维修状况等都会影响公司盈利。

（3）安排飞行和日常维护；安排驾驶员、空乘人员、地勤人员、柜台服务人员、行李管理人员等的工作。

（4）对诸如食品饮料、急救设备、旅行读物、座位靠垫、地毯及救生工具等的库存管理。

（5）质量保证主要体现在：飞行和维修方面做到安全第一；在空乘服务、售票处、登记处、电话及网上预订等方面，要讲求工作效率和客户服务的品质。

（6）员工激励和培训贯穿运营系统的各个阶段。

（7）按照公司关于为哪些城市提供服务、在哪里设置维修设施及将哪些地方定为主要和次要中心所做出的决策进行设施选址。

## 二、多品种、中小批量生产方式

20世纪初期，以福特流水线为标志，制造业崇尚单一品种大量生产的模式，这种方式容易达成规模效应，并且比较容易实现总成本的领先优势。但是，随着科学技术的进步和社会需求的发展，越来越多的企业开始采用多品种、中小批量生产方式。

### （一）需求的多样化趋势

随着科学技术的进步，人们生活水平的不断提高，消费者的消费观念变化很快，消费者个性化的追求使需求呈现多样化趋势，变化周期越来越短。相应地，企业产品的更新换代速度在加快，产品数量种类持续增长。

科学技术的进步，使许多传统的产品和服务被淘汰，新的产品和服务方式不断出现。例如，互联网通信部分取代了传统的邮递信件；数码相机取代了传统的胶卷相机。市场需求的多样化，不仅有顾客需求的拉动，还有科学技术的支撑。

### （二）生产方式的转变对运营管理的影响

多品种、中小批量生产方式与大量生产方式在运营管理上有许多不同的特征，当多品种、中小批量生产方式成为主流的时候，企业的运营管理模式发生了巨大变化。

首先，产品品种的多样化意味着生产系统的生产对象经常变化，使得生产过程的稳定性、重复性下降，同时，由于产品的结构不同，所需要的生产资料的结构和比例也不相同，从而使生产系统的生产能力的平衡问题比较突出，对资源的高效合理的使用提出了挑战。其次，品种的变化，对生产技术工艺的选择、生产计划的制订、管理信息系统的运作提出了新的挑战，对企业库存管理的水平、生产周期的管理提出了更高的要求。再次，中小批量、多品种的生产方式，也对生产设备的柔性提出了更高的要求。产品品种的转换势必增加设备调整时间，从而影响设备的利用效率，因此，如何减少设备调整时间，成为多品种、中小批量生产方式的运营管理模式必须解决的一个大问题。

许多世界优秀企业基于良好的信息系统和合理构建价值链，很好地解决了这个问题。

## 本章小结 »»

企业既需要降低成本、提高质量，增强竞争力，同时又要为顾客和股东创造更大的价值。价值的创造是基于企业所拥有的全部资源所构成的一个统一有效的系统。价值链是由企业资源和流程构成的网络，价值链集成和管控是企业保持竞争优势进而确保盈利的重要手段。

运营管理是由生产管理演变而来的。运营管理所要研究的就是如何对制造产品、提供服务或者产品和服务组合的系统和过程，进行组织、计划、实施和控制。

随着科学技术的进步和社会需求的发展，多品种、中小批量生产方式成为主流，企业的运营管理模式发生了巨大变化。

## 练习与思考 »»

1. 简述价值链集成的特点、动因及现实应用。
2. 简述价值链运营结构。
3. 简述运营管理的含义及其范围。
4. 简述生产方式的转变对运营管理有哪些影响？
5. 阐述运营管理的框架体系。

# 第二章　竞争优势与运营战略

## 本章学习目标 >>>

1. 掌握竞争优势的概念。
2. 掌握成本、质量、时间、柔性、创新等要素对企业竞争优势的影响。
3. 掌握运营战略的含义。
4. 了解企业战略管理的内容。
5. 掌握运营战略的框架。

## 导入案例：　麦当劳的运营战略

麦当劳是世界上先进的快餐零售商，在 121 个国家拥有超过 3 万家餐厅，每天为 4600 万名顾客提供服务。麦当劳的食品和服务体制是大家都非常熟悉的，尽管麦当劳近年来遇到了运营上的问题，但是公司的愿景为公司发展战略做好了准备。麦当劳的愿景就是成为世界上最好的快餐厅。成为最好意味着要提供卓越的质量、服务、清洁和价值，要让每个到麦当劳餐厅就餐的顾客都满意。为了实现这一愿景，麦当劳确定了 3 个全球化战略目标：

（1）成为最佳雇主。成为世界各地每个社区员工的最佳雇主。

（2）提供卓越经营。为每家餐厅提供最卓越的经营。

（3）实现持久利润增长。通过品牌扩张和发挥麦当劳创新及技术的优势，实现持久利润增长。

麦当劳提供什么样的顾客价值包？

产品和服务内容（食品和快速服务）在顾客价值包中都同等重要，同时还有附属产品和服务支持。为了支持这个顾客价值包，必须设计可以生产出核心及附属产品和服务的设施、流程、设备和作业，来达到企业获得竞争优势的目的。

企业的一个重要目标就是利润增长。全球性研究指出，时间压力是导致人们更多地去餐厅吃饭的原因。人们去餐厅吃饭的机会越多，他们想要的变化性就越大。这就是为什么麦当劳收购了墨西哥大玉米饼餐厅这样的连锁餐厅的原因。麦当劳不仅得到了数千个最佳的地段，还增加了食物的多样性和投资组合。"一个品牌不可能满足所有的人"，这些收购让它可以遵循多样性的战略，比如几个品牌在同一个屋檐下的组合式餐厅或是在车水马龙的地方进行餐厅的组合。设计支持这一类餐厅的价值链将给运营带来一次挑战，也给麦当劳带来了规模经济，以及更低的采购价格。

增加公司自有的和具有特许经营权的麦当劳及其合作品牌的餐厅，构成了支持利润增长的营销战略。麦当劳的特许经营是一种关键战略，用以提高并促进价值链运营能力。世界上大约 70% 的麦当劳餐厅都是由独立的特许经销商经营的。

资料来源：张力. 麦当劳标准化作业与管理细节. 深圳：海天出版社，2008：44-55.

讨论：
    1. 麦当劳提供的顾客价值包包括什么？
    2. 试分析麦当劳的全球化战略目标。

# 第一节 竞 争 优 势

竞争优势是企业运营所确定的战略重点，企业在市场中确立并维持竞争优势是企业生存和发展的前提与基础。强大的竞争优势来源于基于企业资源而设计的制造产品和提供服务的流程、对市场机会的把握，以及所能提供的顾客认可的价值。通常由公司文化、习俗和低成本所成就的竞争优势比较难以模仿。

竞争优势的实现方式多种多样，比如在质量、性能、价格上比竞争者做得好；在产品和服务设计中对顾客需求的变化反应快；或者在设计、交付的时间耗费上，处于市场领先水平。

一般来说，企业可以在成本、质量、时间、柔性、创新等几个方面赢得竞争优势。但是，我们必须注意到，很少企业会在所有方面都做得很好，虽然这些竞争优势对于企业成功都至关重要，但是，全部做得很好既不可能又无必要。企业常常会在这些竞争优势中进行权衡，最终将重点放在其中一项或两项主要因素上。例如，今天没有任何一家公司会通过简单地牺牲质量来达到降低成本的目的，或者做到太重视柔性以致无法提供产品和服务的地步。又如，戴尔公司实现了以下目标：①生产高质量的个人计算机；②按照顾客的具体要求进行配置；③努力将它们快速交付到顾客手上。因此，高产品质量和柔性就成为戴尔公司的第一竞争优势；反之，成本和时间的重要性要小一些。

## 一、成本

像沃尔玛公司一样，许多公司通过成为行业中的成本领先者，以低成本来获取竞争优势。这些公司的通常做法是提供大量的产品和服务，并通过规模效应取得低成本的竞争优势。

价格是拉动市场需求的有力手段，并且几乎所有的行业都会有低价位的市场。价格高低依赖于成本，成本形成于价值链中，包括原料和外购部分的成本、直接制造成本、销售、售后服务及所有支持过程的成本。产品和服务及其生产流程的设计，会明显影响制造成本、保修和现场维修成本，以及重新设计和返工等非增值过程的成本。例如，通用电气发现 75％ 的制造成本都是由设计决定的。通过良好的设计来削减成本，运营管理者可以帮助组织实现低价格战略。企业强调实现规模经济，并从价值链的所有资源中找出成本优势。

低成本可能来源于高生产率和高产能利用率。更重要的是，质量的改善会带来生产率的改善，接下来又会带来低成本。因此，持续改善的战略对实现低成本竞争优势很重要。

## 二、质量

质量是实现竞争优势的重要手段之一。提供高质量产品的企业一般都占有大量的市场份额，对几乎所有的市场来说，质量同高投资回报率之间存在着显著的正相关关系。提高质量一般会带来市场份额的增加，但短期内，盈利会有所降低。高质量产品的厂商往往会定出高价。

市场中某件产品或服务的价值受到设计质量的影响。绩效、特征和可靠性的改善都会使产品服务与其竞争者区分开来，还可以提高公司的品质声誉，增加顾客价值包的感知价值。这一点可以让公司开出更高的价位，并且增加市场份额，这反过来又会带来更多的受益，抵消由于改良设计而增加的成本。生产一致性的改善可以节省返工费用、废料及保修费用，从而使制造和服务成本更低。质量设计和一致性的改善在本质上就是增加利润。

在许多行业中，企业通常会在质量和成本之间进行权衡；一些公司为了达到低成本优势，甘愿牺牲质量。运营管理者每天都要处理质量问题，包括确保无缺陷地生产产品，或无瑕疵地交付服务。在长期运营中，是产品和服务流程的设计最终决定了产品和服务的质量。

## 三、时间

当今社会，时间是竞争优势中最重要的一环。快速响应顾客需求、短暂的等待时间以及绩效一致性都与时间有关。ZRAR、戴尔、UPS及沃尔玛等许多公司都知道如何把时间作为一种竞争武器，创造优质的产品和服务。

缩减流程时间可以达到两个目的：一是加速了工作进程，提高了对顾客的响应度，可以更及时地交货。二是缩减流程时间可以精简流程，消除非增值过程，比如返工和等待，这改善了质量，减少了出错机会。通过减少非增值过程，成本也减少了。因此，流程时间缩减通常会同时带来质量、成本和生产率的改善。改善流程及有效使用技术提高速度和可靠性，是运营管理者要做的一些最重要的事情。

大幅度减少流程时间并不能简单地通过关注个别子流程来实现，而是要在整个组织中进行跨职能的流程管理，这就要求公司采取一种系统的运营观点，合理配置资源，并进行良好合作。

## 四、柔性

设计和生产都要具备柔性，柔性是企业在全球竞争市场中取得成功的关键因素之一。以汽车行业为例，需要持续开发新的车型。那些可以同时在同一装配线上灵活生产许多不同车型的公司，可以随着需求的改变而随时改变生产，以更低的产能实现更有利的销售。这就是日本厂商超过美国汽车制造商的一个重要优势。本田公司等日本企业的工厂，在柔性方面，往往比福特、通用和戴姆勒-克莱斯勒等竞争者更好。

柔性在今天逐渐流行的大规模定制战略中作用非常明显。对于跨国公司来说，大规模定制可以以任何的数量、在任何时间、对任何人、在世界上的任何地方生产出顾客需求的任何产品和服务。比如，咨询业务；量身定制Levis牛仔裤；定制个人网页；规划房产；制订个人减肥计划；提供顾客可以随意摆放成自己需要样式的组合家具等。顾客可以参与价值链中的设计、制作、装配或后期加工（自己组合家具）。大规模定制要求公司的行为和不同的客户市场一致，并且灵活设计产品、服务和运营。

高水平的柔性需要企业的特殊能力，如模块化的设计、可互换的成分及延期策略。这些都让公司可以在最后允许的时间内建立标准组件并配置它们，满足顾客独特的需求。灵活的运营需要共享生产线，对员工进行专门的培训。由于延迟交货和推迟服务会阻挠柔性，所以他们还需要注意外包策略，同关键供应商达成一致，且不断更新合作关系。

## 五、创新

创新是以新思维、新发明和新描述为特征的一种概念化过程。企业的创新有很多类型，如产品技术创新、产品设计创新、产品工艺创新，这些可以统称为产品创新。这里的产品是广义上的产品，还包括服务。此外，创新的类型还包括营销创新、管理创新和商业模式创新等。

所有形式的创新都浓缩了人类智慧。多年来，产品（比如电话、汽车、冰箱、计算机、光纤、卫星及手机）和服务（自助服务、全套房酒店、保健组织以及网络银行）中的创新已经改善了人类整个生活的质量。在企业中，生产设备（计算机辅助设计、机器人自动化和智能标签）和管理行为（顾客满意度调查、定量决策模型）的创新让整个组织可以更有效率、更好地满足顾客需求。

许多公司注重研发，努力使公司处于产品技术领先的地位，企业创新和引进新产品的能力是一个关键成功因素。销售成绩是指绩效。当市场中存在竞争时，利润率就会下滑，公司如果不能继续引进创新产品，往往就会被市场淘汰。企业必须重视产品研究，设计和开发高品质的产品和服务，调整生产设施以适应新产品的生产。随着全球竞争的日益激烈，创新能力已经成为企业维持竞争力的必备条件。

# 第二节　运营战略

每个组织都是资源和能力的结合体，企业资源是企业发展的基础，企业的能力特别是核心能力是企业壮大的关键要素。核心能力的形成需要企业的不断积累和超越。只有在核心能力达到一定水平后，企业才通过一系列组合整体形成自己独有的、不易被别人模仿和替代的战略资源，才能获得和保持长久的竞争优势。

竞争优势的真正源泉在于管理层将公司范围内的技术和生产技能合并为使各业务可以迅速适应环境变化的能力。

因此，企业战略的选择必须最大限度有利于培植和发展企业的战略资源，战略管理的主要工作就是培植和发展企业对自身拥有的战略资源独特的运用能力，即核心能力。

## 一、战略管理的主要内容

企业的战略是企业对自身发展方向的选择，是一种将企业的主要目标、战略规划和行动结合成一个统一整体的模式。一般来说，一项战略就是一种方法，组织可以依靠它开发出实现竞争优势所需要的能力。有效的战略围绕一些关键竞争优势展开，企业必须构建符合战略要求的竞争优势，比如低成本或快速服务。这些竞争优势构成了组织的核心竞争力，即组织独特的优势。这种优势可以是一种独特的技能或富有创造力的劳动力，也可以是良好的顾客关系管理、巧妙的捆绑式产品及服务、强大的供应链网络、优质的服务、营销专业技能、快速开发新产品或改变生产的速度。

战略是为组织确定长期目标、制定政策及计划的过程。战略制定的目的在于将形成一种强大的优势，组织按照既定的方式一定可以实现其目标，除非出现不可预见的外部力量。

战略是一系列关于目标、方向和资源的分层决策的结果。因此，大多数大型企业有三个层次的战略：企业战略、业务战略和职能战略。

在第一层次，企业战略需要界定公司将参与的业务，并为所确定的业务获取并分配资源。公司参与其中的业务通常称作战略业务单元，一般被定义为一个由具有类似特征的产品或服务组成的族群。对于小公司来说，企业战略和业务战略往往是一致的。

第二层次的战略，一般被称作业务战略。涉及的主要决策有占领哪些市场，以及怎样以最佳的竞争优势出现在那些市场中，也就是公司必须追求何种竞争优势。

第三层次的战略，就是职能战略。业务战略可以通过职能战略来实现。职能战略是在每个职能（营销、财务、运营、研发、工程等）中所提出来的支持其特定业务战略的决策集。

战略管理的主要内容是如何培育独特的战略资源，以及最大限度地优化配置这种战略资源。在企业竞争实践中，每个企业的资源和能力是各不相同的，同一行业的企业也不一定拥有相同的资源和能力。这样企业战略资源和运用这种资源的能力方面的差异，就成为竞争优势的源泉。

企业的战略对企业的发展有长远和持久的影响，企业的竞争优势取决于企业战略选择的正确性。企业是一个系统，企业的运营是其关键子系统之一，子系统的战略属于企业职能战略的范畴，必须支持企业整体战略目标的实现。因此，企业的运营战略必须置于企业整体战略之下，保持和企业总体战略的一致性，努力保障企业整体战略的顺利实施和战略目标的实现。

## 二、运营战略

运营战略是职能战略的一种，即如何设计并组织一个企业的流程，生产产品和提供服务，以支持企业战略和业务战略。

运营战略是在企业战略的总体框架下，规定如何通过运营管理活动来支持和完成企业的总体战略目标，如何实施所选择的业务战略。运营战略可以视为使运营管理目标和更大的企业目标协调一致的规划过程的一部分。

提出一项运营战略的过程涉及通过选择决策方案，将竞争优势转变为运营特性，即运营决策必须同实现所期望的竞争优势结合在一起。例如，如果企业目标是以低成本占领大多数市场，那么可以采用流水装配线。

对于一家希望成为占有最大市场份额、最受欢迎的提供快餐服务的公司而言，需要做到以下几方面。

### 1. 最快捷、最热情、最精确的服务

为了实现快速精确的服务，可以采用高度标准化的流程。工作人员可以按照收取订

单、加工、包装及完成订单等流程而组成小组。流程布局设计需要方便原料进入，并努力朝着可以进行流水线服务的方向发展。员工必须有定位清楚的角色和责任，理解所有的运营和服务程序及质量标准，通过交叉培训实现作业灵活性，可以响应生产周期的变化和例外的工作任务。为了保证热情服务，可以使用特殊的绩效标准来评价并雇佣聪明耐心的员工。为满足绩效需求，需在培训上投入大量精力，并且密切关注员工满意度。

2. 愉悦顾客的招牌

企业必须了解顾客对其产品和服务的好恶，以及对竞争者产品及其服务的态度。尽管这可能属于营销的范畴，但是这种营销战略必须与运营战略协调一致，确保可以达到设计的响应时间，能够快速响应任何菜肴的改变。在设计阶段就要解决这样的问题：我们的顾客需求数据和市场趋势数据客观、有效、可靠吗？我们将需要什么样的新特性？在这些方面我们的竞争者是如何做的？我们的供应商有能力支持这次新的供货吗？可以得到合适的技术吗？

3. 有效的产品、服务和系统的行动方案

成功的日常运营需要员工有效地应用质量控制流程。这种流程一般由4个简单的步骤组成：标准化的方法或程序、采用这种方法、分析效果、采取控制手段。由于快餐服务高速运转的工作特性，流程进行得如此之快，以至于必须要有深刻的直观的业务标准才能达到要求。直观标准化是培训和发展的关键因素。每个员工都要针对精确的工作程序和流程标准进行全面培训，着重于可见的参考标准来检验产品质量，通过各种自动化流程和评价因素维持绩效，使变异最小化，保证精确性。同时，还要训练员工分析执行效果，授权员工查找问题和采取行动。

4. 干净整洁卫生的设施

快餐服务企业需要消除所有可能产生问题的原因，然后找出并消除发生问题的原因，干净整洁是必要条件。快餐服务企业的卫生标准要符合所在地的国家和行业要求。

5. 额外价值

通过持续改善产品和服务，同时保持低价位，形成价值观。通过听取顾客意见并向产业标准以及榜样学习，快餐服务企业可以采取下列做法：便利的位置、方便进出、延长营业时间（早上6点到晚上10点）、容易阅读的3D菜单、直接面对的服务员、新鲜的食物、20秒的送餐目标、可以浏览公司办公室和商店的网站。同时，企业需要仔细挑选供应商，不但要确保产品品质和及时送货，还要确保大量采购的最低价位。通过维持部分长期合作的核心供应商，将整个供应链成本压缩到最小。

由此可以看到，很明显，如何设计和执行运营战略对企业绩效和战略实现有重大的影响。因此，运营需要同公司的营销和财务等其他职能战略高度协调。

## 三、运营战略的架构

运营战略设计方案就是管理层必须决定哪种流程结构最适合于生产产品或提供服务。通常要解决6个关键问题，即流程类型、价值链整合与外购、技术、能力与设施、库存与服务能力，以及这些决策之间的权衡。

重点考虑企业的辅助特征和性能，包括劳动力、运营规划和控制系统、质量控制、组织结构、薪酬制度、学习和创新制度，以及服务支持。企业基本条件必须支持流程选择，为管理者制定良好的决策提供准确及时的信息。

企业运营战略需要和企业战略，以及营销、财务等战略之间建立起联系，设计出一种顾客价值包，同时设计出可以产生并传递顾客价值包的运营系统。

首先，把确定企业方向和界限同评价顾客需求和目标细分市场的营销战略联系起来。通过关注期望的竞争优势和目标市场，企业可以为每一个目标细分市场确定一组相关的竞争优势。

其次，描述如何评价竞争优势在流程选择和基本条件方面的影响。关键决策是：我们有可以实现每个目标细分市场的企业和营销目标的工序能力吗？在每一个细分市场中，我们的流程可以始终如一地赢得订单吗？

再次，确定流程选择决策标准是否同基本条件决策标准一致。

最后，运营对企业和业务战略的输入。企业决策制定者最终要决定如何分配资源才能达到企业目标。

## 本章小结 »»

竞争优势是企业运营所确定的战略重点，企业在市场中确立并维持竞争优势是企业生存和发展的前提与基础。企业战略的选择必须最大限度地有利于培植和发展企业的战略资源，战略管理的主要工作就是培植和发展企业对自身拥有的战略资源独特的运用能力，即核心能力。

运营战略是职能战略的一种，即如何设计并组织一个企业的流程，生产产品和提供服务以支持企业战略和业务战略。运营战略设计方案就是管理层必须决定哪种流程结构最适合于生产产品或提供服务，通常要解决 6 个关键问题，即流程类型、价值链整合与外购、技术、能力与设施、库存与服务能力，以及这些决策之间的权衡。

## 练习与思考 »»

1. 试析企业竞争优势塑造的途径，成本、质量、时间、柔性、创新等要素对企业竞争优势的影响。
2. 简述运营战略的影响因素及运营战略设计中应考虑的因素。
3. 概括战略管理的主要内容。
4. 简述运营战略的框架。

# 第三章　产品与服务设计

## 本章学习目标 》》》

1. 掌握产品设计中的影响因素。
2. 掌握服务设计中的影响因素。
3. 简要描述产品设计和开发的阶段。

## 导入案例：全聚德的服务设计

全聚德始建于 1864 年，是著名的"中华老字号"餐饮企业，以经营果木挂炉烤鸭和深厚的饮食文化闻名海内外，获首例服务类"中国驰名商标"荣誉。国际友人称之为"世界美味之冠"，其前门店更被誉为"天下第一楼"。全聚德集团充分利用自身特色，通过明确的体验主题、文化氛围浓厚的体验设施、特色的产品、个性化的服务及互动体验过程，来尽量创造机会满足顾客的各种需求，从而打动消费者，提升品牌价值。

### 一、全聚德的服务环境与设施布局设计

为了给顾客营造一种独特的体验情境，使消费者留下长久的记忆，全聚德为不同的分店设计了不同的体验主题。如"名牌名店聚名人"是和平门全聚德烤鸭店几十年来独有的经营特色。"名人苑"集中营造了"寻访名人足迹，体验名人享受"的高雅环境和浓郁氛围。在"名人苑"走廊，陈设有数十名中外领导人在全聚德举行宴会的照片和由数百名国内外各界名人签字题词组成的"名人墙"。又如，亚运村全聚德烤鸭店，是全聚德的大型体育主题餐厅。其三楼设有 18 间豪华包房，分别以举办过夏季奥运会的 18 个城市进行设计并命名。整体环境设施彰显"时尚品位、王者风范、人文奥运"的主题特色。

为了挖掘传统文化，展示全聚德百余年的历史，体验地道的老北京民间风俗，增强参观的文化氛围，前门全聚德打开老墙大门，设立一间仿古餐厅，最大限度地恢复了全聚德的历史原貌，并命名为"老铺"。木格门扇，木制楼梯，实木廊柱，营造出一间传统风味十足的餐厅。餐厅内各种器具也无一不流露出浓厚的旧日气息，餐厅内摆放的是八仙桌、清式木椅，用的是铜茶壶、蓝瓷茶具、泥制小酒壶、小酒盅。为突出老全聚德的旧貌，餐厅里装饰了不少清代古玩，如瓷算盘、留声机、青瓷烛台、花瓶、挂钟、老式电话等，其中有些是老全聚德用过的器物，还有过去的旧账簿。精心布置的老铺，使人仿佛置身于历史上的全聚德中，体味到浓重的历史文化氛围。

### 二、全聚德的服务接触与服务行为设计

全聚德注重消费者与企业进行接触的过程中所产生的所有体验。为了再现老北京餐

饮行业的服务特色，全聚德前门店老铺内全部启用男服务员，为了让服务人员充分领会旧式跑堂的服务方式，组织他们观看《天下第一楼》和《老店》，学习《全聚德史话》，对全聚德的历史获得感性的认识。全聚德力图恢复老北京餐饮业跑堂的服务方式和当年全聚德的风貌，并组织服务员到京城各大餐饮名店观摩学习，多管齐下，全面提高人员素质，力图培养出精明能干的"跑堂儿的"，再现老北京餐饮行业服务人员的风采。

### 三、全聚德的个性化服务设计

全聚德在对老产品加以继承的前提下，为了更好地满足顾客需求，切合顾客体验的口味，推出许多新产品、新菜系。如今的全鸭席，虽说仍以鸭料为主，但博八大菜系之所长，变中求新。在辅料上，选用食药同源的五味子、莲子、大枣、人参等，符合现代人食补的需求。这些新的原料、辅料加入全鸭席，营养丰富，菜肴口味千变万化，质感各异。全聚德通过建立厨房透明通道，让好奇的顾客可以看到烤鸭制作的全过程；提供在鸭坯上写字的服务，让顾客有机会把吉祥话留在烤鸭上，也同时给担心烤鸭调包的顾客一颗定心丸。顾客在全聚德吃烤鸭，将可得到一张烤鸭"身份证"，记录这只烤鸭在全聚德的排名次序，可让消费者留作纪念。全聚德结合自身特色和消费者的需求，提供个性化的服务，让顾客在全聚德获得难以忘怀的体验，提高了顾客满意度和品牌忠诚度。

资料来源：百度文库．全聚德服务产品设计．http：//wenku．baidu．com．2011-12-20．

**讨论：**

1. 全聚德在产品和服务设计中考虑了哪些因素？
2. 全聚德如何进行服务设计？

## 第一节　新产品开发概述

产品开发与工艺选择是在企业经营战略指导下进行的。产品开发工作需要根据市场需求对产品系列、产品功能、质量特性、产品的成本和产品发展的步骤等做出决策。企业为了适应顾客的个性化需求和市场的多变性，必须加强产品开发和产品生产过程的设计与优化工作。本章将以此为中心，阐述现代企业研究与开发（R&D）组织、产品开发对生产成本的影响、生产流程的种类和特点、影响生产流程设计和决策的主要因素等问题。

### 一、新产品的概念与分类

#### （一）新产品的概念

新产品是指与老产品相比，在产品结构、性能、材质等方面（或仅一方面）具有新的改进的产品。新产品是一个相对的概念，在不同的时间、地点和条件下具有不同的含义。为了加强对新产品的管理，我国政府根据管理上的需要，对新产品的条件、范围做了相应的规定。作为新产品必须同时满足以下四个条件：①产品在结构、性能、材质和技术特征等某一方面或几方面比老产品有显著改进和提高，或有独创性；②具有先进性、实用性，能提高经济效益，有推广价值；③在一个省（自治区、直辖市）范围内第一次试制成功；④经过有关部门鉴定确认。产品的结构、性能没有改变，而只是在花色、外观、表面装饰、包装装潢等方面有改进提高的，不能算作新产品。

新产品具有相对性、时间性和空间性等特性。相对性是相对于老产品而言的，即除了开发新产品外，还包括改进老产品；时间性是指某个新产品只存在于一个特定的时间；空间性是相对于一个地区而言的，即必须是在一个省（自治区、直辖市）范围内第一次试制成功的产品，并经有关部门鉴定确认。

### （二）新产品的分类

常见的新产品分类方法主要有以下两种：

（1）按新产品的新颖程度可分为全新产品、改进新产品和换代新产品。全新产品是指采用科学技术的新发明所生产的，与原有产品不同的产品，一般具有新原理、新结构、新技术和新材料等特征；改进新产品是指对原有产品性能、型号和花色进行局部改进而制成的产品，包括在基型产品基础上派生出来的变型产品，改进新产品因其开发难度较小而成为企业常用的新产品开发方式；换代新产品是指产品的基本原理不变，部分地采用新技术、新结构或新材料，从而使产品的功能、性能或经济指标有显著改变的产品。

（2）按照新产品的地域特征可分为国际新产品、国家新产品、地区性新产品和企业新产品。国际新产品是指在世界范围内首次生产和销售的产品；国家新产品是指国外已有，但在国内是首次生产和销售的产品；地区性新产品或企业新产品是指国内已有而本地区或本企业首次生产和销售的产品。

## 二、新产品的开发管理

### （一）新产品开发的方向

新产品的开发要从适应国民经济发展和提高人民生活水平的需要出发，在把握科学技术发展趋势的基础上，努力做到市场上需要，技术上适宜，生产上可行，经济上合理，时间上及时。企业不论采用何种方式开发新产品，都要把握住新产品开发的方向。具体来说，新产品开发有如下可供选择的方向：

（1）多能化，是指提高产品的性能，增加产品的功能，由单功能发展成为多功能，达到一物多用，一机多能。

（2）高能化，是指开发性能高的，即高效率、高精度的产品。

（3）小型化，是指要开发小巧轻便的，即体积、重量比同类产品小（轻）的产品。

（4）简化，是指要开发在结构等方面简化的产品。减少产品基型、系列，对于生产产品品种过多的企业，也应通过新产品开发加以简化。

（5）多样化，是指要开发多品种、型号的产品，以满足多方面的需要。

（6）标准化，是指产品的结构、零件要实行标准化，以减少专用件的种数，加速产品的设计和发展。

（7）节能化，是指要开发节能的新产品。

（8）美化，是指产品设计要注意美化，外形要美观大方，色调要柔和，款式要新颖。

（9）环保化，是指产品符合环保的要求。

这"九化"是新产品开发的方向，企业要根据自己的条件，选择某"一化"或"几化"作为方向，制订出有阶段目标、长远要求的新产品开发规划，以指导行动。

### （二）新产品开发的方式

针对不同的新产品与企业的研究和开发能力，可以选择不同的开发方式。一般有以下几种可供选择的开发方式。

（1）自行研制。这是一种独创性的研制，采用这种方式开发的产品一般是更新换代或者全新的产品，具有三种情况：一种是从基础理论研究到应用技术研究，再到产品开发研究，全部过程都靠自己进行；另一种是利用社会上基础理论研究的成果，只进行应用技术研究和产品开发研究；还有一种就是利用社会上应用技术的研究成果，自己只进行产品的开发研究。

（2）技术引进。它是指工业企业开发某种主要产品时，在国际市场上已有成熟的制造技术可供借鉴，为了节约时间，迅速掌握这种产品的制造技术，尽快地把产品制造出来以填补国内空白，而通过与外商进行技术合作、"三来一补"、购买专利或购买关键设备等方式进行技术引进。

（3）自行研制与技术引进相结合。它是在对引进技术的充分消化和吸收的基础上，结合本企业科研，进行产品开发，又分两种情况：一是通过对引进技术的学习、消化和进一步研究，创造符合我国国情的别具一格的新产品；二是直接把引进技术和我国的研究成果结合起来，创造出新的产品。

### （三）新产品开发的程序

新产品开发程序，是指从新产品的总体设想、调查研究、设计、工艺、试制、鉴定到正式投产销售所经历的阶段和步骤。具体如图 3-1 所示。

由于新产品的种类、行业差别和企业生产类型等不同，尤其是所选的新产品开发的方式不同，新产品开发程序不可能完全一样。但一般来说新产品开发可归纳为四个阶段。

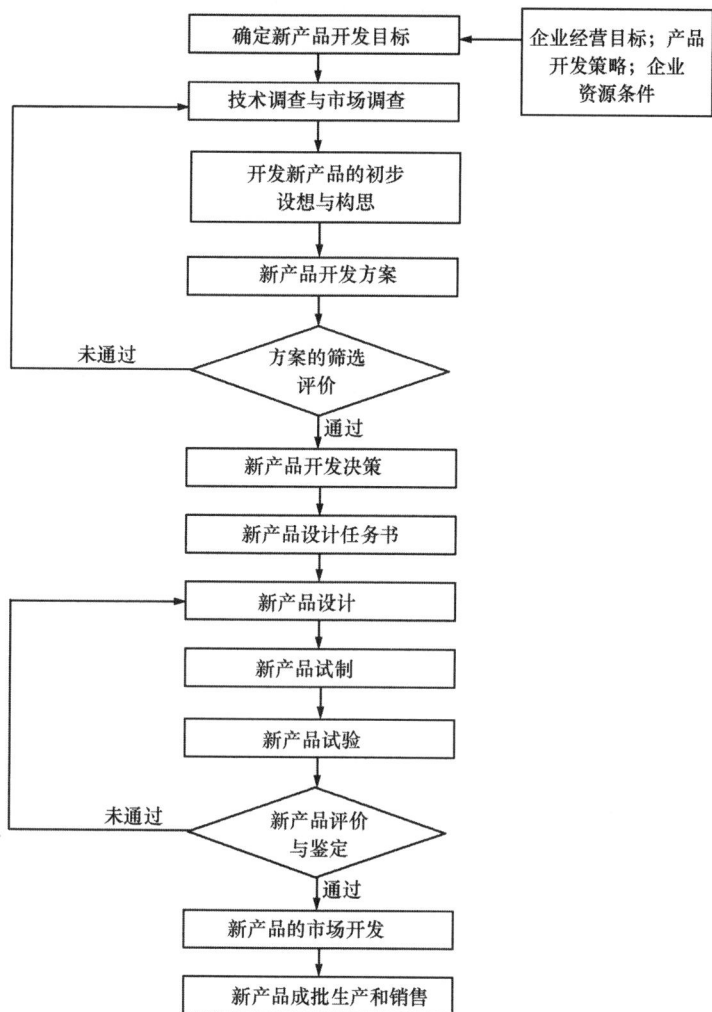

图 3-1 新产品设计流程图

1. 调查研究和前期开发阶段

这一阶段的主要任务是进行新产品开发决策，其工作内容主要有：产品开发创意、调查和预测、提出方案和方案评价选择、编制新产品开发技术建议书。

（1）产品开发创意。产品开发创意是企业根据市场需求和本身条件，在一定范围内首次提出发展新产品的设想或构思。创意是新产品诞生的开始，如方便面，就是源于"开水一冲可食用"的创意设想开发而来的。新产品要新，就必须要有打破常规的创意，创意的过程实质就是创造性思维的过程。企业新产品构思创意主要来自于两个方面：第一，企业的外部来源，政府、学校、科研部门、专利机构、竞争者和顾客。第二，企业的内部来源，内部的企业员工、干部、技术人员、管理人员、财务人员和推销人员等。

（2）调查和预测。企业在收集了各种创意后，通过去粗取精从多个创意中选择出具有开发价值的产品，为此必须进行调查和预测。它包括以下三方面内容：第一，技术调查和预测，即了解产品的技术发展状况、本企业达到的水平、国内和国际先进水平，以及预测技术发展趋势。第二，市场调查和预测，即了解对老产品的改进意见和对新产品品种、质量、数量、价格和规格等方面的要求，进行市场预测。第三，行业调查和预测，即了解本行业的生产现状与发展趋势，以及竞争对手的情况等。

（3）提出方案和方案评价选择。在调查和预测的基础上，提出切实可行的方案并对方案进行评价和选择。方案评价是指对所提到的方案进行技术经济评价，对新产品是否可行，其先进性、性能用途是否受用户欢迎，新产品的价格是否合理等问题进行评价，把一些不合理的条件、未成熟的方案筛去。这一步是新产品开发成败的关键。

（4）编制新产品开发技术建议书。新产品开发技术建议书的内容要比产品开发方案具体，应包括：新开发产品的结构、特征和技术规格，产品的性能、用途和使用范围，与国内外同类产品的分析比较，开发这一产品的理由和根据等。这是决策性的文件。

2. 新产品设计、评价、鉴定和试制阶段

新产品设计分为初步设计、技术设计和工作图设计三个阶段。新产品设计出来后，在正式生产前进行试验性生产，目的是避免将存在缺陷的设计和工艺投入正式生产而造成人、财、物的浪费，保证新产品开发尽快获得成功。新产品试制一般分为样品试制和小批试制。通过各种试验，不断进行改进直到鉴定。这是从技术、经济和生产准备等方面对新产品做出全面评价，并确定是否进行下一阶段开发工作的依据。产品鉴定能及时发现问题，采取措施解决问题，以避免造成损失。

3. 新产品的市场开发阶段

新产品的市场开发既是新产品开发进程的终点，又是下一代新产品再开发的起点。通过市场开发，可确切地了解开发的产品是否适应需要及其适应程度，分析新产品市场需求情况及开发产品有关的市场情况，为开发决策提供依据。新产品的市场开发工作主要有：市场分析、样品试用、市场试销和产品投放市场。

4. 正式生产和销售阶段

经过小批试产试销后，确认有市场，就可进行正式生产和销售，在正式投入销售前要做以下几项工作：第一，必备的生产条件（技术、工艺和设备等）；第二，切实可靠的原材料、动力和外协配套的供应；第三，销售渠道和市场。

# 第二节　产品开发与设计工具

产品的开发和设计是运营管理重点讨论的内容。在进行产品开发设计时首先要确定企业所面对的顾客的真正需要，然后利用相关的工具方法进行产品的设计。

## 一、顾客需求确定——QFD方法

公司在引进一项对公司的生存和发展至关重要的新产品或新服务时，是否面临战略性的选择问题？可以设想有一种方法在公司尝试之前就能告知该项目的潜在功能，能够将从开发设计到正式生产的时间缩短30%，而且能够提高产品质量和降低项目投入成本。这种方法称为 QFD［quality（质量）、function（功能）与 deployment（展开）］。

QFD 法是一种在设计阶段应用的系统方法。它采用一定的方法保证将来自顾客或市场的需求精确无误地转移到产品寿命循环每个阶段的有关技术和措施中去。

QFD 法于 20 世纪 70 年代初起源于日本的三菱重工，由日本质量管理大师赤尾洋二（Yoji Akao）和水野滋（Shigeru Mizuno）提出，旨在时刻确保产品设计满足顾客需求和价值。后来它被日本其他公司广泛采用，现已成为一种重要的设计方法，得到世界各国的普遍重视，被认为是满足顾客要求、赢得市场竞争、提高企业经济效益的有效方法。QFD 法首先被成功地应用于船舶设计与制造，现在已扩展到汽车、家电、服装、集成电路、建筑机械、农业机械等行业。

传统的生产质量控制是通过对生产的物质性检查——用观察与测试的手段来取得的，这种措施通常也被归于检验质量的方法。QFD 法则帮助公司从检验产品转向检查产品设计的内在质量，因为设计质量是工程质量的基石，QFD 法早在产品或服务设计成为蓝图之前就已经引进了许多无形的要素，使质量融入生产和服务及其工程的设计之中。

简单地说，QFD 法把客户的需求转换成相应的技术要求，帮助企业的研究小组系统化地达成共识：做什么？什么样的方法最好？怎样用最好的指令去完成工作？对员工与资源有什么要求？

实施 QFD 法后，企业收到的效益是巨大的。日本丰田公司应用 QFD 法后，从 1979 年 10 月到 1984 年 4 月间，开发新的集装箱车辆费用累积降低 61%，产品开发周期减少 1/3，而质量有了较大的提高。

QFD 又是一种系统性的决策技术，在设计阶段，它可保证将顾客的要求准确无误地转换成产品定义（具有的功能、实现功能的机构和零件的形状、尺寸、公差等）；在生产准备阶段，它可以保证将反映顾客要求的产品定义准确无误地转换为产品制造工艺过程；在生产加工阶段，它可以保证制造出的产品完全满足顾客的需求。在正确应用的前提下，QFD 技术可以保证在整个产品寿命循环中，顾客的要求不会被曲解，也可以避免出现不必要的冗余功能，还可以使产品的工程修改减至最少，也可以减少使用过程中的维修和运行消耗，追求零件的均衡寿命和再生回收。正是由于这些特点，QFD 技术真正可以使制造者以最短的时间、最低的成本生产出功能上满足顾客要求的高质量产品。

QFD 法的优势（优点）：①它既积极寻求顾客明确告知的需求，又努力发掘没有言传的顾客需求，并最大限度地为顾客带来"积极的"质量，如简便易用、制造快乐、产生豪华感等。②它不同于传统的设计流程，集中于工程技术性能而较少关注顾客需求，它以满足顾客需求为基础，关注产品发展的各个环节。③它使得那些无形需求和公司的战略优势清晰可见，进而使得公司能够对它们进行优先考量。④减少设计时间。⑤减少设计变动。⑥降低设计和制造成本。⑦提高产品质量。⑧提高顾客满意度。

QFD 法的局限（缺点）：①作为一项由日本人开发的管理技术，它在西方企业环境和文化下的应用，可能会出现水土不服的问题。②顾客感知是通过市场调研获得的，一旦市场调研不准，其后的所有分析结果只会给公司带来灾难。③今天顾客的想法和需求瞬息万变，作为一项综合管理系统和结构化的质量控制方法，要顺应如此快速的市场变化，比较复杂。

## 二、产品开发设计方法——并行工程

### (一) 并行工程的概念

1988 年美国国家防御分析研究所 (Institute of Defense Analyze, IDA) 完整地提出了并行工程 (concurrent engineering, CE) 的概念,即并行工程是集成地、并行地设计产品及其相关过程 (包括制造过程和支持过程) 的系统方法。这种方法要求产品开发人员在一开始就考虑产品整个生命周期中从概念形成到产品报废的所有因素,包括质量、成本、进度计划和用户要求。并行工程的目标是提高质量,降低成本,缩短产品开发周期和产品上市时间。并行工程的具体做法是:在产品开发初期,组织多种职能协同工作的项目组,使有关人员从一开始就获得对新产品的要求和信息,积极研究涉及本部门的工作业务,并将所需要求提供给设计人员,使许多问题在开发早期就得到解决,从而保证设计的质量,避免大量的返工浪费。

### (二) 并行工程的特征

1. 并行交叉

它强调产品设计与工艺过程设计、生产技术准备、采购、生产等种种活动并行交叉进行。并行交叉有两种形式:一是按部件并行交叉,即将一个产品分成若干个部件,使各部件能并行交叉进行设计开发;二是对每个单个部件,可以使其设计、工艺过程设计、生产技术准备、采购、生产等各种活动最大限度地并行交叉进行。需要注意的是,并行工程强调各种活动并行交叉,并不是也不可能违反产品开发过程必要的逻辑顺序和规律,不能取消或越过任何一个必经的阶段,而是在充分细分各种活动的基础上,找出各子活动之间的逻辑关系,将可以并行交叉的活动尽量并行交叉进行。

2. 尽早开始工作

正因为强调各活动之间的并行交叉,以及通过并行工程达到争取时间的目的,所以它强调人们要学会在信息不完备情况下就开始工作。因为根据传统观点,人们认为只有等到所有产品设计图纸全部完成以后才能进行工艺设计工作,所有工艺设计图完成后才能进行生产技术准备和采购,生产技术准备和采购完成后才能进行生产。而并行工程强调将各有关活动细化后进行并行交叉,因此很多工作要在我们传统上所认为的信息不完备的情况下进行。

### (三) 并行工程的运用——以汽车工业为例

汽车工业是一个技术与资金高度密集的成熟产业,是当今许多高新技术的载体,产品开发是汽车工业技术的核心,其本身也是一项重要的技术。

汽车开发是一项复杂的系统工程。它的开发流程包括创意、造型、设计、工程分析、样车实验、工装设计及加工、调试、生产、装配等。如果不能很好地协调各环节,汽车开发必然是费时费力的浩大工程。尤其是这几年国内汽车业发展迅猛,各汽车厂竞争空前激烈,汽车开发的周期、质量、成本显得尤为重要。由于对产品研究开发的投入力度不够,新产品开发全过程的实践不够，我国与国外高水平的汽车开发技术相比还有很大差距，特别是在产品开发的组织体系及人员、产品开发工作的组织、产品开发过程等环节上。下面将探讨在汽车的开发过程中采用并行工程如何缩短产品开发周期、提高产品质量、降低产品开发成本。

一般来讲，汽车产品开发期共有 4 个阶段，即策划阶段、设计阶段、样品试制阶段、小批量试制阶段。汽车企业实施产品开发并行工程，就应该落实在这四个阶段。

1. 并行工程在策划阶段的运用

在策划阶段汽车企业决策层首先应该考虑：开发的产品是否能为企业带来经济效益；开发的产品是否具有的先进性、可行性、经济性、环保性等优点；开发的产品是否具有潜在市场；竞争对手是否也在开发同类型产品以及它们的水平如何；开发产品是否符合国内外法律法规和专利要求等。

如果通过论证认为可行，则立即组建产品开发并行工程项目小组。企业应从与产品开发相关的部门，选定有一定技术专长和管理能力的产品设计、产品工艺、质量管理、现场施工、生产管理等方面的人员（如有必要还可邀请产品使用的客户代表参加）组成并行工程项目小组，同时明确小组成员的工作职责。

2. 并行工程在设计阶段的运用

并行工程要求产品开发人员在制订产品设计的总体方案时就考察产品生命周期中的所有因素，解决好产品的 T、Q、C、S 难题，即以最快的上市速度、最好的质量、最低的成本及最优的服务，来满足顾客的不同需求和社会可持续发展的要求。总体方案的设计与论证作为以后详细设计的依据，必须从总体上保证最优，包括优化设计、降低成本、缩短研制周期。

在设计阶段，产品开发并行工程项目小组应根据用户要求确定所开发产品的设计目标。要确保所开发产品能使用户满意，就必须以用户关注的项目开发周期、项目开发成本和预定的最优效果作为所开发产品的设计目标。

设计目标是并行工程项目小组的行动纲领，这些目标都是充分研究国内外经济形势、顾客合理要求、市场总体需求、国家法律法规要求和企业内部客观条件，并在全面收集竞争对手有关资料的基础上确定的。设计目标确定后，要采用既合理又简便的方法，根据用户要求，找出关键目标，并将设计目标分解为若干个分类目标。这样，并行工程项目小组就能自上而下地把设计目标层层展开，由企业各部门并行地开展工作，并按关键目标要求，对产品开发过程进行评价，得出最优设计结果。

3. 并行工程在样品试制阶段的运用

并行工程在样品试制阶段的工作重点是实现产品各方面的优化。并行工程项目小组应建立典型产品的设计模型。汽车企业进行典型产品设计、可靠性设计和可靠性试验的目的，就是为了建立典型产品的设计数据库，并通过现代计算机的应用技术，将设计数据实现信息收集、编制、分配、评价和延伸管理，确立典型产品设计模型；并通过对确立的典型产品设计模型的研究，利用信息反馈系统进行产品寿命估算，找出其产品设计和产品改进的共性要求，实现产品的最优化设计。要使开发的汽车产品设计最优，还必须了解同类产品的失效规律及失效类型，尤其是进行对安全性、可靠性、耐久性有重要影响的产品设计时，要认真分析数据库内同类产品的失效规律及失效类型作用，采取成熟产品的积累数据，通过增加安全系数、降低承受负荷、强化试验等方法，来进行产品最优化设计。

4. 并行工程在小批量试制阶段的运用

并行工程在小批量试制阶段的工作重点是实现生产能力的优化。应按产品质量要求对生产能力进行合理配置。生产过程中的人员、设备、物料、资金、信息等诸要素的优化组合，是实现用最少投入得到最大产出的基础，尤其是在产品和技术的更新速度不断加快、社会化大生产程度日益提高的今天，要实现产品快速投放市场，就更需要对工艺流程、工序成本、设备能力、工艺装备有效性、检测能力及试验能力的优化分析，实现生产能力的合理配置。同时，对生产出来的产品，应站在用户的立场上，从加工完毕、检验合格的产品中抽取一定数量，评价其质量特性是否符合产品图纸、技术标准、法律法规等规定要求；并以质量缺陷多少为依据，评价产品的相应质量水平，督促有关部门立即制定改进措施，对投入试用的产品还应对用户反馈回来的信息进行分析，对用户提出的合理和可行的建议，也应拿出改进措施，实现客户满意。另外，由于汽车这个产品对安全要求的特殊性，企业还必须对汽车进行安全可靠性试验。

汽车产品的安全可靠性试验的目的，主要是考核产品是否达到规定的安全要求。产品设计改进和产品质量改进是贯穿于产品寿命周期的一项经常性工作，持续改进是使企业管理水平不断提升的基本方法，更是追求顾客满意、企业获利的永恒动力。

## 三、产品设计开发的其他方法

20 世纪 50 年代在美国诞生的第一台计算机绘图系统，开始出现具有简单绘图输出功能的被动式的计算机辅助设计技术。计算机辅助设计指利用计算机及其图形设备帮助设计人员进行设计工作，简称 CAD。在工程和产品设计中，计算机可以帮助设计人员完成计算、信息存储和制图等多项工作。在设计中通常要用计算机对不同方案进行大量的计算、分析和比较，以决定最优方案；各种设计信息，不论是数字的、文字的还是图形的，都能存放在计算机的内存或外存里，并能快速地检索；设计人员通常用草图开始设计，将草图变为工作图的繁重工作可以交给计算机完成；由计算机自动产生的设计结果，可以快速做成图形显示出来，使设计人员及时对设计做出判断和修改；利用计算机可以进行与图形的编辑、放大、缩小、平移和旋转等有关的图形数据加工工作。CAD 能够减少设计人员的劳动量，缩短设计周期，提高设计质量。

20 世纪 60 年代初期出现了 CAD 的曲面片技术，中期推出商品化的计算机绘图设备。70 年代，完整的 CAD 系统开始形成，后期出现了能产生逼真图形的光栅扫描显示器，推出了手动游标、图形输入板等多种形式的图形输入设备，促进了 CAD 技术的发展。80 年代，随着强有力的超大规模集成电路制成的微处理器和存储器件的出现，工程工作站问世，CAD 技术在中小型企业逐步普及。80 年代中期以来，CAD 技术朝标准化、集成化、智能化方向发展。一些标准的图形接口软件和图形功能相继推出，对 CAD 技术的推广、软件的移植和数据共享起了重要的促进作用；系统构造由过去的单一功能变成综合功能，出现了计算机辅助设计与辅助制造连成一体的计算机集成制造系统；固化技术、网络技术、多处理机和并行处理技术在 CAD 中的应用，极大地提高了 CAD 系统的性能；人工智能和专家系统技术引入 CAD，出现了智能 CAD 技术，使 CAD 系统的问题求解能力大为增强，设计过程更趋自动化。现在，CAD 已在电子和电气、科学研究、机械设计、软件开发、机器人、服装业、出版业、工厂自动化、土木建筑、地质、计算机艺术等各个领域得到广泛应用。

# 第三节　服务开发与设计

## 一、服务开发与设计概述

服务是一方能够向另一方提供的无形的活动或利益，并且不导致任何所有权的产生。服务的生产可能与某种有形产品联系在一起，也可能毫无关联。

服务供应可分为以下四种：

（1）纯粹有形商品。此类供应主要是有形物品，诸如肥皂、牙膏或盐等。产品中没有伴随服务。

（2）伴随服务的有形商品。此类供应包括有附带旨在提高对顾客的吸引力的一种或多种服务的有形商品。例如，汽车生产商出售的汽车一般包含保单、维修和保养说明等在内。

（3）有形商品与服务的混合。此类供应包括相当的有形商品与服务。例如，餐馆既提供食品又提供服务。

（4）主要服务伴随小物和小服务。此类供应由一项主要服务和某些附加的服务或辅助物品一起组成。例如，航空公司的乘客购买的是运输服务，他们到达目的地的开支并没有表现为任何有形的物品。

服务设计的内容包括以下方面。

（1）服务战略：以客户为中心服务的定位。

（2）市场细分：寻找可能提供的服务差异；选择服务差异；面临的竞争威胁。

（3）服务组合：多种服务的有机结合。

## 二、新服务的种类

新服务类型的范围可以大到变革，小到风格的转变，具体如下：

（1）重大变革，指为尚未定义的市场提供服务，如联邦快递推出的全国隔夜小件快递服务。

（2）创新业务，指一切为现有市场的同类需求提供的新服务，而该市场已存在产品满足同类需求，如自动柜员机（ATM）。

（3）为现有服务市场提供新的服务，指为顾客提供组织原来不能提供的服务，如书店提供的咖啡服务。

（4）服务延伸，指扩大现有的服务产品线，如饭店增设新的菜谱、大学增加的新课程或学位等。

（5）服务改善，指改变已有服务的性能，是服务变革最普遍的一种形式，如饭店中增加的便利设施等。

（6）风格转变，指改变服务的外观等，如改变饭店的色彩设计、修改组织的标记等。

## 三、服务开发设计方法——服务蓝图

### （一）服务蓝图的概念

服务蓝图是详细描画服务系统的图片或地图，服务过程中涉及的不同人员可以理解并客观使用它，而无论他的角色或个人观点如何。服务蓝图从直观上看同时从几个方面展示服务：描绘服务实施的过程、接待顾客的地点、顾客雇员的角色，以及服务中的可见要素。它提供了一种把服务合理分块的方法，再逐一描述过程的步骤或任务、执行任务的方法和顾客能够感受到的有形展示，如图3-2所示。

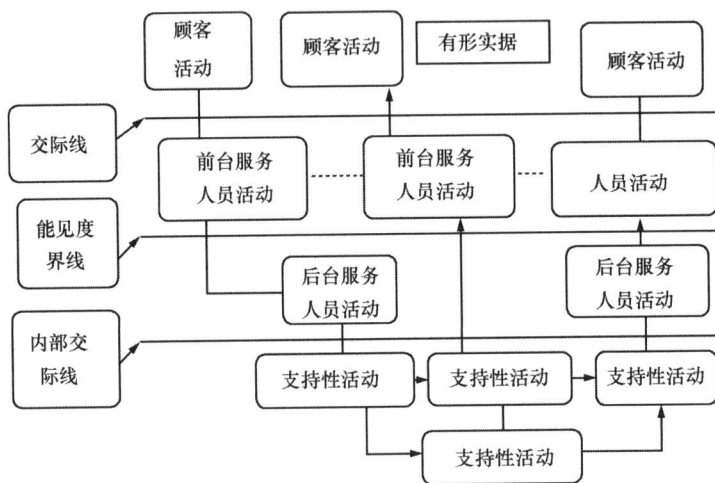

图3-2　服务蓝图构成图

（1）有形展示。由于服务本身是无形的，顾客常常在购买之前通过有形线索或者有形展示来对服务进行评价，并在消费过程中及消费完成后对服务进行评价。

（2）顾客行为。顾客行为包括顾客在购买、消费和评价服务过程中的步骤、选择、行动和互动。

（3）与顾客行为平行的部分是服务人员行为。那些顾客能看到的服务人员表现出的行为和步骤是前台员工行为。那些发生在幕后、支持前台行为的雇员行为称作后台员工行为。

（4）支持过程部分。它包括内部服务和支持服务人员履行的服务步骤和互动行为。

服务蓝图包括"结构要素"与"管理要素"两个部分，服务的结构要素，实际上定义了服务传递系统的整体规划，包括服务台的设置、服务能力的规划；服务的管理要素，则明确了服务接触的标准和要求，规定了合理的服务水平、绩效评估指标、服务品质要素等。以此制定符合"客户导向"的服务传递系统，首先应关注识别与理解客户需求，然后对这种需求做出快速响应。介入服务的每个人、每个环节，都必须把客户满意作为自己

"服务到位"的标准。

### （二）绘制服务蓝图的基本步骤

#### 1. 识别需要绘制蓝图的服务过程

蓝图可以在不同水平上进行开发，这需要在出发点上就达成共识。例如，快递蓝图是在基本的概念水平上建立的，几乎没有什么细节，也没有列出基于细分市场的变量或特殊服务。也可以开发这样一些蓝图，描述两天的快递业务、庞大的账目系统、互联网辅助的服务，或储运中心业务。这些蓝图都与概念蓝图具有某些共同的特性，但也各有特色。或者，如果发现"货物分拣"和"装货"部分出现了问题和瓶颈现象，并耽误了顾客收件的时间，针对这两个步骤可以开发更为详细的子过程蓝图。总之，识别需要绘制蓝图的服务过程，首先要对建立服务蓝图的意图做出分析。

#### 2. 识别顾客（细分顾客）对服务的经历

市场细分的一个基本前提是，每个细分部分的需求是不同的，因而对服务或产品的需求也会相应变化。假设服务过程因细分市场的不同而变化，这时为某位特定的顾客或某类细分顾客开发蓝图将非常有用。在抽象或概念的水平上，将各种细分顾客纳入一幅蓝图中是可能的。但是，如果需要达到不同水平，开发单独的蓝图就一定要避免含糊不清，并使蓝图效能最大化。

#### 3. 从顾客角度描绘服务过程

该步骤包括描绘顾客在购物、消费和评价服务中执行或经历的选择和行为。如果描绘的过程是内部服务，那么顾客就是参与服务的雇员。从顾客的角度识别服务，可以避免把注意力集中在对顾客没有影响的过程和步骤上。该步骤要求必须对顾客是谁（有时不是一个小任务）达成共识，有时为确定顾客如何感受服务过程还要进行细致的研究。如果细分市场以不同方式感受服务，就要为每个不同的细分部分绘制单独的蓝图。

有时，从顾客角度看到的服务起始点并不容易被意识到。如对理发服务的研究显示，顾客认为服务的起点是给沙龙打电话预约，但是发型师却基本不把预约当成服务的一个步骤。同样，在透视服务中，病人把开车去诊所、停车、寻找透视部门也视为服务经历。在为现有服务开发蓝图时，在这一步骤可以从顾客的视角把服务录制或拍摄下来，这会大有益处。通常情况往往是经理和不在一线工作的人并不确切了解顾客在经历什么，以及顾客看到的是什么。

#### 4. 描绘前台与后台服务雇员的行为

首先画上互动线和可视线，然后从顾客和服务人员的观点出发绘制过程，辨别出前台服务和后台服务。对于现有服务的描绘，可以向一线服务人员询问其行为，以及哪些行为顾客可以看到，哪些行为在幕后发生。

#### 5. 把顾客行为、服务人员行为与支持功能相连

下面可以画出内部互动线，随后即可识别出服务人员行为与内部支持职能部门的联系。在这一过程中，内部行为对顾客的直接或间接影响方才显现出来。从内部服务过程与顾客关联的角度出发，它会呈现出更大的重要性。

**6. 在每个顾客行为步骤加上有形展示**

最后在蓝图上添加有形展示，说明顾客看到的东西，以及顾客经历中每个步骤所得到的有形物质。包括服务过程的照片、幻灯片或录像在内的形象蓝图在该阶段也非常有用，它能够帮助分析有形物质的影响与其整体战略与服务定位的一致性。

### （三）绘制服务蓝图的好处

（1）提供一个全局观点让雇员把服务视为不可分割的整体，并与"我要做什么"关联起来，从而在雇员中强化以顾客为导向的观念。

（2）识别雇员与客户之间的互动线，表示出客户在何处感受到服务质量的好坏，由此促进被感知服务的设计。

（3）可视线促使有意识地确定出顾客该看到什么及谁与顾客接触，从而促进更为合理的服务设计的产生。

（4）内部互动线显示出具有互动关系的部门之间的界面，它可以促使服务持续不断地得到改进。

（5）通过阐明构成服务的各种要素和关系，促进战略性讨论。若不能从服务整体性的角度提供一个基本立场，参加战略会议的各方就容易过分夸大自己的作用和前景。

（6）为识别并计算成本、收入及向服务各要素的投资提供一个基础。

（7）为外部营销、内部营销构建合理基础。如服务蓝图为广告代理或房地产销售小组提供服务全景，使其易于选择沟通的重要信息。

（8）提供一种由表及里的提高质量的途径，使经理们能够识别出在一线或支持小组中工作的基层雇员为提高质量所做的努力，并给予引导和支持。雇员工作小组可以设计服务蓝图，从而更明确地应用和交流其改善服务的经验和建议。

## 本章小结

设计者的主要目的是在成本和预算范围内，兼顾组织的运营能力，实现能满足或超过顾客预期的一种产品或服务的设计。

成功的设计需要遵循一些基本原则：已确定顾客的需求为起点，最大限度地减少制造一种产品所需的零件数量或提供一种服务所需的步骤，简化装配和服务，尽可能地把它们标准化，使设计稳健。权衡决策在设计中很常见，包括如开发时间的成本、产品和服务的成本、性能等复杂因素的考虑。

## 练习与思考

1. 产品设计中的影响因素有哪些？

2. 服务设计中的影响因素有哪些？

3. 简要描述产品设计和开发的阶段。

# 第四章　运营系统设计与分析

**本章学习目标**

1. 掌握设施选址的影响因素。
2. 掌握选址的一般方法。
3. 简要描述非制造业设施布置的原则。
4. 比较办公室布置与生产制造系统布置的特点。

**导入案例：** 家乐福选址实例

1995 年进入中国市场后，短时间内家乐福（Carrefour）便在相距甚远的北京、上海和深圳三地开出了大卖场，就是因为它们各自独立地发展出自己的供应商网络。根据家乐福自己的统计，从中国本地购买的商品占了商场里所有商品的 95％以上，仅 2000 年采购金额就达 15 亿美元。

Carrefour 的法文意思就是"十字路口"，而家乐福的选址也不折不扣地体现了这一标准——所有的店都开在了路口，巨大的招牌 500 米开外都可以看得一清二楚。而一个投资几千万元的店，当然不会是拍脑袋想出的店址，其背后精密和复杂的策划，常令行业外的人士大吃一惊。根据经典的零售学理论，一个大卖场的选址需要经过几个方面的详细测算。

一是商圈内的人口消费能力。中国目前并没有现成的资料［地理信息系统（GIS）］可资利用，所以店家不得不借助市场调研公司的力量来收集这方面的数据。有一种做法是从某个原点出发，测算 5 分钟的步行距离会到什么地方，然后是 10 分钟会到什么地方，最后是 15 分钟会到什么地方。根据中国的本地特色，还需要测算以自行车出发的小片、中片和大片半径，最后是以车行速度来测算小片、中片和大片各覆盖了什么区域。如果有自然的分隔线，如一条铁路线，或是另一个街区有一个竞争对手，商圈的覆盖就需要依据这种边界进行调整。然后，需要对这些区域进行进一步的细化，计算这片区域内各个居住小区的详尽的人口规模和特征，计算不同区域内人口的数量和密度、年龄分布、文化水平、职业分布、人均可支配收入等指标。家乐福的做法还会更细致一些，根据这些小区的远近程度和居民可支配收入，再划定重要销售区域和普通销售区域。

二是这片区域内的城市交通和周边的商圈的竞争情况。如果一个未来的店址周围有许多公交车，或是道路宽敞，交通方便，那么销售辐射的半径就可以大为放大。上海的大卖场都非常聪明，例如，家乐福古北店周围的公交线路不多，家乐福就干脆自己租用公交车定点在一些固定的小区间穿行，方便那些离得较远的小区居民上门一次性购齐一周的生活用品。

当然，未来潜在销售区域会受到很多竞争对手的挤压，所以家乐福也会将未来所有的竞争对手计算进去。传统的商圈分析中，需要计算所有竞争对手的销售情况、产品线组成和单位面积销售额等情况，然后将这些估计的数字从总的区域潜力中减去，未来的销售潜力就产生了。但是这样做并没有考虑到不同对手的竞争实力，所以有些商店在开业前索性把其他商店的短板摸个透彻，以打分的方法发现它们的不足之处，比如，环境是否清洁，哪类产品的价格比较高，生鲜产品的新鲜程度如何等，然后依据这种精确制导的调研结果进行具有杀伤力的打击。

对一个商圈的调查并不会随着一个门店的开张大吉而结束。家乐福自己的一份资料指出，顾客中有60％的顾客在34岁以下，70％是女性，然后有28％的人走路，45％通过公共汽车而来。所以很明显，大卖场可以依据这些目标顾客的信息来微调自己的商品线。能体现家乐福用心的是，家乐福在上海的每家店都有小小的不同。在虹桥门店，因为周围的高收入群体和外国侨民比较多，其中外国侨民占到了家乐福消费群体的40％，所以虹桥店里的外国商品特别多，如各类葡萄酒、各类泥肠、奶酪和橄榄油等，而这都是家乐福为这些特殊的消费群体特意从国外进口的。南方商场的家乐福因为周围的居住小区比较分散，干脆开了一个迷你Shopping Mall，在商场里开了一家电影院和麦当劳，增加自己吸引较远处的人群的力度。青岛的家乐福做得更到位，因为有15％的顾客是韩国人，干脆就做了许多韩文招牌。

这个从一个"空降兵"开始起家的事业，现在已经具有了15个城市里27个商场的规模，转眼间将家乐福的旗帜插上了中国各个消费中心城市的制高点。沃尔玛经典的"以速度抢占市场"的哲学似乎不再起作用，而被家乐福抢了先机。

资料来源：汪敬东.开店必赚.北京：中国市场出版社，2008：27-30.

讨论：

1. 家乐福选址都考虑了哪些因素？
2. 这些因素对家乐福后续的经营产生了什么样的影响？
3. 你认为超市选址过程还可以考虑哪些因素？

# 第一节 设施选址

设施是指生产运作过程得以进行的硬件手段，通常由工厂、办公楼、车间、设备和仓库等物质实体所构成。

设施选址是指如何运用科学的方法决定设施的地理位置，使之与企业的整体生产运作系统有机结合，以便有效、经济地达到企业的经营目的。设施选址包括两个层次的问题：一是选位，即选择什么地区（区域）设置设施，沿海还是内地，南方还是北方等，在当前全球经济一体化的大趋势之下，或许还要考虑是国内还是国外；二是定址，地区选定以后，具体选择在该地区的什么位置设置设施，也就是说，在已选定的地区内选定一片土地作为设施的具体位置。设施选址还包括这样两类问题：一是选择一个单一的设施位置；二是在现有的设施网络中布新点。

## 一、设施选址的重要性

无论是生产有形产品的企业，还是提供服务的企业，工厂建在什么地区、什么地点，不仅影响建厂投资和建厂速度，而且还影响工厂的生产布置和投产后的生产经营成本。

首先，就物质因素而论，设施选址决定着企业生产过程的结构状况，从而影响新厂的建设速度和投资规模。例如，建厂地区的公共设施和生产协作条件，决定着新厂是否要自备动力、热力等各种辅助生产设施；供应来源的可靠性和便利性，决定着新厂仓库面积的大小及运输工具的类型和规模等。

其次，就投资成本和运行成本而言。设施选址是否合理，是否靠近客户和原材料产地，劳动力资源是否丰富，地价的高低，以及生产协作条件如何等，均直接影响新厂的投资效益和运营效益。

最后，从行为角度看，不同地区文化习俗的差异要求采取相应的管理方式，否则会产生消极性的因素，影响企业的生产经营效果。必须指出，要找到一个满足各方面要求的设施选址是十分困难的。因此，必须权衡利弊，选出在总体上经济效益最佳的方案。

对一个企业来说，设施选址是建立和管理企业的第一步，也是扩大事业的第一步。在进行设施选址时，必须充分考虑到多方面的影响因素，慎重决策。除了新建企业的设施选址问题以外，随着经济的发展，城市规模的扩大，以及地区之间的发展差异，很多企业还面临着迁址的问题。可见，设施选址是很多企业都面临的问题，也是现代企业生产运作管理中的一个重要问题。

对于一个特定的企业，其最优选址取决于该企业的类型。工业选址决策主要是为了追求成本最小化；而零售业或专业服务性组织机构一般都追求收益最大化；至于仓库选址，可能要综合考虑成本及运输速度的问题。总之，设施选址的战略目标是给企业带来最大化的收益。

## 二、影响设施选址的因素

### （一）生产运作全球化对设施选址的影响

生产运作全球化和竞争全球化互为因果，使得当今世界范围内的竞争愈演愈烈。在这种情况下，企业要保持竞争能力，至少有以下三种方法：①采取合理化措施，整理产品结构，提高生产效益，降低劳动成本；②更新产品，占领新生市场；③调整生产基地，把生产基地搬到销售机会好或生产成本低的国家和地区。其中，第三种方法就是设施选址的问题。对于当今的企业来说，跨地区、跨国家进行生产协作、在全球范围内寻找市场已经是不得不为之的事情。因此，企业应该根据促使生产运作全球化的要求，具体分析本企业的产品特点、资源需求和市场，慎重考虑和选择生产基地，慎重进行设施选址决策。此外，对于许多老企业来说，还面临着如何调整生产结构的问题，这其中也涉及设施选址的决策。

### （二）设施选址影响因素的权衡

在进行设施选址时，企业有很多需要考虑的影响因素。在考虑这些因素时，需要注意的是：首先，必须仔细权衡所列出的这些因素，决定哪些是与设施选址紧密相关的，哪些虽然与企业经营或经营成果有关，但是与设施位置的关系并不大，以便在决策时分清主次，抓住关键。否则，有时候所列出的影响因素太多，在进行具体决策时容易主次不分，做不出最佳的决策。其次，在不同情况下，同一影响因素会有不同的影响作用，因此，绝不可生搬硬套任何原则条文，也不可完全模仿照搬已有的经验。最后，还应该注意的一点是，对于制造业和非制造业的企业来说，要考虑的影响因素及同一因素的重要程度可能有很大不同。

调查表明，劳动力条件、与市场的接近程度、生活质量、与供应商和资源的接近程度、与其他企业设施的相对位置等，是进行设施选址时必须考虑的因素。

制造业企业在进行设施选址时，更多地考虑地区因素。而对于服务业来说，由于服务项目难以运输到远处，那些需要与顾客直接接触的服务业企业的服务质量的提高，有赖于对最终市场的接近，设施必须靠近顾客群。例如，一个洗衣店或一个超级市场，影响其经营收入的因素有多种，但其设施位置有举足轻重的作用。如设施周围的人群密度、收入水平和交通条件等，将在很大程度上决定企业的经营收入。对于一个仓储或配送中心来说，与制造业的工厂选址一样，运输费用是要考虑的一个因素，但快速接近市场可能更重要，因为可以缩短交货时间。此外，对制造业企业的选址来说，与竞争对手的相对位置有时并不重要，而在服务业，这可能是一个非常重要的因素。服务业企业在进行设施选址时，不仅必须考虑竞争者的现有位置，还需要估计他们对新设施的反应。在有些情况下，在竞争者附近设址有更多的好处，可能会有一种"聚集效应"，即受聚集于某地的几个公司的吸引而来的顾客总数，大于这几个公司分散在不同地方情况下的顾客总数。

## 三、选址原则

在选址问题上，应将定性分析与定量分析相结合，但定性分析是定量分析的前提。在进行定性分析时，具体的选址原则如下所述：

（1）费用原则。企业首先是经济实体，无论何时何地，经济利益对企业来说都是重要的，建设初期的固定费用、投入运行后的变动费用、产品出售以后的年收入，都与选址有关。

（2）集聚人才原则。人才是企业最宝贵的资源，企业地址选得合适有利于吸引人才。反之，由企业搬迁造成员工生活不便导致员工流失的事情也常有发生。

（3）接近用户原则。对于服务业，几乎无一例外都需要遵循这条原则，如银行储蓄所、邮电局、电影院、医院、学校和零售业的所有商店等。许多制造企业也把工厂建到消费市场附近，以降低运费和损耗。

（4）长远发展原则。企业选址是一项带有战略性的经营管理活动，要有长远发展意识。选址工作要考虑到企业生产力的合理布局和市场的开拓，要有利于获得新技术。在当前世界经济越来越趋于一体化的时代背景下，还要考虑如何有利于参与国际竞争。

## 四、单一设施选址的一般步骤

单一设施选址是指独立地选择一个新的设施地点，其生产与运作不受企业现有设施网络的影响。在有些情况下，所要选择位置的新设施是现有设施网络的一部分。如某餐饮公司要新开一个餐馆，但这个餐馆是与现有的其他餐馆分开，独立运营的，这种情况也可看作单一设施选址。

单一设施选址问题常见于以下几种情况：

(1) 新成立企业或新增加独立经营单位。在这种情况下，设施选址基本不受企业现有经营因素的影响，在进行选址时要考虑的主要因素与一般企业设施选址考虑的因素相同。

(2) 企业扩大原有设施。这种情况下可首先考虑两种选择：原地扩建及另选新址。原地扩建的益处是便于集中管理，避免生产运作的分离，充分利用规模效益，但也可能带来一些不利之处，如失去原有的生产运作方式的特色，物流变得复杂，生产控制也变得复杂。在某些情况下，还有可能失去原来的最佳经济规模。另选新址的主要益处是企业可以不依赖唯一的设施厂地，便于引进、实施新技术，可使生产组织方式特色鲜明，还可在更大范围内选择高质量的劳动力等。只有在后一种选择下，才会有真正的选址问题。

(3) 企业迁址。这种情况不多，通常只有小企业才有可能考虑这种方式。一个白手起家的小企业，随着事业的发展，可能会感到原有空间太小，而考虑重新选择一处更大的设施空间。在这种情况下新选的位置一般不会离原有位置太远，以便仍能利用现有的人力资源。但在某些特殊情况下，也会遇到一些大企业迁址的问题。

单一设施选址通常包括以下主要步骤：

第一步，明确目标，即首先要明确，在一个新地点设置一个新设施是符合企业发展目标、生产运作战略并能为企业带来收益的。只有在此前提下，才能开始进行选址工作。目标一旦明确，就应该指定相应的负责人或工作团队，并开始进行工作。

第二步，收集有关数据，分析各种影响因素，对各种因素进行主次排列，权衡取舍，拟订出初步的候选方案。这一步要收集的资料数据应包括多个方面，如政府部门有关规定，地区规划信息，工商管理部门有关规定，土地、电力和水资源等有关情况，以及与企业经营相关的该地区物料资源、劳动力资源和交通运输条件等信息。在有些情况下，还需征询一些专家的意见。在收集数据的基础上，列出要考虑的因素，但对所有列出的影响因素，必须注意加以分析，分清主次，并进行必要的权衡取舍。在必要情况下，对多种因素的权衡取舍也需要征询多方面的意见，如运用德尔菲法等，经过分析后将目标相对集中，拟出初步的候选方案。候选方案的个数根据问题的难易程度或可选择范围的不同而不同，例如，3~5 个或者更多。

第三步，对初步拟订的候选方案进行详细的分析。所采用的分析方法取决于各种要考虑的因素是定性的还是定量的。例如，运输成本、建筑成本、劳动力成本和水等因素，可以明确用数字度量，因此可通过计算进行分析比较；也可以把这些因素都用金额来表示，综合成一个财务因素，用现金流等方法来分析。另外一类因素，如生活环境、当地的文化氛围和扩展余地等，难以用明确的数值来表示，则需要进行定性分析，或采用分级加权法，人为地加以量化，进行分析与比较。也有一些方法，可同时考虑定性与定量因素，如选址度量法。

第四步，在对每一个候选方案都进行上述的详细分析之后，将会得出各个方案的优劣程度的结论，或找到一个明显优于其他方案的方案。这样就可选定最终方案，并准备详细的论证材料，以提交企业最高决策层批准。

## 五、设施选址的方法

单一设施选址中要用到多种分析方法：定性分析方法与定量分析方法，以及将定量分析与定性分析相结合的选址度量法等。

### （一）负荷距离法

负荷距离法是一种定量分析方法，它的目标是在若干个候选方案中，选定一个目标方案，它可以使总负荷（货物、人或其他）移动的距离最小。当与市场的接近程度等因素至关重要时，使用这一方法可从众多候选方案中快速筛选出最有吸引力的方案。这一方法也可在设施布置中使用。

### （二）因素评分法

因素评分法在常用的选址方法中也许是使用得最广泛的一种，因为它以简单易懂的模式将各种不同因素综合起来。因素评分法的具体步骤如下：

（1）决定一组相关的选址决策因素。

（2）对每一因素赋予一个权重以反映这个因素在所有权重中的重要性。每一因素的分值根据权重来确定，权重则要根据成本的标准差来确定，而不是根据成本值来确定。

（3）对所有因素的打分设定一个共同的取值范围，一般是 1～10，或 1～100。

（4）对每一个备选地址的所有因素，按设定范围打分。

（5）用各个因素的得分与相应的权重相乘，并把所有因素的加权值相加，得到每一个备选地址的最终得分。

（6）选择具有最高总得分的地址作为最佳的选址。

运用因素评分法应注意：在运用因素评分法计算的过程中可以感觉到，由于确定权数和等级得分完全靠人的主观判断，只要判断有误差就会影响评分数值，最后影响决策。目前确定权数的方法很多，比较客观准确的方法是层次分析法。该方法操作并不复杂，有较为严密的科学依据，我们推荐在做多方案多因素评价时尽可能采用层次分析法。

### （三）盈亏分析法

盈亏分析法是厂房选址的一种基本方法，亦称生产成本比较分析法。这种方法基于以下假设：可供选择的各个方案均能满足厂址选择的基本要求，但各方案的投资额不同，投产以后原材料、燃料和动力等变动成本不同。这时，可利用损益平衡分析法的原理，以投产后生产成本的高低作为比较的标准。

**（四）重心法**

重心法是一种布置单个设施的方法，这种方法要考虑现有设施之间的距离和要运输的货物量。在最简单的情况下，这种方法假设运入和运出成本是相等的，它并未考虑在不满载的情况下增加的特殊运输费用。首先，在坐标系中标出各个地点的位置，目的在于确定各点的相对距离。坐标系可以随便建立。在选址中，经常采用经度和纬度建立坐标。其次，根据各点在坐标系中的横纵坐标值求出成本运输最低的位置坐标 $X$ 和 $Y$，重心法使用的公式是：

$$C_x = \frac{\sum D_{ix} V_i}{\sum V_i} \quad C_y = \frac{\sum D_{iy} V_i}{\sum V_i}$$

式中，$C_x$ 为重心的 $x$ 坐标；$C_y$ 为重心的 $y$ 坐标；$D_{ix}$ 为第 $i$ 个地点的 $x$ 坐标；$D_{iy}$ 为第 $i$ 个地点的 $y$ 坐标；$V_i$ 为运到第 $i$ 个地点或从第 $i$ 个地点运出的货物量。

最后，选择求出的重心点坐标值对应的地点作为我们要布置设施的地点。

# 第二节　设施布置

设施布置是指在一个给定的设施范围内，对多个经济活动单元进行位置安排。所谓经济活动单元，是指需要占据空间的任何实体，也包括人。例如，机器、工作台、通道、桌子、储藏室和工具架等。所谓给定的设施范围，可以是一个工厂、一个车间、一座百货大楼、一个写字楼或一个餐馆等。

设施布置的目的是要对企业内的各种物质设施进行合理安排，使它们组合成一定的空间形式，从而有效地为企业的生产运作服务，获得更好的经济效果。设施布置在设施位置选定之后进行，它要确定组成企业的各个部分的平面或立体位置，并相应地确定物料流程、运输方式和运输路线等。具体地说，设施布置要考虑以下四个问题：

（1）应包括哪些经济活动单元。这个问题取决于企业的产品、工艺设计要求、企业规模、企业的生产专业化水平与协作化水平等多种因素。反过来说，经济活动单元的构成又在很大程度上影响生产率。例如，有些情况下一个厂集中有一个工具库就可以，但在另一些情况下，也许每个车间或每个工段都应有一个工具库。

（2）每个单元需要多大空间。空间太小，可能会影响生产率，影响工作人员的活动，有时甚至会引起人身事故；空间太大，是一种浪费，同样会影响生产率，并且使工作人员之间相互隔离，产生不必要的疏远感。

（3）每个单元空间的形状如何。每个单元的空间大小、形状如何及应包含哪些单元，这几个问题实际上相互关联。例如，一个加工单元应包含几台机器，这几台机器应如何排列，因而占用多大空间，需要综合考虑。如果空间已限定，只能在限定的空间内考虑是一字排开，还是三角形排列等；若根据加工工艺的需要，必须是一字排开或三角形排列，则必须在此条件下考虑需多大空间以及所需空间的形状。在办公室设计中，办公桌的排列也是类似的问题。

（4）每个单元在设施范围内的位置。这个问题应包括两方面含义：单元的绝对位置与相对位置。有时，几个单元的绝对位置变了，但相对位置没变。相对位置的重要意义在于它关系到物料搬运路线是否合理，是否节省运费与时间，以及通信是否便利。此外，如内部相对位置影响不大，还应考虑与外部的联系，例如，将有出入口的单元设置于靠近路旁。

## 一、企业经济活动单元构成的影响因素

影响企业经济活动单元构成的主要因素有以下一些。

### 1. 企业的产品

企业的目标最终是要通过它提供的产品或服务来实现的，因此，企业的产品或服务从根本上决定着企业经济活动单元的构成。对于制造企业来说，首先，企业的产品品种将决定企业所要配置的主要生产单元，如汽车制造厂需有冲压车间，而仪表制造公司则不需要；其次，产品的结构工艺特点决定着产品粗加工和原材料的种类，决定着产品的劳动量构成，因此，也就影响着生产单元的构成；再次，产品的生产规模也会影响到生产单元的构成，如某产品的产量较大且加工劳动量也较大、具有一定规模时，就要考虑设置该种产品的专门生产车间或分厂；反之，则没有必要。对于服务业企业来说也同样如此，所提供服务内容不同、服务规模不同，经济活动单元的构成自然不同。

### 2. 企业规模

企业经济活动单元的构成与企业规模的关系是十分密切的。这是因为企业所需经济活动单元的数目是由企业规模所决定的。企业规模越大，所需要的单元数目也越多。

### 3. 企业的生产专业化与协作化水平

企业的生产专业化与协作化水平影响企业的经济活动单元构成：一是采用不同专业化形式（指产品对象专业化或工艺对象专业化）的企业，对工艺阶段是否配备完整的要求不同，从而带来了经济活动单元构成上的不同；二是企业的协作化水平越高，即通过协作取得的零部件、工具和能源等越多，则企业的主要生产单元就越少。例如，很多标准件都可容易地通过外协而得到，没必要全部自己建立这样的生产单元。在今天，企业正在朝两个不同的方向发展，一是生产的集中化和专业化，即生产要素越来越多地向大型专业化企业集中；二是生产的分散化，即生产要素向与大企业协作配套的小型企业扩散，以大企业为核心构成一个企业群体，以固定的协作关系从事某些专门零部件的生产或完成某些工艺过程。这两种发展趋势给企业的设施布置带来了一些新要求。

### 4. 企业的技术水平

其中主要是装备的技术水平，它直接影响着企业经济活动单元的构成。采用数控设备、加工中心等高技术设备拥有率较高的企业，其生产单位的组成较简单；反之，则较复杂。

## 二、设施布置形式

### （一）工艺导向布局

工艺导向布局，也称车间或功能布置，是指一种将相似的设备或功能放在一起的生产

布局方式。例如，将所有的车床放在一处，将冲压机床放在另一处。被加工的零件，根据预先设定好的流程顺序从一个地方转移到另一个地方，每项操作都由适宜的机器来完成。医院是采用工艺导向布局的典型。

在工艺导向布局的计划中，最为常见的做法是合理安排部门或工作中心的位置，以减少材料的处理成本。换句话说，零件和人员流动较多的部门应该相邻。这种方法的材料处理成本取决于：①两个部门（$i$ 或 $j$）在某一时间内人员或物品的流动量；②与部门间距离有关的成本。成本可以表达为部门之间距离的一个函数。这个目标函数可以表达成以下的形式：

$$最小成本 = \sum_{i=1}^{x} \sum_{j=1}^{x} X_{ij} C_{ij}$$

式中，$n$ 为工作中心或部门的总数量；$i$，$j$ 为各个部门；$X_{ij}$ 为从部门 $i$ 到部门 $j$ 物品流动的数量；$C_{ij}$ 为单位物品在部门 $i$ 和部门 $j$ 之间流动的成本。

工艺导向布局尽量减少与距离相关的成本。$C_{ij}$ 这个因子综合考虑了距离和其他成本。于是可以假定不仅移动难度相等，而且装卸成本也是恒定的。虽然它们并不总是恒定不变的，但为了简单起见，可以将这些数据（成本、难度和装卸费用等）概括为一个变量。

工艺导向布局适合于处理小批量、顾客化程度高的生产与服务，其优点是设备和人员安排具有灵活性；缺点是设备使用的通用性要求高，同时要求较高的劳动力熟练程度和创新性，另外在制品（work in process，WIP）较多。

### （二）产品导向布局

产品导向布局也称装配线布局，是一种根据产品制造的步骤来安排设备或工作过程的布局方式。鞋、化工设备和汽车清洗剂的生产都是按产品导向布局原则设计的。

产品导向布局是对生产大批量、相似程度高和少变化的产品进行组织规划。一个典型的实例是：飞机制造公司巨大的产品的最后组装线采用的就是产品导向布局。产品导向布局的两种类型是生产线和装配线。

生产线是在一系列机器上制造零件，诸如汽车轮胎或冰箱的金属部件。装配线是在一系列工作台上将制造出的零件组合在一起。两种类型都是重复过程，而且二者都必须"平衡"，即在生产线上的一台机器所做的工作必须与另一台机器所做的工作相平衡，就像装配线上的一个雇员在一个工作站上所做的工作必须和另一雇员在另一工作站上做的工作相配合一样。

生产线趋向于机器步调，并要求通过机器和工程上的改变来达到平衡。装配线则相反，生产的步调由分配给个人或工作站的任务来确定。所以，在装配线上可以将一个人的工作转移给另一个人来达到平衡。在这种情况下，每个人或工作站要求的时间是一样的。

产品导向布局的中心问题是平衡装配线上每个工作站的产出，使它趋于相等，从而获得所需的产出。管理者的目标就是在装配线上保持一种平滑、连续流动的生产状态，并减少每个工作站的闲暇时间。一条平衡性好的装配线具有的优点是人员和设备利用率高，雇员之间工作流量相等。一些企业要求同一条装配线的工作流量应该大致相等，这就涉及装配线平衡的问题了。

工艺导向布局与产品导向布局之间的区别就是工作流程的路线不同。工艺导向布局中的物流路线是高度变化的，因为用于既定任务的物流在其生产周期中要多次送往同一加工车间。在产品导向布局中，设备或车间服务于专门的产品线，采用相同的设备能避免物料迂回，实现物料的直线运动。只有当给定产品或零件的批量远大于所生产的产品或零件种类时，采用产品导向布局原则才有意义。

产品导向布局适合于大批量的、高标准化的产品的生产。其优点是单位产品的可变成本低，料处理成本低，存货少，对劳动力标准要求低；缺点是投资巨大，不具产品弹性，一处停产影响整条生产线。

### （三）混合类型布局

混合类型布局是指将两种布局方式结合起来的布局方式。混合布局是一种常用的设施布局方法。比如，一些工厂总体上是按产品导向布局（包括加工、部装和总装三阶段），在加工阶段采用工艺导向布局，在部装和总装阶段采用产品导向布局。这种布置方法的主要目的是：在产品产量不足以大到使用生产线的情况下，也尽量根据产品的一定批量、工艺相似性来使产品生产有一定顺序，物流流向有一定秩序，以达到减少中间在制品库存、缩短生产周期的目的。混合类型布局的方法又包括一人多机布局、成组技术布局等。

#### 1. 一人多机布局

一人多机（one worker，multiple machine，OWMM）布局是一种常用的混合布局方法。这种方法的基本原理是：如果生产量不足以使一个人看管一台机器就足够忙的话，可以设置一人可看管的小生产线，既可使操作人员保持满工作量，又可在这种小生产线内使物流流向有一定秩序。这个所谓的小生产线，即指由一个人同时看管的几台机器，如图4-1所示（图中M1、M2等分别表示不同的机器设备）。

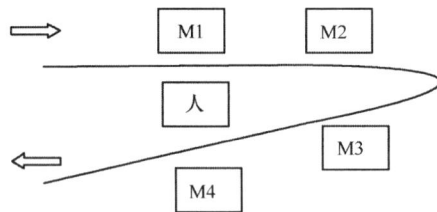

图 4-1　一人多机布局示意图

在OWMM系统中，因为有机器自动加工时间，员工只在需要看管的时候（装、卸、换刀和控制等）进行照管，因此又可能在M1自动加工时，去看管M2，依次类推。通过使用不同的装夹具或不同的加工方法，具有相似性的不同产品可以在同一OWMM中生产。这种方法可以减少在制品库存，以及提高劳动生产率，其原因是工件不需要在每一机器旁积累到一定数量后再搬运至下一机器。通过一些小的技术革新，例如，在机器上装一些自动换刀、自动装卸、自动启动和自动停止的小装置，可以增加OWMM中的机器数量，以进一步降低成本。

图4-1所示的OWMM系统呈现一种U形布局，其最大特点是物料入口和加工完毕

的产品的出口在同一地点。这是最常用的一种 OWMM 布局，其中加工的产品并不一定必须通过所有的机器，可以是 M1→M3→M4→M5，也可以是 M2→M3→M5 等。进一步通过联合 U 形布局可以获得更大的灵活性，这在日本丰田汽车公司的生产实践中已被充分证实。

### 2. 成组技术布局

成组技术布局是将不同的机器分成单元来生产具有相似形状和工艺要求的产品。成组技术布局现在被广泛应用于金属加工、计算机芯片制造和装配作业。成组原则应用的目的是要在生产车间中获得产品原则布置的好处，这些好处包括：

（1）改善人际关系。员工组成团队来完成整个任务。

（2）提高操作技能。在一个生产周期内，员工只能加工有限数量的不同零件，重复程度高，有利于员工快速学习和熟练掌握生产技能。

（3）减少在制品和物料搬运次数。一个生产单元完成几个生产步骤，可以减少零件在车间之间的移动。

（4）缩短生产准备时间。加工种类的减少意味着模具的减少，因而可提高模具的更换速度。

工艺导向布局转换为成组技术布局可通过以下三个步骤来实现：

（1）将零件分类。该步骤需要建立并维护计算机化的零件分类与编码系统。尽管许多公司都已开发了简便程序来对零件进行分组，但这项支出仍然很大。

（2）识别零件组的物流类型，以此作为工艺布置和再布置的基础。

（3）将机器和工艺分组，组成工作单元。在分组过程中经常会发现，有一些零件由于与其他零件联系不明显而不能分组，还有专用设备由于在各加工单元中会普遍使用而不能被具体分到任一单元中去。这些无法分组的零件和设备都放到"公用单元"中。

成组技术布局则是将不同的机器分成单元来生产具有相似形状和工艺要求的产品。其优点是改善人际关系，增强参与意识；减少在制品和物料搬运及生产过程中的存货；提高机器设备利用率；减少机器设备投资与缩短生产准备时间等。

### （四）固定位置布局

固定位置布局是指产品由于体积或重量庞大停留在一个地方，从而需要生产设备将其移到要加工的产品处，而不是将产品移到设备处的布局方式。造船厂、建筑工地和电影外景制片场往往采用这种布局方式。在一个固定位置的布局中，生产项目保持在一个地方，工作人员和设备都到这个地方工作。但以下两个原因使得固定位置的布局技术发展很慢：

（1）在建设过程中的不同阶段需要不同的材料，所以随着项目的进行，不同材料的安排变得关键；

（2）材料所需的空间是不断变化的，例如，随着工程进展，建造一艘船的外壳所使用的钢板量是不断改变的。

不同的企业处理固定位置布局时采用不同的方法。建筑企业通常有一个"行业会议"来对不同时期的空间进行安排。但这种结局方法并不是最优的，因为讨论更倾向于政策性的利益分配，而非分析性的效率安排。而造船厂在靠近船的地方有称为"平台"的装载区域。物料装卸由事先计划好的部门完成。

## 三、设施布置类型选择的影响因素

在设施布置中，到底选用哪一种布置类型（工艺导向布局、产品导向布局、混合类型布局和固定位置布局），除了考虑生产组织方式战略及产品加工特性以外，还应该考虑其他一些因素。也就是说，一个好的设施布置方案，应该能够使设备、人员的效益和效率尽可能好。为此，还应该考虑以下一些因素。

### 1. 所需投资

设施布置将在很大程度上决定所要占用的空间、所需设备及库存水平，从而决定投资规模。如果产品的产量不大，设施布置人员可能愿意采用工艺导向布局，这样可节省空间，提高设备的利用率，但可能会带来较高的库存水平，因此，这里有一个平衡的问题。如果是对现有的设施布置进行改造，更要考虑所需投资与可能获得的效益相比是否合算。

### 2. 物料搬运

在考虑各个经济活动单元之间的相对位置时，物流的合理性是一个主要考虑因素，即应该使搬运量较大的物流的距离尽可能短，使相互之间搬运量较大的单元尽可能靠近，以便使搬运费用尽可能小，搬运时间尽可能短。一般情况下，在一个企业中，在从原材料投入直至产品产出的整个生产周期中，物料只有15%左右的时间处在加工工位上，其余都处于搬运过程中或库存中，搬运成本可达总生产成本的25%～50%。由此可见，物料搬运是生产运作管理中相当重要的一个问题。而一个好的设施布置，可使搬运成本大为减少。

### 3. 柔性

设施布置的柔性，一是指对生产的变化有一定的适应性，即使变化发生后也仍然能达到令人满意的效果；二是指能够容易地改变设施布置，以适应变化了的情况，因此，在一开始设计布置方案时，就需要对未来进行充分预测；三是从一开始就应该考虑到以后的可改造性。

### 4. 其他

其他还需要着重考虑的因素有：劳动生产率，为此在进行设施布置时要注意不同单元操作的难易程度悬殊不宜过大；设备维修，注意不要使空间太狭小，这样会导致设备之间的相对位置不好；工作环境，如温度、噪声水平和安全性等，均受设施布置的影响；人的情绪，要考虑到是否能使工作人员相互之间有所交流，是否给予不同单元的人员相同的责任与机会，使他们感到公平等。

## 四、设施布置方法

### （一）物料流向图法

按照原材料、在制品及其他物资在生产过程中的总流动方向来布置工厂的各车间、仓库和其他设施，并绘制物料流向图。如图4-2所示。

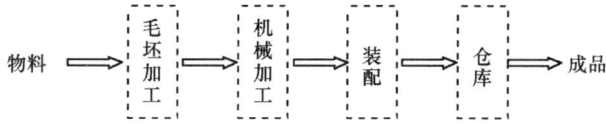

图 4-2 某机加工企业设施布置示意图

### （二）物料运量比较法

该方法是按照生产过程中物料流向及生产单位之间的运输量布置设施的相对位置，其步骤如下：

（1）据原材料、在制品在生产过程中的流向，初步布置各个生产单位的相对位置，绘出初步物流图，如图 4-3 所示。

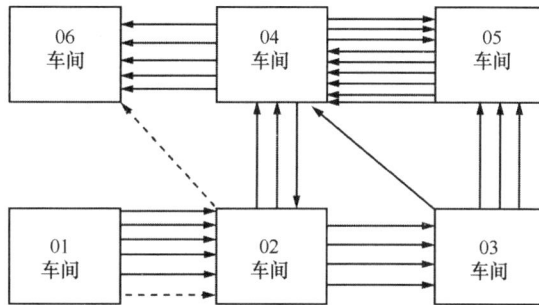

图 4-3 运量相关线图

注：实箭线表示 2 个物料单位；虚箭线表示 1 个物料单位

（2）计算各个单位间的物料流量，制定物料运量表，见表 4-1。

表 4-1 物料运量表

| 从-车间 ＼ 至-车间 | 01 | 02 | 03 | 04 | 05 | 06 | 总计 |
|---|---|---|---|---|---|---|---|
| 01 | | 6 | 4 | 3 | 2 | | 15 |
| 02 | | | 6 | 5 | 3 | | 14 |
| 03 | | | | 8 | 3 | 2 | 13 |
| 04 | | 5 | 3 | | 6 | 2 | 16 |
| 05 | | 3 | | | | 11 | 14 |
| 06 | | | | | | | 0 |
| 总计 | 0 | 14 | 13 | 16 | 14 | 15 | 72 |

（3）按运量大小进行布置，将彼此之间运量大的单位安排在相邻位置，并考虑其他因素进行改进和调整。

### （三）相对关系布置法

根据工厂各组成部分之间的关系的密切程度加以布置，得出较优方案。工厂各组成部分之间的密切程度，一般可分为六个等级，如表 4-2 所示。

**表 4-2　关系密切程度分类及代号**

| 代 号 | 关系密切程度 | 评分 | 代 号 | 关系密切程度 | 评分 |
|---|---|---|---|---|---|
| A | 绝对必要 | 5 | O | 普通的 | 2 |
| E | 特别重要 | 4 | U | 不重要 | 1 |
| I | 重要 | 3 | X | 不予考虑 | 0 |

形成其密切程度的原因，可能是单一的，也可能是综合的，一般可根据表 4-3 所示原因确定组成部分的关系密切程度。

**表 4-3　关系密切程度的原因**

| 代号 | 关系密切程度的原因 |
|---|---|
| 1 | 使用共同的记录 |
| 2 | 共用人员 |
| 3 | 共用地方 |
| 4 | 人员接触程度 |
| 5 | 文件接触程度 |
| 6 | 工作流程的连续性 |
| 7 | 做类似的工作 |
| 8 | 使用共同的设备 |
| 9 | 可能的不良秩序 |

应用相对关系布置时，首先根据工厂各组成部分相互作用关系表，然后依据此表定出各组成部分的位置。

**例 4.1**：某工厂生产活动相关图如图 4-4 所示。

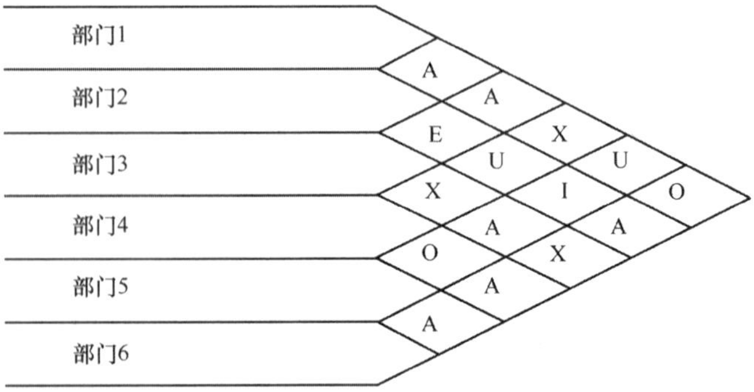

图 4-4　相对关系图

第一步，绘制生产活动相关图。

第二步，编制密切程度及积分统计表，见表4-4。

**表 4-4　各组成单位密切程度积分表**

| 1. 接收与发运处 | 2. 成品库 | 3. 工具车间 | 4. 修理车间 |
|---|---|---|---|
| A-2 | A-1、5 | A-4、5 | A-3、5 |
| I-5、8 | I-8 | I-8 | I-8 |
| O-3、4 | O-3、4 | O-1、2 | O-1、2 |
| U-6、7 | U-6、7 | U-6、7 | U-6、7 |
| 评分　17 | 评分　19 | 评分　19 | 评分　19 |

| 5. 生产车间 | 6. 中间零件库 | 7. 餐间 | 8. 办公室 |
|---|---|---|---|
| A-2、3、4 | E-5 | O-8 | E-5 |
| E-6、8 | I-8 | U-1、2、3、4、5、6 | I-1、2、3、4、6 |
| I-1 | U-1、2、3、4、7 | | O-7 |
| U-7 | | | |
| 评分　28 | 评分　12 | 评分　8 | 评分　21 |

第三步，据各组成单位密切程度积分表，进行工厂布置，如图4-5、图4-6所示。

| 4.修理车间 | 3.工具车间 | 2.成品库 |
|---|---|---|
| 1.接收与发运处 | 8.办公室 | |
| 6.中间零件库 | 5.生产车间 | |
| 7.餐间 | | |

图 4-5　未加整理的布置图

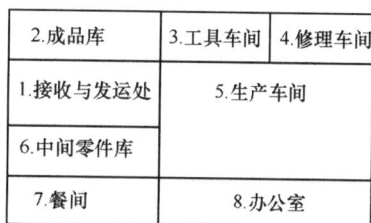

| 2.成品库 | 3.工具车间 | 4.修理车间 |
|---|---|---|
| 1.接收与发运处 | 5.生产车间 | |
| 6.中间零件库 | | |
| 7.餐间 | 8.办公室 | |

图 4-6　经过初步整理的布置图

### （四）从-至表法

从-至表法是一种常用的车间设备布置方法。从-至表是记录车间内各设备间物料运输情况的工具，是一种矩阵式图表，因其表达清晰且阅读方便，得到了广泛的应用。一般来说，从-至表根据其所含数据元素意义的不同，分为三类：表中元素表示从出发设备至到达设备距离的称为距离从-至表；表中元素表示从出发设备至到达设备运输成本的称为运输成本从-至表；表中元素表示从出发设备至到达设备运输次数的称为运输次数从-至表。当达到最优化时，这三种表所代表的优化方案分别可以实现运输距离最小化、运输成本最小化和运输次数最小化。

下面结合一条生产线的布置的例子，说明从-至表法的操作步骤。

**例 4.2：**设一条生产线上加工 17 种零件，该生产线包括 8 种设备 10 个工作地，任意相邻两工作地间的距离大体相等，并记为一个单位距离。用从-至表法的解决步骤如下：

第一步，根据综合工艺路线图，编制零件从-至表，见表4-5。表中每一方格的数字代表零件从某一工作地移到另一工作地的次数。因而，这种表是次数从-至表，表中数据距离对角线的格数表示两工作地间的距离单位数。因而，越靠近对角线的方格，两工作地间距离越小。

表 4-5　初始零件从-至表

| 至＼从 | 毛坯库 | 铣床 | 车床 | 钻床 | 镗床 | 磨床 | 压床 | 内圆磨床 | 锯床 | 检验台 | 合计 |
|---|---|---|---|---|---|---|---|---|---|---|---|
| 毛坯库 | | 2 | 8 | | 1 | | 4 | | 2 | | 17 |
| 铣床 | | | 1 | 2 | | 1 | | | 1 | 1 | 6 |
| 车床 | | 3 | | 6 | | 1 | | | | 3 | 13 |
| 钻床 | | | 1 | | | | 2 | 1 | | 4 | 8 |
| 镗床 | | | 1 | | | | | | | | 1 |
| 磨床 | | | 1 | | | | | | | 2 | 3 |
| 压床 | | | | | | | | | | 6 | 6 |
| 内圆磨床 | | | | | | | | | | 1 | 1 |
| 锯床 | | 1 | 1 | | | 1 | | | | | 3 |
| 检验台 | | | | | | | | | | | |
| 合计 | | 6 | 13 | 8 | 1 | 3 | 6 | 1 | 3 | 17 | 58 |

第二步，改进零件从-至表求最佳设备排列顺序，见表 4-6。最佳排列顺序应满足如下条件：从-至次数最多的两台机床，应该尽可能靠近。由如上对从-至表的分析可看出，这需要使从-至表中越大的数字越靠近对角线。

表 4-6　最终零件从-至表

| 至＼从 | 毛坯库 | 车床 | 铣床 | 钻床 | 压床 | 检验台 | 锯床 | 镗床 | 内圆磨床 | 磨床 | 合计 |
|---|---|---|---|---|---|---|---|---|---|---|---|
| 毛坯库 | | 8 | 2 | | 4 | | 2 | 1 | | | 17 |
| 车床 | | | 3 | 6 | | 3 | | | | 1 | 13 |
| 铣床 | | 1 | | 2 | | 1 | 1 | | | 1 | 6 |
| 钻床 | | 1 | | | 2 | 4 | | | 1 | | 8 |
| 压床 | | | | | | 6 | | | | | 6 |
| 检验台 | | | | | | | | | | | |
| 锯床 | | 1 | 1 | | | | | | | 1 | 3 |
| 镗床 | | 1 | | | | | | | | | 1 |
| 内圆磨床 | | | | | | 1 | | | | | 1 |
| 磨床 | | 1 | | | | 2 | | | | | 3 |
| 合计 | | 13 | 6 | 8 | 6 | 17 | 3 | 1 | 1 | 3 | 58 |

第三步，通过计算，评价优化结果。由于数据方格距对角线的距离表示两工序间的距离，而数据表示零件在两工序间的移动次数，所以，可以用方格中数据与方格距对角线的

距离之积的和，来表示零件总的移动距离：

$$L = \sum_i \sum_j I_j C_{ij}$$

式中，$L$ 为总的移动距离；$I_j$ 为第 $j$ 格移动对角线的格数；$C_{ij}$ 为移动次数。

第四步，改进前后从-至表的比较。将工作地距离相等的各次数按对角线方向相加，再乘以离开对角线的格数，就可以求出全部零件在工作地之间移动的总距离，如表 4-7 所示。

表 4-7　总的零件移动距离计算表

| 改进前 | | 改进后 | |
| --- | --- | --- | --- |
| 前进 | 后退 | 前进 | 后退 |
| $i \times j$ | $i \times j$ | $i \times j$ | $i \times j$ |
| $1 \times (2+1+6) = 9$ | $1 \times (3+1) = 4$ | $1 \times (8+3+2+2+6) = 21$ | $1 \times 1 = 1$ |
| $2 \times (8+2+1) = 22$ | $2 \times 1 = 2$ | $2 \times (2+6+4) = 24$ | $2 \times 1 = 2$ |
| $3 \times (1+2+6) = 27$ | $3 \times (1+1) = 6$ | $3 \times (1+1) = 6$ | $3 \times 1 = 3$ |
| $4 \times (1+1+1+2) = 20$ | $4 \times 0 = 0$ | $4 \times (4+3+1) = 32$ | $4 \times (1+2) = 12$ |
| $5 \times 0 = 0$ | $5 \times 0 = 0$ | $5 \times 1 = 5$ | $5 \times 1 = 5$ |
| $6 \times (4+4) = 48$ | $6 \times 1 = 6$ | $6 \times 2 = 12$ | $6 \times 1 = 6$ |
| $7 \times (1+3) = 28$ | $7 \times 1 = 7$ | $7 \times (1+1) = 14$ | $7 \times 0 = 0$ |
| $8 \times (2+1) = 24$ | $8 \times 0 = 0$ | $8 \times 1 = 8$ | $8 \times 1 = 8$ |
| $9 \times 0 = 0$ | $9 \times 0 = 0$ | $9 \times 0 = 0$ | $9 \times 0 = 0$ |
| 小计　178 | 小计　25 | 小计　122 | 小计　37 |
| 零件总移动距离 $L = \sum i \times j = 178 + 25 = 203$(单位) | | 零件总移动距离 $\sum L' = i \times j = 122 + 37 = 159$(单位) | |
| 零件总移动距离改进前后之差 $\Delta L = L - L' = 44$(单位) | | | |
| 总距离相对减少程度 $\Delta L / L = 44/203 = 21.7\%$ | | | |

可见，改进后的零件从-至表，零件移动的总距为 44 个单位距离，即总的运输路线缩短了 44 个单位距离，同时物料的总运量也相应减少了，提高了企业经济效益。

# 第三节　非制造业的设施布置

## 一、办公室布置

办公室布置的内容主要是确定人员座位的位置和办公室物质条件的合理配置。布置时一般要了解办公室工作性质与内容、办公室内部组织与人员分工、办公室与其他单位的联系，还可绘制业务流程图，作为布置的依据。还要了解办公室定员编制，以及根据工作需要应配备的家具、通信工具和主要办公用品等。在充分掌握情况的基础上，按办公室的位置和面积进行合理布置，并绘制平面图。经讨论、比较和修改后，即可正式按图进行布置。

**（一）办公室布置主要考虑因素**

在进行办公室布置时，通常考虑的因素有很多，但有两个因素是必须加以重点考虑的：信息传递与交流的迅速和方便；人员的劳动生产率。

**1. 信息传递与交流的迅速和方便**

信息的传递与交流既包括各种书面文件、电子信息的传递，也包括人与人之间的信息传递和交流。对于需要跨越多个部门才能完成的工作，部门之间的相对地理位置也是一个重要问题。在这里，应用工作设计和工作方法研究中的"工作流程"的概念来考虑办公室布置是很有帮助的。而工作设计和工作方法研究中的各种图表分析技术也同样可以应用于办公室布置。

**2. 人员的劳动生产率**

办公室布置中要考虑的另一个主要因素是办公室人员的劳动生产率。当办公室人员主要是由高智力、高工资的专业技术人员所构成时，劳动生产率的提高就具有更重要的意义。而办公室布置，会在很大程度上影响办公室人员的劳动生产率。但也必须根据工作性质的不同、工作目标的不同来考虑什么样的布置更有利于生产率的提高。例如，在银行营业部、贸易公司和快餐公司的办公总部等，开放式的大办公室布置使人们感到交流方便，提高了工作效率；而在一个出版社，这种开放式的办公室布置可能会使编辑们感到无端的干扰，无法专心致志地工作。

**（二）办公室布置的主要模式**

根据行业的不同、工作任务的不同办公室布置有多种，归纳起来，大致可以分为以下几种模式。

一种是传统的封闭式办公室。办公楼被分割成多个小房间，伴之以一堵堵墙、一个个门和长长的走廊。显然，这种布置可以保持工作人员足够的独立性，但不利于人与人之间的信息交流和传递，使人与人之间产生疏远感，也不利于上下级之间的沟通，而且，几乎没有调整和改变布局的余地。

另一种是近 20 多年来发展起来的开放式办公室布置。在一间很大的办公室内，可同时容纳一个或几个部门的十几人、几十人甚至上百人共同工作。这种布置方式不仅方便了同事之间的交流，也方便了部门领导与一般职员的交流，在某种程度上消除了等级的隔阂。但这种方式的弊端是，有时会相互干扰，也会带来职员之间的闲聊现象等。

在开放式办公室布置的基础上，进一步发展起来的一种布置是带有半截屏风的组合办公模块。这种布置既利用了开放式办公室布置的优点，又在某种程度上克服了开放式布置情况下的相互干扰、闲聊等弊端。而且，这种模块使布置有很大的柔性，可随时根据情况的变化重新调整和布置。采用这种形式的办公室布置，建筑费用比传统的封闭式办公建筑节省，改变布置的费用也低得多。

实际上，在很多组织中，封闭式布置和开放式布置都是结合使用的。20 世纪 80 年代，在西方发达国家又出现了一种可称为"活动中心"的新型办公室布置。在每一个活动中心，有会议室、讨论间、电视电话、接待处、打字复印和资料室等进行一项完整工作所需的各种设备。楼内有若干个这样的活动中心，每一项相对独立的工作集中在这样一个活动中心进行，工作人员根据工作任务的不同在不同的活动中心之间移动。但每人仍保留有一个小小的传统式个人办公室。显而易见，这是一种比较特殊的布置形式，较适合于项目型的工作。

20 世纪 90 年代以来，随着信息技术的迅猛发展，一种更加新型的办公形式——"远程"办公也正在从根本上冲击着传统的办公室布置方式。所谓"远程"办公，是指利用信息网络技术，将处于不同地点的人们联系在一起，共同完成工作。例如，人们可以坐在家里办公，也可以在出差的另一个城市或飞机、火车上办公，等等。可以想象，在信息技术进一步普及、其使用成本进一步降低以后，办公室的工作方式和对办公室的需求，以至办公室布置等，均会发生很大的变化。

### （三）办公室布置的基本方法

办公室布置中有一些布置原则与生产制造系统是相同的。例如，按照工作流程和能力平衡的要求划分工作中心和个人工作站，使办公室布置保持一定的柔性，以便于未来的调整与发展等。但是，办公室与生产制造系统相比，也有许多根本不同的特点。

首先，生产制造系统加工处理的对象主要是有形的物品，因此，物料搬运是设施布置的一个主要考虑因素。而办公室工作的处理对象主要是信息以及组织内外的来访者，因此，信息的传递和交流方便与否，来访者办事是否方便、快捷，是主要的考虑因素。

其次，在生产制造系统中，尤其是自动化生产系统中，产出速度往往取决于设备的速度，或者说与设备速度有相当大的关系。而在办公室中，工作效率的高低往往取决于人的工作速度，而办公室布置又会对人的工作速度产生极大影响。

再次，在生产制造系统中，产品的加工特性往往在很大程度上决定设施布置的基本类型，生产运作管理人员一般只在基本类型选择的基础上进行设施布置。而在办公室布置中，同一类工作任务可选用的办公室布置有多种，包括房间的分割方式、每人工作空间的分割方式、办公家具的选择和布置方式等。

此外，在办公室的情况下，组织结构、各个部门的配置方式、部门之间的相互联系和相对位置的要求对办公室布置有更重要的影响和作用，在办公室布置中要予以更多的考虑。

根据一些企业的经验，搞好办公室布置，要注意以下一些问题：

一是力求使办公室有一个安静的工作环境。各种嘈杂声音会使人感到不愉快，分散注意力，容易造成工作上的错误。所以，办公室应布置在比较安静、适中的位置。如果修建办公大楼，则大部分办公室可以集中在一起，这样既便于工作上相互联系，又可以求得比较安静的工作环境。如果没有办公大楼，则办公室就可能比较分散，好处是接近生产现场，便于为生产服务，但可能不够安静，必须采取具体措施，如隔音装置等，以排除各种杂音。为保持办公室内安静，应将电话和其他发声设备安装在最少干扰他人工作的位置；客人来访最好去单独会客室，如不具备此条件，也应将会客处布置在办公室的入口附近。

二是办公室应有良好的采光、照明条件。室内光线过强或过弱，都会增加人的疲劳感，降低工作效率。一般来说，自然光优于人造光，间接光优于直光，匀散光优于聚焦光。自然光有益于人的身心健康，但早晚、阴雨时可能光线不足，因此需要有其他的人造光来补充。布置办公室内座位时，应尽量使自然光来自办公桌的左上方或斜后上方。

三是最有效地利用办公室面积，合理布置工作人员的座位。安排座位时要考虑业务工作的流程和同一业务小组工作需要，尽可能采取对称布置，避免不必要的文书移动。

四是办公室布置应力求整齐、清洁。室内用品应摆放整齐，方便使用。文件箱、文件柜的大小和高度最好一致，并尽量靠墙放置或背对背放置。常用的文件箱相应布置在使用者附近。办公用品和其他室内装饰物要经济实用，不要不切实际地一味追求豪华。

## 二、仓库布置

仓储业是非制造业中占比重很大的一个行业，合理的仓库布置对缩短存取货物的时间、降低仓储管理成本具有重要的意义。从某种意义上说，仓库类似于制造业的工厂，因为物品也需要在不同地点（单元）之间移动。因此，仓库布置也可以有很多不同的方案。一般仓库布置问题的目的都是寻找一种布置方案，使得总搬运量最小。这个目标函数与很多制造业企业设施布置的目标函数是一致的。因此，可以借助于类似负荷距离法等方法。实际上，这种仓库布置的情况比制造业工厂中的经济活动单元的布置更简单，因为全部搬运都发生在出入口和货区之间，而不存在各个货区之间的搬运。

这种仓库布置进一步可分为两种不同情况：①各种物品所需货区面积相同。在这种情况下，只需把搬运次数最多的物品货区布置在靠近出入口之处，即可得到最小总负荷数。②各种物品所需货区面积不同。需要首先计算某物品的搬运次数与所需货区数量之比，取该比值最大者靠近出入口，依次往下排列。

上面是以总负荷数最小为目标的一种简单易行的仓库货区的布置方法。在实际中，根据情况的不同，仓库布置可以有多种方案、多种考虑目标。例如，不同物品的需求经常是季节性的，在元旦、春节期间应把电视和音响放在靠近进入口处。又如，空间利用的不同方法也会带来不同的仓库布置要求，在同一面积内，高架立体仓库可存储的物品要多得多。搬运设备、存储记录方式等的不同，也会带来布置方法上的不同。再如，新技术的引入会带来考虑更多有效方案的可能性：利用计算机仓库信息管理系统可使得搬运人员迅速知道每一物品的准确仓储位置，并为搬运人员设计一套将不同物品汇集于同一货车上的最佳搬运行走路线；自动分拣运输线可使仓储人员分区工作，而不必跑遍整个仓库；等等。总而言之，根据不同的目标、所使用技术的不同及仓储设施本身的特点，仓库的布置方法有多种。

## 三、服务企业平面布置

服务业企业的布置形式也可以分为工艺专业化和产品专业化两种形式，不过以前者居多。图 4-7 是一张诊疗所的平面布置示意图。

从图 4-7 中可以看出，病人要在多个部门停留。可以想象，当诊所规模扩大成一所大医院，疾病的诊断和治疗越来越需要依靠先进的设备，病人在医院中要到许多部门做仪器设备检查时，行走距离会很长。特别是对于病情较重的住院病人，需护工运送，无疑会增加成本。这时我们会遇到运输费用最小化的医院平面布置问题。

图 4-7　诊疗所的平面布置示意图

再如百货零售商店，它的平面布置有两条要求：一是能使顾客进店后很容易找到自己想要商品的柜台；二是店面的走道布置不能太拥挤。图 4-8 是一家超市的平面布置图。图4-8 的这种成角度的布置，好处是视线更开阔，顾客进入店铺后在主干道上就可以看清通道上方的标志，查找货物比较方便。

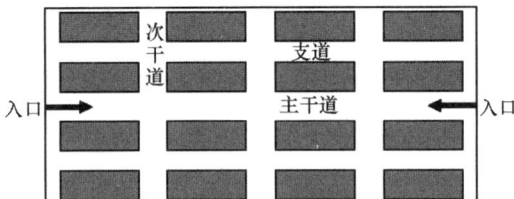

图 4-8　超市平面布置形式

由于服务业的生产过程和消费过程合为一体，消费者会对整个服务过程提出质量要求，因此服务业还十分强调环境的布置，如家具的式样、颜色、室内的灯光、墙壁的色彩和图案等。

零售服务业布置的目的就是要使店铺的每平方米的净收益达到最大。在实际应用中，这个目标经常被转化为这样的标准，如"最小搬运费用"或"产品摆放最多"，同时应该考虑到还有许多其他的人性化的因素。一般而言，服务场所有三个组成部分：环境条件，空间布置及其功能性，徽牌、标志和装饰品。

1. 环境条件

环境条件是指背景特征，如噪声、音乐、照明和温度等，这些都会影响雇员的具体表现和士气，同时也会影响顾客对服务的满意程度、顾客的逗留时间及顾客的消费。虽然其中的许多特征主要是受建筑设计（照明布置、吸声板和排风扇的布置等）的影响，但建筑内的布置也对其有影响。比如，食品柜台附近的地方常可以闻到食物的气味，剧院外走廊里的灯光必须是暗淡的，靠近舞台处会比较嘈杂，而入口处的位置往往通风良好。

2. 空间布置及其功能性

在空间布置及其功能性中有两个方面非常重要：设计出顾客的行走路径和将商品分组。行走路径的设计目的就是要给顾客提供一条路径使他们能够尽可能多地看到商品，并沿着这个路径按需要程度安排各项服务。

通道也非常重要，除了要确定通道的数目之外，还要确定通道的宽度。通道的宽度也会影响服务流的方向，如有些商店是这样设计的：一旦你走进商店的通道，购物小车就不能掉转方向。

布置一些可以吸引顾客注意力的标记也可以使顾客沿着经营者所设想的路线走动。当顾客沿着主要通道行进时，为了扩大他们的视野，沿主通道分布的分支通道可以按照一定的角度布置。

此外，将顾客们认为相关的物品放在一起，而不是按照商品的物理特性或货架大小与服务条件来摆放商品，这是目前很流行的做法，多用在百货商店的精品服务柜台、专卖店和超市的美食柜台等。

对于流通规划和商品分组，值得注意的有以下几方面：

（1）人们倾向于以一种环形的方式购物，将利润高的物品沿墙壁摆放，可以提高他们的购买可能性。

（2）超市中，摆放在通道尽头的减价商品总是要比存放在通道里的相同物品卖得快。

（3）信用卡付账区和其他非卖区需要顾客排队等候服务，这些区域应当布置在上层或"死角"等不影响销售的地方。

（4）在百货商店中，离入口最近和临近前窗展台处的位置最有销售潜力。

3. 徽牌、标志和装饰品

徽牌、标志和装饰品是服务场所中有重要社会意义的标识物，这些物品与周围环境常常体现了建筑物的风格。比如，麦当劳的标志能够使人从很远的地方就找到它。

## 本章小结 》》

生产与运作系统的布局是生产运作系统的基础，其包括设施选址和设施布置。对于新建企业来说，设施选址和布置是必须进行而且需要慎重考虑的问题，其科学合理与否将影响企业的长远发展，因此，需要运用科学的方法进行决策。本章主要介绍了影响设施选址的因素和原则、设施选址的步骤和方法、设施布置的影响因素和形式、设施布置的方法。

## 练习与思考 》》

1. 什么是生产过程？其组成部分有哪些？

2. 解释下列概念：设施、设施选址、设施布置。

3. 试述设施选址应考虑的因素。

4. 设施选址的原则有哪些？

5. 试比较办公室布置与生产制造系统布置的异同。

6. 试分析工艺导向布局、产品导向布局的优缺点。

# 第五章　生产能力与生产计划

## 本章学习目标 》》

1. 掌握生产能力的概念及分类。
2. 可以进行生产能力的计算。
3. 了解主生产计划编制的原理。

## 导入案例：　令旅游业头痛的"十一"黄金周

被炒得沸沸扬扬的"国庆、中秋"双节旅游黄金周，随着全国假日办发布的《黄金周旅游信息通报第 7 号》而降下帷幕，据统计，2001 年"十一"黄金周期间，全国共接待旅游者 6397 人次，比预计的 3450 万人次多出将近一倍，比 2000 年"十一"黄金周增长6.97％，实现旅游收入 249.8 亿元，比 2000 年"十一"黄金周增长 8.61％，虽然看上去形势喜人，但问题依然不少。

虽然 2001 年"十一"黄金周已是第 4 个黄金周，但是旅游、交通部门对黄金周的新鲜感依然很浓，期望值仍然很高。为了备战这个黄金周，景区、饭店、旅行社，"八仙过海、各显神通"，使出浑身招数，期望能在黄金周上大捞一笔。可是，结果却不尽如人意。以重庆民航方面为例，10 月 6 日是游客返程的高峰期，按计划飞行出港航班 67 架次，与2000 年同期相比，均增长 6.39％，可是，出港游客只有 0.43 万人次，同比下降了12.9％左右；进港游客 0.70 万人次，同比下降了 10％，明显地，自然收入和利润都会减少。酒店、旅馆也同样未能逃过此劫，据统计，2001 年"十一"黄金周期间，全国宾馆饭店和旅馆招待所的平均床位出租率只有 58.6％，比 2001 年"五一"减少了 8.1 个百分点。

对此专家指出，长线游受到冷落有多方面原因：一是 2001 年"十一"恰逢中秋，过完中秋再出发旅游，时间上受到限制；二是本地的风景对本地的居民本身就有很强的诱惑力；三是以往的经验告诉人们，"十一"期间游人太多，美景也会变苦景；四是市民的经济条件还不够高，而"十一"期间有些景点的涨幅甚至高达 60％。

资料来源：佚名．旅游业头痛"十一"黄金周．中国证券报．http：//www.cs.com.cn/csnews/20011012/137425.htm.2001-10-12.

讨论：
1. 对于制造业或服务业，其生产能力（或服务能力）如何来衡量？
2. 一个企业的生产能力如何定位是最合理的？
3. 生产能力与企业计划制订的联系是怎样的？

# 第一节　生 产 能 力

## 一、生产能力及其分类

企业的生产能力是指企业所输入的资源，在一定的时间内，在先进合理的技术组织条件下，所能实现的最大产出量。

在制造型企业中，生产能力经常用产品的产量来表示，例如，汽车厂一个班次生产的产量，而在服务型企业中，生产能力表现为一段时间所能服务的人数，例如，餐馆从12：00到13：00所能提供就餐的人数。由此可以看出，制造业的生产能力的度量一般产出（output）单位表示，如汽车厂的可出产汽车的辆数、发电厂可输出的千瓦时(kW·h)数、机床厂可生产的机床台数等；服务业则常常用投入（input）单位表示，如餐馆可同时就餐的人数、宾馆可提供的床位数、电信公司交换机的最大容量等。

生产能力可以分为设计能力、查定能力和计划能力。

设计能力是指企业进行新建、扩建或计划改造时，设计任务书和技术设计文件中规定的产品生产能力。它是按照企业设计中规定的生产方案和各种设计数据确定的。在企业创建的初期，由于各种设计的理想条件受到限制，企业实际能力一般都小于设计能力。只有经过一定时期的磨合，运营过程趋于成熟，企业方能实现设计能力。因此企业通常将设计能力视为奋斗的目标能力，在编制企业长期计划或战略计划时，应该采用设计能力指标。

查定能力是对生产能力的一种界定方式。企业在运营了一段时间之后，由于产品设计、工艺方法、技能的熟练程度、原有的生产设施的变化等因素的影响，当初的设计能力已不能完全反映实际情况，这时需要对企业的生产能力进行重新调查和核准。查定能力与设计能力是企业的实际能力，对企业各类计划有指导作用，是企业计划工作的基本参数。例如，电视机厂原有生产设备可以年产 25～29 英寸（1 英寸＝0.0254米）的电视机 300 万台，由于产品更新换代，现要生产 32 英寸以上的液晶电视机，通过技术改造，该企业可年产 32 英寸及以上的液晶电视机 100 万台，这 100 万台就是该企业的查定能力。

计划能力是指企业在设计能力的基础上，根据市场需求的变化、预算企业在计划内能够实现的生产能力。企业在编制中期计划和短期计划时，一般采用计划能力指标。例如，企业可以是按周、按年度、按季度对现有生产能力的使用做出计划。

## 二、生产能力的影响因素

生产能力通常是指企业在理想条件下可实现的最大能力。对于不同性质的企业，制约其生产能力的主要影响因素也是不同的。例如，劳动密集型的企业，影响其生产能力的是人，而技术密集型或以设备加工为主的企业，影响其生产能力的因素则以设备为主。

## （一）人员能力

以人的劳动为主的生产能力的计算公式如下：

某产品的生产能力＝生产该产品的工人劳动时间总量×单位时间的产量

劳动时间总量＝在岗人员数量×人均劳动时间

在岗人员数＝在编人员数量×平均出勤率

则上述公式可以综合为

生产能力＝人员数量×出勤率×劳动时间×劳动定额

生产能力为人员数量等 4 个参数之积，或者说生产能力的增减与这 4 个因素的影响成正比，此时影响其生产能力的因素也就由该 4 个因素构成。

当然，任何影响因素的变化都会导致生产能力的改变，因此提高生产能力的途径也就需要从这 4 个因素着手。

## （二）设备能力

以设备为主的生产能力的计算公式如下：

某产品的生产能力＝生产该产品的设备的全部开动时间×设备生产率

设备开动时间＝可开动的设备数量×单台设备平均运转时间

可开动的设备数量＝完好的设备数量×设备平均开动率

完好的设备数量＝同类型的全部设备数量×设备平均完好率

综上，生产能力可以表示为

生产能力＝设备数量×完好率×开动率×运转时间×设备生产率

影响以设备为主的生产能力的因素为 5 个，改变其能力的途径可以从这 5 个因素中选择。

注意：人员数量或设备数量的增加是规模的变化，可以理解为外延的扩大生产能力，而其他因素的改变没有改变其规模，是内涵的扩大生产能力。

## （三）管理能力

前面介绍的两种生产能力公式是指理想状态下的最大能力，也就是说假定其他影响因素都是处于最佳的状态下得到的结果。实际上，有效生产能力往往达不到这样的水平。

有效生产能力＝生产能力×生产利用率

制约生产利用率的是企业的管理能力。与管理能力有关的因素通常包括工作态度、组织能力和管理效率等。按照行为学派的思想，员工的工作态度对企业生产能力及其产出的影响非常大，充分调动发挥员工的积极性和创造性，最大限度地利用其生产能力，是企业管理者的重要任务之一，也是其管理水平或管理能力的重要标志。

组织能力一般指科学地组织生产要素，使其有机地配合和协调、高效地运转的能力。例如，最佳的生产计划、杜绝停工待料和产生废品等。

# 第二节　生产能力的度量与评价

## 一、生产能力的表示方法

对生产能力可以采用两种基本度量形式：投入度量或产出度量。一个汽车制造厂，其生产能力可用产出来简单地度量，例如，年产 30 万辆汽车；但在一个生产多种产品的机械厂，用可利用的设备数，即投入度量更方便。一家医院，可用投入来度量，如它所拥有的床位，也可以用产出来度量，如平均每天接诊的病人。

## 二、生产能力的核算

一个系统的整体生产能力取决于构成系统的各个环节的能力，以及各环节之间的联结关系。企业设备投资、技术改造、产品改变、工艺改变、劳动效率提高、组织方式变革等因素，均可以使生产能力发生变化。所以，必须对生产能力进行核查、计算，给计划工作提供最可靠的依据。生产能力的核算是根据系统分析的方法，首先确定各工作中心（构成系统的各环节）的能力，然后依据系统流程中各中心的关系推算出系统能力。

### （一）工艺专业化工作中心生产能力的核算

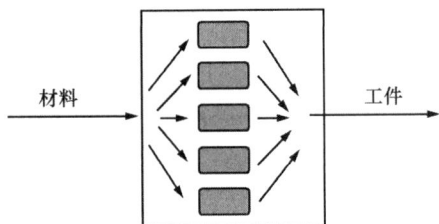

图 5-1　工艺专业化工作中心

按工艺专业化原则组成的工作中心的特点是，内部设备种类相同，各工作地并联的连接关系，如图 5-1 所示。

设备（工作地）之间的加工任务可以相互替代，中心可面对多种产品的生产流程，其能力的计算原理如下。

1. 生产单一产品时生产能力的核算原理

当工作中心只生产一种产品时，生产能力可以直接采用产品的实际产量计量，其生产能力的计算公式为

$$M = \frac{F_e \cdot S}{T}$$

式中，$M$ 为工作中心的生产能力（台）；$F_e$ 为有效工作时间（分）；$S$ 为工作中心的设备数量（台）；$T$ 为制造单位产品所需该种设备的台时数（分／台），$T = \sum t$，$t$ 为零件所需台时。

**例 5.1：** 某工厂的一个工作中心有 10 台相同的设备，生产单一的 A 产品，如果生产一件 A 产品所需该中心的加工时间为 2 小时，计算该中心的年生产能力（每年按 250 个工作日计算，每天按 8 小时计算，设备利用率按 80％计算）。

**解：** 　　　　　　　　$F_e = 250 \times 8 \times 60 \times 0.8 = 96\,000（分）$

　　　　　　　　　　$M = 96\,000 \times 10/2 \times 60 = 8000（件）$

2. 生产多种产品时生产能力的核算原理

对于按工艺专业化原则组织的工作中心而言，较多的情况是加工多种产品，即给定一

个产品组合求其生产能力。虽然可以采用能够提供的最大工时数表示生产能力，但这种方法不直观，与计划和市场需求的表示不一致，所以实际管理工作中仍需计算以产量表示的生产能力，此时可以采用代表产品法与假定产品法来计算生产能力。

代表产品法的基本特点是确定某种产品为代表产品，将其他产品按照工作量折算成代表产品，然后计算出工作中心的生产能力。一般在加工工艺基本差别不大的情况下，选取加工数量和加工工时乘积最大的产品为代表产品。计算步骤如下。

首先，计算以代表产品表示的计划产量，方法为按照产品的工作量将其他产品折算成代表产品。具体如下：

（1）计算换算系数，即 $\alpha_i = T_i / T_0$。其中，$T_i$ 为 $i$ 产品的单件工时定额；$T_0$ 为代表产品的单件工时定额。

（2）计算以代表产品表示的产量，即 $N_{0i} = \sum N_i \cdot \alpha_i$。其中，$N_i$ 为 $i$ 产品的计划产量。

其次，计算以代表产品表示的生产能力，即 $M_0 = F_e \cdot S / T_0$。其中，$S$ 为工作中心的设备数量。

最后，计算以实际产品表示的生产能力。① 计算按代表产品产量表示的产量比重，即 $\gamma_i = N_{0i} / \sum N_{0i}$；② 计算生产能力，即 $M_i = M_0 \cdot \gamma_i / \alpha_i$。

**例 5.2：** 某工作中心共有 8 台同种设备，生产 4 种产品。全年有效工时为 4650 小时，各种产品的计划产量 $N_i$ 及其在该工作中心的单位产品台时数 $T_i$ 分别如下：$N_A = 280$ 台；$N_B = 200$ 台；$N_C = 120$ 台；$N_D = 100$ 台；$T_A = 25$ 小时；$T_B = 50$ 小时；$T_C = 75$ 小时；$T_D = 100$ 小时。求该工作中心的生产能力。

**解：** 设以 B 产品为代表产品，则 $M_0 = F_e \cdot S / T_0 = 4650 \times 8 \div 50 = 744$（台）。

该中心以 B 产品表示的生产能力为 744 台，各具体产品的实际能力换算如表 5-1 所示。

表 5-1　具体产品的实际能力换算

| 产品 | 计划产量 $N_i$/台 | 产品工时 $T_i$/小时 | 换算系数 $\alpha_i$ | 折算产量 $N_{0i}$/台 | 产量比重 $\gamma_i$/% | 实际能力 $M_i$/台 |
|---|---|---|---|---|---|---|
| A | 280 | 25 | 0.5 | 140 | 19.44 | 290 |
| B | 200 | 50 | 1 | 200 | 27.78 | 207 |
| C | 120 | 75 | 1.5 | 180 | 25.00 | 124 |
| D | 100 | 100 | 2 | 200 | 27.78 | 103 |

### （二）产品专业化工作中心生产能力的核算

按产品专业化原则组织的工作中心特点是，内部设备的种类不同，设备之间是串联关系，如图 5-2 所示。

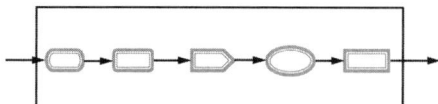

图 5-2　产品专业化工作中心

产品专业化工作中心一般加工的产品品种较单一，多表现为生产线或流水生产线，服务业的流水作业过程也是完全类似的。所以，可以关键设备（即能力最小的设备）的能力为标准计算工作中心的能力，即选择加工工时最长的一道工序为关键工序。计算方法如下：

$$M = \frac{F_e \cdot S}{t_0}$$

式中，$t_0$ 为关键工序的工时定额；$F_e$ 为有效工作时间；$S$ 为关键工序的机床数。

**例 5.3**：某企业的一条齿轮加工流水生产线，有 7 道工序，各工序的单件定额时间为 $t_1 = 2.20$，$t_2 = 3.54$，$t_3 = 3.54$，$t_4 = 2.41$，$t_5 = 3.50$，$t_6 = 9.93$，$t_7 = 9.93$。其中第 6、第 7 道工序为 3 台机床，其余工序均为一台机床。求此流水线的生产能力。

**解**：确定以 $t_3$ 为关键工序，因其加工时间最长（上述第 2、第 3 两道工序时间相同，可以任选一个进行计算），所以：

$$M = F_e \cdot S / t_3$$
$$F_e = 300 \times 8 \times 60 \times 0.9$$
$$M = 300 \times 8 \times 60 \times 0.9 / 3.54 = 36610 （件）$$

### （三）系统生产能力的确定

从理论上讲，如果一个生产系统内各个环节的生产能力是平衡的，即各环节的生产能力是按照产品结构的要求配置的，可以根据工作中心的生产能力及连接关系逐渐推算出系统的生产能力。由此，在设计一个企业时，可以使生产过程中各阶段的生产能力达到平衡。但是这只是一种理想状态，在现实中是很难实现的。因为产品、工艺、作业水平、组织方式等因素在实时变化，生产过程中必然会存在瓶颈资源与非瓶颈资源。

所谓瓶颈资源指的是实际生产能力小于或等于生产负荷的资源，这一类资源限制了整个系统的产出率；其余资源则为非瓶颈资源。要判别一个资源是否为瓶颈，应从该资源的实际生产能力与对它的生产负荷需求考察。

假设某产品 P 的生产流程如图 5-3 所示。对 P 产品的市场需求为每周 28 个单位，工作中心 A 的生产能力为每周生产 15 个单位，工作中心 B 的生产能力为每周生产 25 个单位，工作中心 C 的生产能力为每周生产 20 个单位。

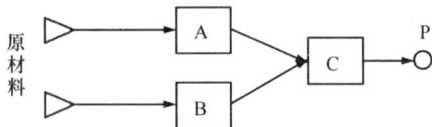

图 5-3　产品 P 的生产流程

如果相对于市场需求来说 A、B、C 都应该为瓶颈资源。当前只有 A 为瓶颈资源，因为 C 虽然每周生产 20 个单位，但每周只能接到 A 所能生产的 15 个单位的最大生产负荷，所以此时系统的生产能力就可以根据上述分析确定，该系统的最大能力为 15 单位。

## 三、生产能力的评价

如前所述，在编制计划时起作用的是有效能力。因此，首先需要对现有的生产运作能力有一个明确的把握：在目前条件下能力有多大，平均利用率有多高等。因此，这里就涉及一个重要概念：能力利用率（utilization rate of capacity）。能力利用率是指设施、设备、人员等生产运作能力被利用的平均程度，其基本表达式为

$$能力利用率＝平均产出率/生产能力$$

平均产出率和生产能力必须用相同的单位表示才有意义。例如，一个汽车厂的生产能力为年产 30 万辆，平均产出率为年 24 万辆，则利用率为 80％。

从理论上讲，能力利用率可以达到 100％，但结合组织运营、质量保证等因素看，能力利用率留有一定的富余会更好，这种富余量称为能力缓冲，用公式表示为

$$能力缓冲＝1－能力利用率$$

能力缓冲的大小随产业和企业的不同而有所区别，主要考虑的因素有需求模式、库存水平等。最合适的能力缓冲量应根据企业的具体情况而定。在资本集约度较高的企业中，设备造价高，因此能力缓冲量通常很小，一般低于 10％。但也有例外，如电力行业。在服务行业中，由于既不能通过库存调节来应对需求的波动，也不能使顾客等待太长的时间，因此适当设置能力缓冲量就更加重要。总之，当需求的不确定性较大，而生产系统资源的灵活性又较小时，较大的能力缓冲量就是必要的。

# 第三节　生产计划及构成

## 一、运营计划体系

### （一）企业计划的层次和各种职能计划的关系

企业有各种各样的计划，这些计划是分层次的，一般可以分成战略层计划、战术层计划与作业层计划三个层次。战略层计划涉及产品发展方向，生产发展规模、技术发展水平、新生产设备的建造等。战术层计划是确定在现有资源条件下所从事的生产经营活动应该达到的目标，如产量、品种、产值和利润等。作业层计划是确定日常的生产经营活动的安排。三个层次的计划有不同的特点，从战略层到作业层，计划期越来越短，计划的时间单位越来越精确，覆盖的空间范围越来越小，计划内容越来越详细，计划中的不确定性越来越小。

企业战略层计划主要是企业长远发展规划，指导全局。战略计划下面最主要的是经营计划，也称年度综合计划。再往下是各种职能计划，这些职能计划不是孤立的，它们之间的关系如图 5-4 所示。生产计划是实现企业经营目标的最重要的计划，是编制生产作业计划、指挥企业生产活动的龙头，是编制物资供应计划、劳动工资计划和技术组织措施计划的重要依据。各种职能计划又是编制成本计划和财务计划的依据。成本计划和财务计划是编制经营计划的重要依据。

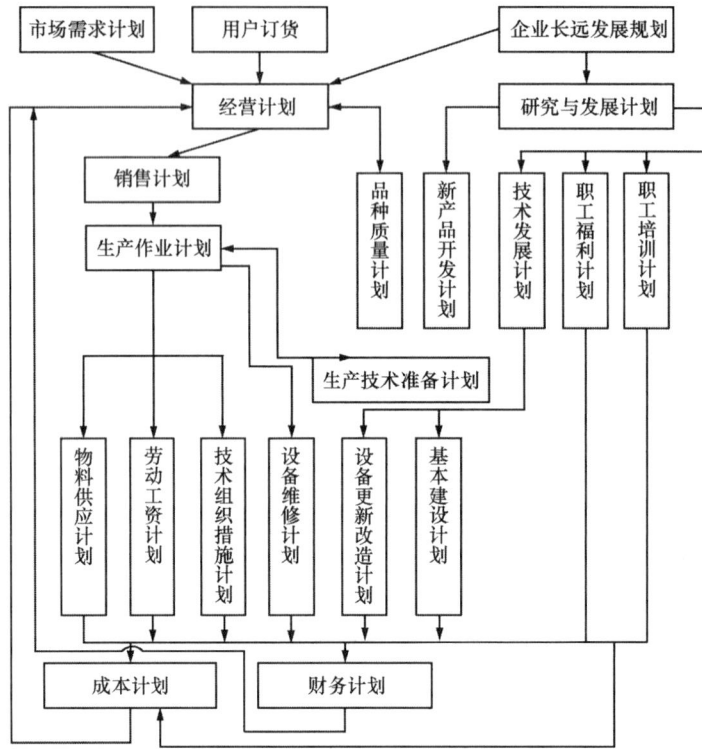

图 5-4　企业各种计划之间的关系

### （二）生产计划的层次

生产计划是一种战术型计划，它以产品和零配件作为计划的对象，这些是企业向市场所提供的东西。生产作业计划是生产计划的执行计划，是指挥企业内部生产活动的计划。对于大型加工装配式企业，生产作业计划一般分为厂级生产作业计划和车间级生产作业计划两级。厂级生产作业计划的对象为原材料、毛坯和零件，从产品结构的角度来看，也可称作零件级生产作业计划。车间级生产作业计划的计划对象为工序，故也可称为工序级生产作业计划。

## 二、几种主要生产计划

制造业企业的生产计划一般来说可以分为三种：综合计划（aggregate planning）、主生产计划（master production schedule，MPS）和物料需求计划。这是三种不同层次的计划，其作用和主要内容如下。

### （一）综合计划

综合计划又称为生产大纲，它是对企业未来较长一段时间内资源和需求之间的平衡所作的概括性设想，是根据企业所拥有的市场能力和需求预测对企业未来较长一段时间内的产出内容、产出量、劳动力水平、库存投资等问题所作的决策性描述。

例如，一个空调企业，其产品需求的特点是季节性非常强，通常的生产方式是将秋季和冬季生产出来的产品放置于仓库，当需求高峰的春季和夏季到来时再卖。这种方式可以在某种程度上满足需求高峰时的订货要求，但是，当某个夏季异常热时，就有可能发生缺货，市场供不应求。如果企业预先扩大能力，增加产量，那么夏季来临，确实很热时，企业的销售额和市场份额会大增，给企业带来较高的利润；但如果夏季来临，但很凉快，企业就有可能积压产品，背上大量库存的沉重包袱。天气变化的难以预测使得这种决策变得很难。对于某些企业来说，宁可根据平均需求和历年的平均增长来考虑生产能力的扩大和产量增加问题，也不去试图猜测实际上难以预测的天气情况。这种问题，就是综合计划关注的内容。

综合计划并不具体制定每一品种的生产数量、生产时间，每一车间、人员的具体工作任务，而是按照以下方式对产品、时间和人员做出安排。

（1）产品。按照产品的需求特性、加工性质、所需人员和设备上的相似性等，将产品综合为几个系列，以系列为单位来制订综合计划。例如，服装厂根据产品的需求特性分为女装和男装两大系列。

（2）时间。综合计划的计划期通常是年（有些生产周期较长的产品，如大型机床等，可能是 2 年、3 年或 5 年），因此有些企业也把综合计划称为年度生产计划或年度生产大纲。在该计划期内，使用的计划时间单位是月、双月或季。在采用滚动计划方式的企业，还有可能未来 3 个月的计划时间单位是月，其余 9 个月的计划时间单位是季等。

（3）人员。综合计划可用几种不同方式来考虑人员安排问题，例如，将人员按照产品系列分成相应的组，分别考虑所需人员水平，或将人员根据产品的工艺特点和人员所需的技能水平分组等。综合计划还需考虑到需求变化引起的所需人员数量的变动，决定是采取加班，还是扩大员工聘用量等基本方针。

### （二）主生产计划

主生产计划要确定每一具体的最终产品在每一具体时间段内的生产数量。最终产品，主要指对于企业来说最终完成，要出厂的完工品，它可以是直接用于消费的消费产品，也可以作为其他企业的部件或配件。这里的具体时间段，通常是以周为单位，在有些情况下，也可能是旬、日或月。

表 5-2 是某自行车厂的综合计划和与其相对应的主生产计划的一个例子。从该例中可以明显地看出这两种不同计划之间的区别和联系。如上所述，综合计划是企业对未来一段较长时间内企业的不同产品系列所做的概括性安排，它不是一种用来具体操作的实施计划。而主生产计划，正是把综合计划具体化为可操作的实施计划。如表 5-2（a）所示，在该厂的综合计划中，未来三个月 24 型系列产品的月产量分别为 10 000 辆、15 000 辆和20 000 辆。但实际上 24 型自行车又可分为 3 种不同车型：C 型，带有辅助小轮的儿童用车；D 型，耐用型，适用于道路条件不好的情况；R 型，带有装饰的豪华型。这 3 种车型的车轮大小是一样的，同属 24 型。而所谓"24 型"车是无法生产的，只能具体生产出 C型、D 型或 R 型。表 5-2（b）是根据表 5-2（a）的综合计划制订的主生产计划。从该表中可看出，由于 D 型车的需求量较大，是连续生产的，而其他车型的需求量较小，生产是断续的，即分批轮番生产。

表 5-2 （a）　　某自行车厂的综合计划

| 项目 | 1 月 | 2 月 | 3 月 |
|---|---|---|---|
| 24 型产量/辆 | 10 000 | 15 000 | 20 000 |
| 28 型产量/辆 | 30 000 | 30 000 | 30 000 |
| 总工时/小时 | 68 000 | 68 000 | 75 000 |

表 5-2 （b）　　某自行车厂的 MPS

| 产量 | 1 月 | | | | 2 月 | | | | 3 月 | | | |
|---|---|---|---|---|---|---|---|---|---|---|---|---|
| | 1 周 | 2 周 | 3 周 | 4 周 | 5 周 | 6 周 | 7 周 | 8 周 | 9 周 | 10 周 | 11 周 | 12 周 |
| C 型产量/辆 | | 1 600 | | 1 600 | | 2 400 | | 2 400 | 3 200 | | | 3 200 |
| D 型产量/辆 | 1 500 | 1 500 | 1 500 | 1 500 | 2 250 | 2 250 | 2 250 | 2 250 | 3 000 | 3 000 | 3 000 | 3 000 |
| R 型产量/辆 | 400 | | 400 | | 600 | | 600 | | 800 | | 800 | |
| 月产量/辆 | 10 000 | | | | 15 000 | | | | 20 000 | | | |

### （三）物料需求计划

主生产计划确定以后，生产管理部门下一步要做的是，保证生产主生产计划所规定的最终产品所需的全部物料（原材料、零件、部件等）及其他资源能在需要的时候供应上。由于一个最终产品所包含的原材料、零件、部件的种类和数量可能是相当大的，而不同的零部件之间还有相关的"父子"关系，从而构成一个多层结构。物料需求计划就是要制订这样的原材料、零件和部件的生产或采购计划：采购什么、生产什么、什么物料必须在什么时候订货或开始生产，每次订多少、生产多少等。物料需求计划解决了与主生产计划规定的最终产品相关物料的需求问题。

## 三、综合计划

### （一）综合计划编制所需的主要信息和来源

综合计划是对企业未来较长一段时间内资源和需求之间的平衡所做的概括性设想，它是根据企业所拥有的生产能力和需求预测对企业的产出内容、产出速度、劳动力水平、库存投资等问题做概括性的决策。这些决策，必须在与企业生产经营有关的多种信息基础上才能做出。这些信息需要企业不同的部门来提供，如表 5-3 所示。

表 5-3　综合计划编制的所需信息及其来源

| 所需信息 | 信息来源 |
|---|---|
| 新产品开发情况<br>主要产品和工艺改变（对投入资源的影响）<br>工作标准（人员标准和设备标准） | 技术部门 |
| 成本数据<br>企业的财务状态 | 财务部门 |

续表

| 所需信息 | 信息来源 |
| --- | --- |
| 劳动力市场状况<br>现有人力情况<br>培训能力 | 人事管理部门 |
| 现有设备能力<br>劳动生产率<br>现有人员水平<br>新设备计划 | 制造（生产部门） |
| 市场需求预测<br>经济形势<br>竞争对手状况 | 市场营销部门 |
| 原材料供应情况<br>现有库存水平<br>供应商、承包商的能力<br>仓储能力 | 物料管理部门 |

对于一个企业来说，综合计划是非常重要的，因此各种信息应尽量正确，并保证及时提供。所以，每一部门应由一个级别较高的人来负责此事、提供信息，并参与综合计划的制订。

### (二) 综合计划编制的策略

如前所述，综合计划重点解决生产能力与需求变动之间的矛盾，以保证生产经营目标的实现。因此，综合计划编制的策略主要有以下两种。

#### 1. 调节能力以适应需求

该策略根据市场需求制订相应的计划，即将客户订单和市场预测的结果视为给定条件，通过调节人力水平、加班或部分开工、安排休假、调节库存水平、外协等方式来调整企业的生产能力，使之与市场需求相一致。在这种基本思路下，常用的应变方法列举如下。

（1）调节人力水平。通过聘用和解聘人员来实现这一点。当人员来源充足且主要是非数量工人或半熟练工人时，采用这一方法是可行的。但是，对于很多企业来说，符合其技能要求的人员来源是非常有限的，并不是什么时候想聘用什么时候就有。新工人需要加以培训，培训是需要时间的，一个企业的培训设施能力也是有限的。此外，对于很多企业来说，解聘工人是比较困难的，或者说只有在很特殊情况下才有可能（如社会制度的不同、工会强大与否、行业特点、社会保险制度的特点），而对于某些产业来说，解聘、再聘则是很平常的事，例如，旅游业、农场等。

（2）加班或部分开工。调节能力水平的另一个方法是加班或减少工作时间（部分开工），当正常工作时间不足以满足需求时，可考虑加班；反过来，正常工作时间的产量大于需求量，可部分开工，只生产所需的量。但是，加班需要付出更高的工资，通常为正常工资的 1.5 倍，这是管理人员经常限制加班时间的主要原因。工人有时候也不愿意加班时间太多，或长期加班。此外，加班过多还会导致生产效率降低，质量下降等。部分开工是在需求量不足，但又不解聘人员的情况下才使用的方法。在许多采取工艺原则组织方式的企业，对工人所需技能的要求较高，再聘用相当技能的人不容易，就常常采用这种方法。这种方法的主要缺点是生产成本升高，人力资源、设备资源的效率低下。

（3）安排休假。在需求淡季时只留下一部分基本人员进行设备维修和最低限度的生产，大部分设备和人员都停工，在这段时间内，可使工人全部休假或部分休假。例如，西方企业经常在圣诞节期间采用这种方案，它们不仅利用这段时间进行设备维修、安装等，还借此减少库存。

（4）调节库存水平。在需求淡季储存一些调节库存，在需求旺季时使用。这种方法可以使生产率和人员水平保持一定平衡，但却需要耗费库存成本。

（5）外协或转包。这是用来弥补生产能力短期不足的一种常用方法，可利用承包商提供服务、制作零部件，某些情况下，也可以让他们承包完成品。

### 2. 改变需求以适应生产能力

企业的生产能力通常是相对稳定的，为了适应需求的变化不得不人为地进行调整，这必然会导致成本的增加或者生产能力的浪费。因此，我们也可以通过改变需求使其在不同的时期保持相对的稳定性，从而使得需求与生产能力相一致，以最经济的方式进行生产。常用的方法有以下几种。

（1）导入互补产品。也就是说，使不同产品的需求"峰"、"谷"错开。例如，生产割草机的企业可同时生产机动雪橇，这样其核心部件——微型发动机的年需求就可基本保持稳定，如图5-5所示。

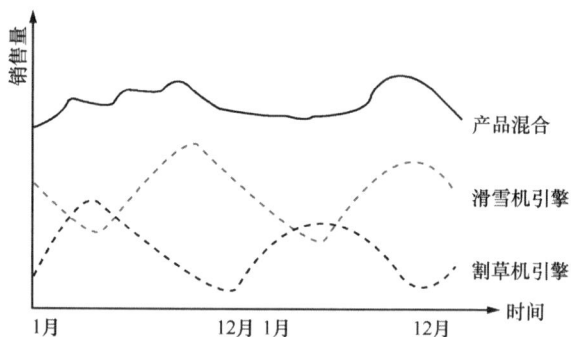

图 5-5　互补产品销量变化示意图

这种方法的关键是找到合适的互补产品，它们既能够充分地使用现有资源，又可以使不同需求的"峰"、"谷"错开，使产出保持均衡。

（2）调整价格，刺激淡季需求。对于季节性需求变化较大的产品，在需求淡季，可通过各种促销活动、降低价格等方式刺激需求，使之"淡季不淡"，保持较稳定的需求。例如，夏季削价出售冬季服装；冬季削价出售空调；航空业在需求淡季出售打折飞机票等。

（3）延期交货。这种方法可以暂时缓解生产能力不足的问题，但要承担相应的未履约的经济和信誉损失。无论是调节能力还是改变需求，都是要解决能力与需求的平衡问题。这些方法各有优缺点（表5-4）。企业具体采用何种方法应比较后综合认定。

表 5-4　不同策略的优缺点

| 策略 | 优点 | 缺点 |
| --- | --- | --- |
| 调节人力水平 | 需求变动时避免形成库存 | 聘用或解雇及培训成本高 |
| 利用调节库存 | 人员和生产能力没有变动或变动很小 | 成本上升 |
| 加班或部分开工 | 与季节变动保持一致，无雇佣及培训成本 | 支付加班成本，工人疲劳 |
| 外协或转包 | 有一定的弹性，产出平衡 | 失去质量控制，减少利润 |
| 延期交货 | 避免加班，产量稳定 | 顾客需愿等待，信誉受损 |
| 调整价格，刺激淡季需求 | 利用过剩的生产能力，扩大市场占有率 | 需求存在不确定性，很难精确保证供需平衡 |
| 引入互补产品 | 充分利用资源，人员稳定 | 设备需要有保障 |

## 四、综合计划编制的程序

图 5-6 表示一个综合计划的编制程序。由图可以看出，这样一个程序是动态的、连续的，计划需要周期性地重新被审视，更新，尤其是当新的信息输入、核心的经营机会出现的时候，更需如此。

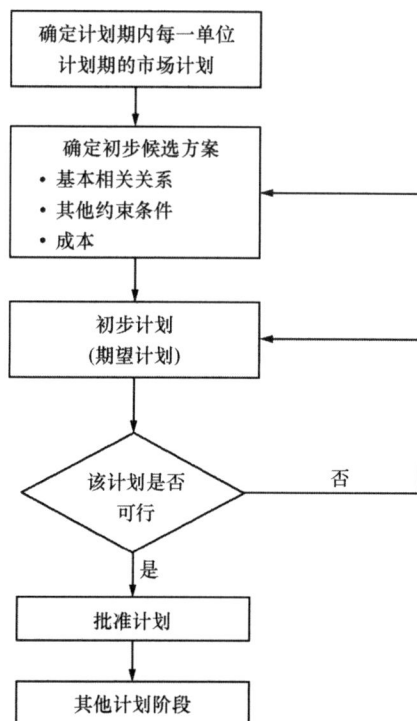

图 5-6　综合计划的编制程序

## （一）步骤一：确定计划期内每一单位计划期的需求

确定计划期内每一单位计划期的需求的方法有多种。对于制造业企业的生产大纲来说，需求通常是以产品的数量来表示的，需求信息来源包括：对产品的未来需求预测；现有订单；未来的库存计划（例如，备货生产中对未来产品水平的确定）；来自流通环节（批发商）或零售环节的信息（指未发出订单之前给的信息）等。根据这些信息，就可大致确定每一计划单位的需求。

## （二）步骤二：制订初步候选方案，考虑相关关系、约束条件和成本

制订初步方案的基本思路在前述的计划编制的策略部分已经讨论过了，这里主要讨论要考虑的基本相关关系、其他约束条件和成本问题。

1. 基本相关关系

在评价、审视初步候选方案时，有两个基本关系需要考虑：第一，在给定时间段内的人员关系式；第二，库存水平与生产量的关系式。第一个关系式的基本表述是：

本期人员数＝上期末人员数＋本期初聘用人员数－本期初解聘人员数

上述关系式中的"解聘人员数"有时可以是人员的自然减少数，如由辞职、病退等引起的人员减少。在每一段时间内（计划单位内），所发生的聘用和解聘行为均影响可利用人员数，这是显而易见的。在编制综合计划时，如果人员安排是分成几个独立组（单位）的，需要对每一组都做类似的考虑。

第二个关系式的基本表述是：

本期末库存量＝上期末库存量＋本期生产量－本期需求量

2. 其他约束条件

除上述两个基本关系式以外，还需要考虑其他一些约束条件。这些约束条件可分为物理性约束条件和政策性约束条件。前者是指一个组织的设施空间限制、生产能力限制等问题，例如，某工厂的培训设施有限，一个计划期内所新聘的人员最多不得超过多少；设备能力决定了每月的最大产出；仓库面积决定了库存量的上限等。后者是指一个组织经营管理方针上的限制，例如，企业规定订单积压时间最长不能超过多少；一个月的最大加班时数；外协量必须在百分之多少以下；最小安全库存不得低于多少等。

一个综合计划必须满足上述这些约束条件，但应该注意的是，全部满足上述约束条件的计划并不等于就是一个最优计划，因为在该约束条件范围内，还可得出多个方案，这多个方案的经营结果可能是截然不同的。

3. 成本

除了上述的考虑因素以外，编制综合计划时还必须考虑成本因素。只有成本在可接受范围内，一个计划才是可接受的。编制综合计划时所要考虑的成本主要包括以下几个方面。

（1）正式人员的人力成本。这包括正常工资和正式人员的各种福利待遇，例如，医疗保险、劳动保险、退休基金、带薪休假等。

（2）加班成本。加班工资通常是正常工资的 1.5 倍，但是不必考虑其他福利待遇。也

有一些企业，平时加班工资为正常工资的 1.5 倍，周末和法定节假日加班为正常工资的 2 倍，甚至是 3 倍。

（3）聘用和解聘费用。聘用费用包括招聘广告费用、面试费用、手续费用、新职工培训费用，以及由新职工的不熟练引起的生产率下降、质量低下所带来的成本等。解聘费用包括最后面谈费用和解聘津贴。当一个企业因为某些工作任务没有了，而裁减相应的熟练人员时，所发生的成本还包括长期的培养费用。

（4）库存成本（持有库存所发生的成本）。这是指随库存投资而变化的那些成本，包括资金占用成本、各种仓储成本（仓库费用、仓储管理人员费用等）、库存品的自然和非自然损耗（丢失、失盗、腐败等）、保险费用等。

（5）订单积压成本和库存缺货成本。在订单积压的情况下，可能会发生合同延期罚款，还可能发生失去客户的潜在机会成本。在某些情况下，订单是不可能被拖延的。例如，一个顾客在超级市场买香蕉，如果缺货，通常这个顾客会去别处购买，而不会留下姓名地址等待来货。在这种情况下，缺货成本包括失去的销售利润和失去的信誉。

### （三）步骤三：制订可行的综合计划

这是一个反复的过程，如图 5-6 所示。首先，需要制订一个初步计划，该计划要确定每一个计划单位（如月或季）内的生产速率、库存水平和允许订单积压量、外协量以及人员水平（包括新聘、解聘和加班）。该计划只是一个期望的、理想的计划，尚未考虑其他约束条件，也尚未按照企业的经营目标、经营方针来严格检查。如果通过对这些因素的考虑，证明该计划是不可行的或不可接受的。那么必须修改该计划或重新制订，这个过程反复进行，直至该计划可被接受。

### （四）步骤四：批准综合计划

如前所述，一个综合计划需要最高管理层的认可，通常是组成一个专门委员会来审查综合计划，该委员会中应包括有关部门的负责人。委员会将对综合计划方案进行审视，也许会提出一些更好的建议，以处理其中相悖的若干目标。最后计划的确定并不一定需要委员会全体成员的一致同意，但计划一旦确定，就需要每个部门都尽全力使之得以实现。

## 五、综合计划编制的方法

综合计划的编制方法有多种，如图表法、运输法、线性规划法。这里介绍常用的线性规划法。

**例 5.4**：假设要为某一产品族制订一个综合计划，基本方针是不积压生产任务。每一工人每月可生产 5000 件产品，外协和加班都是可以选择的，但每月加班量不得超过净产量的 15%。设 $D_t$ 为 $t$ 月的需求（假定预先已知，不是变量）；$W_t$ 为 $t$ 月初可使用的工人人数；$H_t$ 为 $t$ 月初聘用的工人人数；$L_t$ 为 $t$ 月初解聘的工人人数；$I_t$ 为 $t$ 月初的库存量；$S_t$ 为 $t$ 月的外协生产量；$O_t$ 为 $t$ 月的加班生产量。

这样，每月都可以得到下列约束关系式：

$$W_t = W_{t-1} + H_t - L_t \text{（人员数量关系式）} \tag{5.1}$$

$$I_t = I_{t-1} + 5000\ W_t + Q_t + S_t - D_t\ (\text{库存量关系式}) \tag{5.2}$$

$$Q_t < 0.15 \times (5000\ W_t)\ (\text{加班量关系式}) \tag{5.3}$$

其中有 6 个变量，3 个基本约束关系式，如果整个计划期长度是 12 个月，单位计划期为月，则有 72 个决策变量和 36 个约束关系式。此外，还需要决定目标函数，或成本最小，或利润最大。假设 $C_w$ 为每个工人每月的正常工资；$C_h$ 为一个工人的聘用费用；$C_l$ 为一个工人的解聘费用；$C_i$ 为单件产品的月库存费用；$C_s$ 为单件产品的外协费用；$C_o$ 为单件产品的加班生产费用。

则成本最小的目标函数为

$$\text{TC} = \sum (C_w W_t + C_h H_t + C_l L_t + C_i I_t + C_s S_t + C_o O_t) \tag{5.4}$$

由此可以看出，即使是这样一个较简单的问题，其中包括的变量和约束条件也是相当多的。很显然，采用这种模型编制综合计划离不开计算机的支持。

# 第四节    主 生 产 计 划

## 一、主生产计划的编制程序及其约束条件

主生产计划（MPS）是要确定每一具体的最终产品在一具体时间段内的生产数量。MPS 的编制程序如图 5-7 所示。首先，它是从综合计划开始的，是对综合计划的分解和细化。MPS 方案的制订也是一个反复试行的过程。当一个方案制订出来以后，需要与所拥有的资源（设备能力、人员、加班能力、外协能力等）进行对比。如果超出了资源限度，就应修改原方案，直至得到符合资源约束条件的方案，或得出不可能满足资源条件的结论。在后者的情况下，则需要对综合计划做出修改，或者增加资源。最终，方案需要拿到决策机构去审批，然后作为物料需求计划的输入（或前提条件）来制定 MRP（库存订货计划）。该计划将确定每一零部件生产和装配的具体时间。

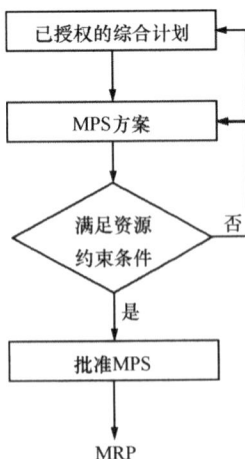

图 5-7　MPS 的编制程序

MPS 所需满足的第一个约束条件是，MPS 所确定的生产总量必须等于综合计划确定的生产总量。一方面，如果综合计划的生产总量不使用产品的件数，而使用货币或工时来表示，MPS 也必须转换成相应的单位。但是，为了有利于进行库存管理，仍然应该有用产品件数表示的 MPS；另一方面，综合计划所确定的某种产品在某时间段内的生产总量（也就是需求总量）应该以一种有效的方式分配在该时间段内的不同时间生产。比如，当选定以周为单位后，必须根据周来考虑生产批量（断续生产的情况下）的大小，其中要考虑的重要因素是作业交换成本和库存成本。

MPS 所需满足的第二个约束条件是，在决定产品批量和生产时间时必须考虑资源的约束。与生产量有关的资源约束有若干种，如设备能力、人员能力、库存能力（仓储空间的大小），

流动资金总量等。在制定 MPS 时，必须首先清楚地了解这些约束条件，根据产品的轻重缓急来分配资源，将关键资源用于关键产品。

## 二、主生产计划的编制程序

MPS 编制的程序包括计算现有库存量、决定 MPS 的生产量与生产时间、计算待分配库存等多个步骤。

### （一）计算现有库存量

若时间单位为周，则现有库存量（projected on hand inventory，POH）是指每周的需求被满足之后剩余的可利用的库存量。它等于上周末库存量加本周 MPS 生产量，再减去本周的预计需求量或实际订货量（取其中的大数）。可用公式表示如下：

$$I_t = I_t - 1 + P_t - \max(F_t, \ CO_t) \tag{5.5}$$

式中，$I_t$ 为 $t$ 周末的现有库存量；$P_t$ 为 $t$ 周的 MPS 生产量；$F_t$ 为 $t$ 周的预计需求；$CO_t$ 为 $t$ 周准备发货的顾客订货量。

上式中的 $P_t$ 是企业准备在 $t$ 周完成并准备发送的产品数量。式中之所以减去预计需求量和实际订货量之中的大数（这两者往往是不一样的），是为了最大限度地满足要求。

现在来考虑这样一个例子：某工业阀门制造企业，其产品包括一系列不同的型号和规格。现在企业想要为其 3 型产品制定一个 MPS。市场营销部门预测，该产品 4 月份的需求为 80 个，5 月份为 160 个。MPS 以周为单位来制定，以便更好地控制零件生产进度。

表 5-5 是用于记录 MPS 有关数据的表格形式（要做的 MPS 将在后面再加）。POH（期初）是 45 个，在需求预计一栏内，标明了 4 月和 5 月共 8 周内每周的需求量。要注意的是，这些需求预计量不一定能反映实际的销售情况。顾客订货栏标明的是顾客的实际订货量，即每周应发往顾客的量。应注意，第 1 周顾客的订货量为 23 个，大于预计需求量，用式（5.5）来计算，第 1 周末的 POH 为 $45 + 0 - 23 = 22$（个）。虽然第 1 周顾客订货量超过了预计需求量，但 4 月份的全部订货量（50 个）仍在需求预计范围内（80 个）。第 3 周末的 POH 显示将发生 18 个缺货，该负数是一个要求生产的信号，表示需要在该周至少生产这么多量。（到目前为止，该表的 MPS 一栏仍空着，未作任何计划。）

**表 5-5 三型产品的现有库存量**　　　　　　　　　　　　（单位：个）

期初库存：45　　　　　　　　　　　　　　　　　　　　　　　　　生产批量：80

| 项目 | 4 月 | | | | 5 月 | | | |
|---|---|---|---|---|---|---|---|---|
| | 1 周 | 2 周 | 3 周 | 4 周 | 5 周 | 6 周 | 7 周 | 8 周 |
| 需求预计 | 20 | 20 | 20 | 20 | 40 | 40 | 40 | 40 |
| 顾客订货 | 23 | 15 | 8 | 4 | 0 | 0 | 0 | 0 |
| 现有库存量 | 22 | 2 | −18 | | | | | |
| MPS 量 | | | | | | | | |

## （二）决定 MPS 的生产量和生产时间

这是 MPS 制定过程中的第 2 个步骤，应时刻记住的一点是，所制定 MPS 的生产量和生产时间应保证 POH 是非负的。一旦 POH 有可能变负，就应通过 MPS 使之补上，MPS 生产时间的决定基准之一就在于此。现在仍通过上例说明 MPS 的这一步骤。

如果企业首先想要消耗掉现有库存，则第一个 MPS 量的生产周应该是直至库存用完的那一周，即如表 5-6 所示的第 3 周。第 3 周的生产量应使 POH 大于或等于零，然后继续计算库存的消耗，直至下次缺货发生。下次缺货的发生如同第一次，仍是一个要求生产的信号。这一过程反复进行，直至该计划长度内各期的需求都得到满足。用这种方法，可依次检索 MPS 记录的各栏，在需要的栏内填入 MPS 生产量。

现假设该企业 3 型产品的生产批量（由企业生产方针所决定）为 80 个，在 4、5 两个月 8 周内各周的期初库存（即上周库存）、期末库存（当周库存）以及 MPS 量的计算如表 5-6、表 5-7 所示。

表 5-6　3 型产品 MPS 量的计算　　　　　　　　　　　　　（单位：个）

| 周 | 期初库存 | | 需求量 | 是否缺货 | | MPS 量 | | 期末库存 |
|---|---|---|---|---|---|---|---|---|
| 1 | 45 | — | 23 | 否 | ＋ | 0 | ＝ | 22 |
| 2 | 22 | — | 20 | 否 | ＋ | 0 | ＝ | 2 |
| 3 | 2 | — | 20 | 是 | ＋ | 80 | ＝ | 62 |
| 4 | 62 | — | 20 | 否 | ＋ | 0 | ＝ | 42 |
| 5 | 42 | — | 40 | 否 | ＋ | 0 | ＝ | 2 |
| 6 | 2 | — | 40 | 是 | ＋ | 80 | ＝ | 42 |
| 7 | 42 | — | 40 | 否 | ＋ | 0 | ＝ | 2 |
| 8 | 2 | — | 40 | 是 | ＋ | 80 | ＝ | 42 |

表 5-7　三型产品的 MPS 量　　　　　　　　　　　　　　　（单位：个）

期初库存：45　　　　　　　　　　　　　　　　　　　　　　生产批量：80

| 项目 | 4 月 | | | | 5 月 | | | |
|---|---|---|---|---|---|---|---|---|
| | 1 周 | 2 周 | 3 周 | 4 周 | 5 周 | 6 周 | 7 周 | 8 周 |
| 需求预计 | 20 | 20 | 20 | 20 | 40 | 40 | 40 | 40 |
| 顾客订货 | 23 | 15 | 8 | 4 | 0 | 0 | 0 | 0 |
| 现有库存量 | 22 | 2 | 62 | 42 | 2 | 42 | 2 | 42 |
| MPS 量 | 0 | 0 | 80 | 0 | 0 | 80 | 0 | 80 |

## （三）计算待分配库存

计算待分配库存（available-to-promise inventory，ATP）是指，营销部门可用来答

应顾客在确定的时间内供货的产品数量。对于临时的、新来的订单，营销部门也可利用 ATP 来签供货合同，确定具体的供货日期。

ATP 的计算在第 1 周与以后各周略有不同。第 1 周的 ATP 量等于期初库存量加本周的 MPS 量减去直至下一期（不包括该期）MPS 量到达为止的全部订货量。在以后的各周，只在有 MPS 量时才计算，计算方法是：该周的 MPS 量减去从该周至下一期（不包括该期）MPS 量到达为止的全部订货量。以后各周的 ATP 计算中之所以不考虑 POH，是因为已经在第 1 周的计算中被使用过了。

仍以上述的阀门制造企业为例，假定该企业又收到了 3 型产品的下列订单（表 5-8），企业不需判断在现在这种生产计划的安排下能否接受这些订单。该判断主要是根据这些订单所要求的发货日期来做出的，为此还需要更新 MPS 的记录。

表 5-8　三型产品的新订单

| 订单序号 | 订货量/个 | 交货时间（周序号） |
|---|---|---|
| 1 | 5 | 2 |
| 2 | 38 | 5 |
| 3 | 24 | 3 |
| 4 | 15 | 4 |

首先需要决定该产品的 ATP 量。如表 5-9 所示，第 1 周的 ATP 为 45＋0－（23＋15）＝7（个），即直至下一期的 MPS 量（第 3 周），现有的 POH 可满足业已接受的全部订单，除此之外，还剩余 7 个，可满足要求在第 1、2 周发货的新订单。第 3 周的 ATP 为80－（8＋4＋0）＝68（个），该 ATP 可满足要求在第 3、4、5 周发货的新订单。由于在5 月份没有已接受的订单，因此第 6 周和第 8 周的 ATP 就等于 MPS 量，即 80 个。80 个可全部用来满足要求第 6、7、8 周发货的新订单要求。

表 5-9　三型产品的 ATP 量　　　　　　　（单位：个）

期初库存：45

生产批量：80

| 项目 | 4 月 | | | | 5 月 | | | |
|---|---|---|---|---|---|---|---|---|
| | 1 周 | 2 周 | 3 周 | 4 周 | 5 周 | 6 周 | 7 周 | 8 周 |
| 需求预计 | 20 | 20 | 20 | 20 | 40 | 40 | 40 | 40 |
| 顾客订货 | 23 | 15 | 8 | 4 | 0 | 0 | 0 | 0 |
| 现有库存量 | 22 | 2 | 62 | 42 | 2 | 42 | 2 | 42 |
| MPS 量 | 0 | 0 | 80 | 0 | 0 | 80 | 0 | 80 |
| ATP 量 | 7 | | 68 | | | 80 | | 80 |

由此可见，对于上述 4 个订单，前三个均可接受，即满足订单 1 以后，第 1 周 ATP还剩余 2 个。满足订单 2 之后，第 3 周的 ATP 还剩 30 个（68－38）。满足第 3 个订单以后，第 3 周的 ATP 还剩 6 个（30－24）。但是第 4 个订单要求在第 4 周发货 15 个，但现在第 1 周和第 3 周的 ATP 总共还剩余 8 个（2＋6），少于订单要求的量，因此可以与买主协商，在第 6 周交货，否则只好放弃。

### 三、粗能力生产计划

MPS初步方案确定后，生产管理人员必须根据资源约束条件来看该方案是否可行。所谓资源约束条件，主要是指生产能力的约束。通常，用粗生产能力计划（rough cut capacity planning，RCCP）来检查MPS方案的可行性。之所以称为"粗生产能力计划"，是因为它只是对实际资源需求的一个大致估计。

粗生产能力计划主要采用综合因子法（method of overall factors）进行估算。这种方法的基本步骤如下：

（1）每一MPS量×全部关键工序的直接劳动因子。由此得出全部关键工序的总劳动时间。其中直接劳动因子用每件产品的直接劳动时间来表示。

（2）某单位计划期全部关键工序的总劳动时间×每一关键工序的负荷因子。其中，负荷因子为该关键工序的劳动时间（就该MPS而言）占全部关键工序总劳动时间的百分比。由此得到该工序所需劳动时间的大致估计，这被称为负荷估计量。

（3）计算MPS所包含的未来各单位计划期的各个负荷估计量。

（4）比较各关键工序的实际能力和上述计算出的负荷估计量，决定是接受该MPS方案，还是修改之。

除了综合因子法外，还有其他的方法。

（1）能力清单（capacity bill）法。该方法类似于MRP中的物料清单（BOM），但它不是用来确定物料需求的，而是用来确定MPS产品的能力需求的。

（2）资源描述（resource profile）法。它利用能力清单来确定产品在其整个生产周期中每一阶段对关键资源的需求量。

以上三种方法的应用场合有所区别，综合因子法是制定RCCP的一种最简便易行的方法。用来计算负荷估计量的直接劳动因子可根据会计数据进行粗略估计，也可以根据时间标准数据做较准确的估计，通常使用更多的是粗略估计。进一步，各工序所需时间所占的百分比（即负荷因子）通常只是根据历史数据来推断，这是在过去需求与未来需求相同的假设下做的推断，而这一假设意味着组合未变。如果产品产品组合变了，则能力清单法可能更适用。

此外，综合因子法不反映每一工序在不同计划期内能力需求的波动，只使用固定的百分比，而资源描述法在这种情况下的效果比较好。尽管如此，当MPS的以周为基础的产品组合基本稳定时，综合因子法可取得足够满意的结果。当MPS值决定月产量，只需要对直接劳动时间有个大致的估计时，这种方法也可以取得较好的结果。

### 本章小结 》》

企业的生产能力在一定的时期内是相对固定的，而市场需求通常是变化的，企业在编制综合计划时应正确处理二者之间的互动机制，以最低的生产成本来满足市场的需求。本章介绍了企业的生产能力及其影响因素、综合计划编制的策略、综合计划编制常用的方法、主生产计划编制的原理和方法、粗能力计划编制的方法等内容。

## 练习与思考》》》

1. 综合计划编制需要什么样的信息？这些信息来自哪些部门？

2. 编制综合计划的程序是什么？

3. 主生产计划编制的原理是什么？

# 第六章 作业排序与控制

## 本章学习目标 »»

1. 掌握作业排序与作业计划的区别。
2. 掌握作业排序的优先规则。
3. $n/1$ 作业排序问题和 $n/2$ 作业排序问题的原理。
4. 了解生产作业控制的有关内容。

## 导入案例： 棘手的排队问题

位于某市的大联盟超市通过市场调查了解到，顾客可以忍受的最长队伍为 7 人；超过这个限度，客户会因厌烦而离去。因此，大联盟超市使用计算机系统对收银员进行科学调度，努力做到使等待结账的队伍不超过 3 个人。为了应付高峰期的客流量，大联盟超市和其他超市一样，采用雇用兼职员工的办法。大联盟超市雇用了很多家庭妇女和学生，这些临时工每天在超市里工作 4 个小时。

除了采用雇用临时工的办法解决排队问题外，大联盟超市还借助电子扫描仪来加快结账的速度，在所有的大超市中都至少设有一个快速结账口。大联盟超市在牙买加的金斯敦市新开的连锁超市里，设有 20 个结账口。其中 6 个是快速结账口，在这 6 个快速结账口中又有 2 个是超快结账口，供购买 6 件以下商品的顾客结账使用，并且只限现金结算。大联盟超市的有关负责人说："我们的目标是使顾客在 5～7 分钟内结账完毕，这是我们认为可以接受的等待时间。"

顾客在等待的时候会感到烦躁，而这时如果能提供一些消遣，则会减少顾客的烦躁程度。自 1959 年以来，曼哈顿储蓄银行就开始在中午的高峰时间里向顾客提供一些娱乐节目。曼哈顿储蓄银行的 13 个分行中均有钢琴师弹奏乐曲。为了使顾客在排队等待的时间过得更精彩，曼哈顿储蓄银行偶尔还会安排一些展览。曼哈顿储蓄银行相信，由于有了以上这些消遣活动，顾客能够忍受比较长的等待时间。银行的一位高级副总裁说："即使在非常拥挤的高峰期，顾客向我们提出抱怨的情况也比较少。"

在酒店和办公楼的电梯的门上镶上镜子，可以使人们在等电梯时不至于太烦躁。人们通常会对着镜子整理一下自己的发型和衣服，而忽视了等待的时间。拉塞尔·阿克夫研究指出，如果一家酒店的电梯门上有镜子，这家酒店收到的关于电梯太慢的抱怨会比没有镜子的酒店少得多。

有时只需告诉人们还需要等多久，就会使他们的心情好起来。迪斯尼乐园对于排队等待的现象十分敏感，因为在比较热门的娱乐项目前，等待的队伍有时会长达 1800 人。和许多其他游乐场一样，迪斯尼乐园也向等待的游客提供娱乐活动，但它同时也注重反馈。

沿队伍所经之地，很多地方都有指示信号表明从该点起还需要等多久。排队专家认为，最糟糕的事情莫过于盲目地等待，就像在公共汽车站等车的人们不知道下一辆车究竟是1分钟后就来，还是要等15分钟才会来。迪斯尼乐园的这种信息反馈，使父母们可以权衡一下：是花25分钟等"托得先生的野马"好呢，还是花30分钟等"Dumbo"项目比较好？

另外，缓解排队问题还有许多其他方法。纽约和新泽西州港口管理局曾指出，用交通指示灯将车辆分成14辆一组，可使车辆通过荷兰隧道的效率最高。

哥伦比亚大学商学院的作业研究教授彼得·科尔萨认为，应该更多地使用差异价来转移需求。例如，一些铁路线非高峰期的票价比较低，餐厅向早于正常时间用餐的顾客提供折扣等。

资料来源：Kleinfield N R. Conquering Those Killer Queues. New York Times，September 25，2000.

**讨论：**

1. 为了令顾客满意，服务型企业应该如何安排顾客的服务问题？服务过程应该如何进行控制？
2. 在安排产品生产时，制造型企业和服务型企业有哪些区别？

# 第一节　作业排序问题的概念

## 一、作业排序与作业计划

作业排序问题普遍存在于制造业和服务业中。通过 MRP 运算确定了各项物料的生产、采购计划后，就要将生产计划分解到各车间，确定各车间的生产任务。如何具体地组织生产活动、安排作业排序和及时反馈信息，对生产活动进行调整与控制，使各种资源得到合理利用，同时又能按期完成各项订单任务，是作业排序与控制所需要研究和解决的问题。在服务业中，医院、银行、饭店等服务企业需要安排人员有效地满足客户的需要。有效地作业排序计划，可以缩短客户排队等待的时间，缩短交货提前期，降低在制品库存，加速库存周转，更重要的是能够提高客户满意度，从而吸引和保留更多的客户、获取更多的利润。

作业排序（job sequencing）是指为每台设备、每位员工具体确定每天的工作任务和工作顺序的过程。作业排序需要解决设备与工作、服务人员与客户之间的关系，归纳起来，也就是"服务者"与"服务对象"之间的关系。这里的"服务者"包括机器、工序、工作地、收银员、理发师、医生和服务员等，而"服务对象"则包括工作、客户、病人等。

作业排序与作业计划（job scheduling）是有区别的。一般来说，作业排序只是确定工件在机器设备上的加工顺序，而作业计划则不仅要确定工作的加工顺序，还要确定机器设备加工每个工件的开始时间和完成时间。因此，在实际生产中，指导工人生产活动的是作业计划。但由于作业计划的主要问题在于确定工件在各工作地的加工顺序，一般情况下，作业计划都是以最早可能的开工时间和完工时间来编制的，因此，一旦工件的作业排序确定之后，作业计划自然也就确定了。所以，在多数生产与运营管理教科书中，一般对"作业排序"和"作业计划"是不加以严格区分的。

不同的作业排序，可能会导致差别很大的结果。例如，科新电子有限公司需要加工 4 种部件。这 4 种部件的生产需要顺序经过车和磨两个工序，各种部件在这两道工序上的加工定额工时如表 6-1 所示。

表 6-1 4 种部件的加工定额工时 （单位：小时）

| 部件 | 车工序定额工时 | 磨工序定额工时 |
| --- | --- | --- |
| I | 6 | 2 |
| II | 4 | 6 |
| III | 6 | 4 |
| IV | 2 | 4 |

对上述问题采用不同的加工顺序，就可能产生不同的任务完工时间（表 6-2）。当加工顺序为 I—II—III—IV 时，总加工时间为 24 小时；当加工顺序为 I—IV—II—III 时，总加工时间为 22 小时；当加工顺序为 IV—III—II—I 的时候，总加工时间为 20 小时；当加工顺序为 I—III—IV—II 的时候，总加工时间为 26 小时。

表 6-2 不同加工顺序总加工工时表

| 加工顺序 | | 2 | 4 | 6 | 8 | 10 | 12 | 14 | 16 | 18 | 20 | 22 | 24 | 26 | 总时间 |
| --- | --- | --- | --- | --- | --- | --- | --- | --- | --- | --- | --- | --- | --- | --- | --- |
| I—II—III—IV | 车 | | | | | | | | | | | | | | 24 |
| | 磨 | | | | | | | | | | | | | | |
| I—IV—II—III | 车 | | | | | | | | | | | | | | 22 |
| | 磨 | | | | | | | | | | | | | | |
| IV—III—II—I | 车 | | | | | | | | | | | | | | 20 |
| | 磨 | | | | | | | | | | | | | | |
| I—III—IV—II | 车 | | | | | | | | | | | | | | 26 |
| | 磨 | | | | | | | | | | | | | | |

由上例可以看出，科学的作业排序对提高整个加工过程或服务过程的效率、缩短工件的加工时间或客户的等待时间是至关重要的。合理的作业排序需要在一定的排序目标下进行。作业排序的主要目标包括：

（1）满足交货日期的需要。满足交货日期的需要是作业排序的最基本的目标。能否在规定的日期前向客户交付产品是检验作业排序成功与否的一个重要评判标准。在现在供应链管理中，客户往往将交付的可靠性作为评价和选择供应商的一个重要指标，它能直接影响客户的满意度。

（2）降低在制品库存，加快流动资金周转。有效的作业排序，可以加快工件在整个生产过程中的流动速度，减少工件的生产加工时间，也就能够相应地降低在制品库存，从而释放在制品库存所占用的资金，改善流动资金的周转情况。

（3）缩短提前期。一般来说，对于客户而言，提前期的稳定性要比提前期的长度更为重要，但提前期的长度也是影响客户选择供应商的一个重要因素。尤其是在市场多变的环境下，企业之间的竞争是基于时间的竞争，谁的速度快，谁就能在市场上占据领先地位。缩短提前期，也就是缩短客户等待的时间，从而提高了客户的满意度。

（4）降低机器设备的准备时间和准备成本。任何企业生存的第一位目标就是获取利润，增加利润的两条基本途径在于：增加销售额和降低成本。通过作业排序，实现满足交货期和缩短提前期这两个目标，在一定程度上都能提高客户的满意度，从而促使企业销售额增加。而降低机器设备的准备时间和准备成本的目标是从成本角度来设定的。小批量、多品种生产带来了频繁的设备调整问题，从而导致机器设备较长的准备时间和较高的准备成本。因此，在作业排序时，要在满足交货时间要求的条件下，尽量延长机器设备的连续加工时间。

（5）充分利用机器设备和劳动力。充分利用机器设备和劳动力是作业排序的又一个为降低运作成本而设定的目标。低劣的作业排序经常会导致机器设备和劳动力之间的负荷不均衡，某些设备出现工作积压，而另外一些设备则出现闲置的情况。有效的作业排序要尽量避免这种情况的发生，使整个生产过程达到均衡、连续、有节奏。

## 二、作业排序问题的分类

作业排序问题有多种不同的分类方法，如图 6-1 所示。

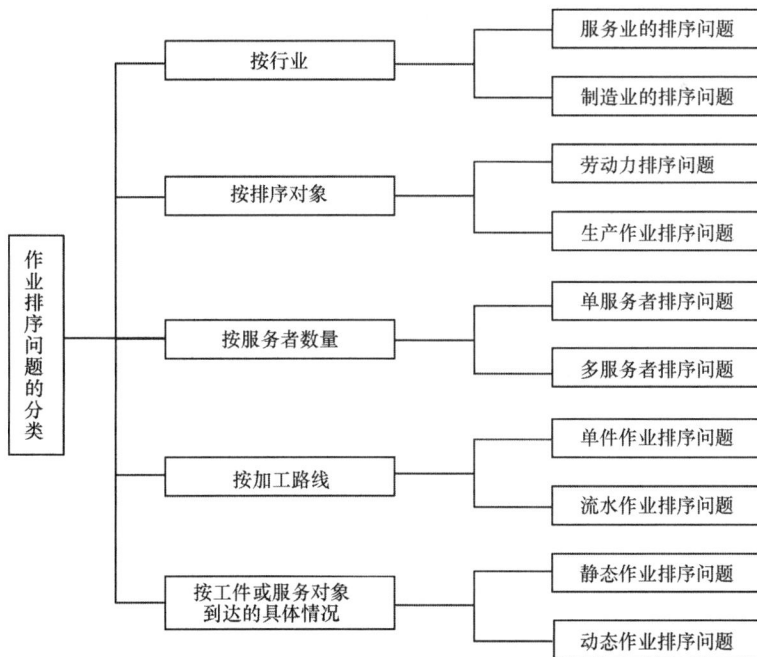

图 6-1 作业排序问题的分类

按行业的不同，作业排序问题可分为制造业的排序问题和服务业的排序问题。制造业的排序问题是解决工件在生产过程中的加工次序问题，而服务业中客户的参与及服务产品的不可储存性，使得服务业的排序问题主要是解决如何安排服务能力以适应服务需要的问题。

按排序对象，作业排序问题可分为劳动力（或服务者）排序问题和生产作业（或服务对象）排序问题。劳动力排序问题主要确定机器设备或服务人员何时工作，生产作业排序问题则主要是将不同工件安排到不同的设备上，或为不同的服务对象安排不同的服务者。

按服务者数量，作业排序问题可分为单服务者排序问题和多服务者排序问题。单服务者排序问题是指单队单服务台排队问题，而多服务者排序问题是指单队多服务台或多队多服务台的排队问题。在制造业中，则可分为多种工件在单台设备上的加工排序问题，和在多台设备上的加工排序问题。

对于多台设备的排序问题，又可根据加工路线分为单件作业（job shop）排序问题和流水作业（flow shop）排序问题。单件作业排序问题是指工件的加工路线不同的多设备排序问题，流水作业排序问题是指所有工件的加工路线是完全相同的多设备排序问题。在本章分析多设备排序问题时，我们指的是流水作业排序问题。

按工件或服务对象到达的具体情况，可分为静态作业排序问题和动态作业排序问题。在进行作业排序时，如果所有需加工的工件或服务对象都已到达，则在排序时可以进行确定性的排序，这种情况称为静态作业排序问题；如果加工工件和服务对象是陆续到达的，则在进行作业排序时要随时考虑新的情况，调整顺序，这种情况称为动态作业排序问题。

以上是一些基本的排序分类。除此之外，还有多种分类方式，例如，根据加工时间及其他参数，可分为确定型排序问题和随机排序问题；根据排序的目标不同，也有不同的分类。

### 三、作业排序的优先规则

在对关于在某台设备上或工作地上应该先加工哪一种工件，后加工哪一种工件进行决策时，需要采用作业排序的优先调度规则。一般来说，在一个工作地会有多种工件等待加工，因此工作地有多种选择方案。优先规则对作业排序的优劣具有很大的影响，为了得到理想的排序方案，需要借助合适的优先规则。据不完全统计，迄今为止，优先规则已达几百种。根据追求的目标不同，企业会采用不同的规则。企业常用的几类规则有：

（1）最短加工时间规则——SPT（shortest processing time）或 SOT（shortest operation time）规则，优先选择加工时间最短的工件；

（2）最早到期规则——EDD（earliest due date）规则，优先选择完工期限最早的工件；

（3）先到先服务规则——FCFS（first come first served）规则，优先选择最早进入排序集合的工件；

（4）最小关键比例规则——SCR（smallest critical ratio）规则，优先选择关键比例最小的工件 [关键比例＝（交货期－当前期）/余下的加工时间]；

（5）最小工作量规则——LWKR（least work remaining）规则，优先选择余下加工时间最短的工件；

（6）最多工作量原则——MWKR（most work remaining）规则，优先选择余下加工时间最长的工件；

（7）最小松弛规则——SLACK（minimum slack）规则。SLACK 规则同时考虑余下的加工工件和余下（在到期之前）的加工时间。优先加工两者差异最小的工作，SLACK 的计算公式如下：

$$SLACK ＝（到期日期－当日日期）－加工时间$$

在以上几种规则中，SPT（或 SOT）规则可使工件的平均流程时间最短，从而减少在制品数量；FCFS 规则对服务对象最公平；MWKR 规则使不同工作量的工件的完工时间尽量接近；LWKR 规则使工作量小的工件尽快完成；EDD 规则可使工件最长的延误时间达到最小。除了这几种规则外，还有许多其他的规则，如随机规则、总加工时间最小规则等。优先规则有多种，具体排序时采用哪一种，应根据具体的目标确定。

一些学者通过仿真研究，提出一些基本的建议：

（1）SPT 规则在车间高度拥挤时是最有效的。SPT 规则试图使平均流程时间、系统中的平均工作数（在制品库存）、延迟的工作比例实现最小化。通过快速地完成更多工作，从理论角度来讲，与其他规则相比，SPT 规则满足了更多的客户。然而，按照 SPT 规则排序，某些加工时间较长的工作的完成可能会延迟很长时间，从而导致一部分客户感到不满意。

为此，在实践中采用 SPT 规则时，根据工作已经等待的时间或工作离交货期的远近，通常会截断处理 SPT 规则。例如，许多大型计算机系统按照 SPT 规则处理工作。提交的工作根据预期的 CPU 时间进行分类（划分成 A、B 或 C）。处理时间最短的工作，或 A 类工作，首先进行处理，不过，每隔一两个小时，系统会停止处理 A 类工作，从 B 类工作中选择排在前面的工作进行处理。处理完这项 B 类工作后，系统又继续处理 A 类工作。C 类工作则可能每天只处理一次。其他使用交货期信息的系统会使一项处理时间长的工作保持等待状态，直到这项工作的 SLACK 等于 0 或者交货期处于某一范围内。

（2）在正常作业期间使用 SLACK 规则。在能力并不严重短缺时，既考虑交货期又考虑处理时间的 SLACK 规则能够产生比较好的排序结果。

（3）在交货要求比较严格的情况下，适合采用 SLACK 规则或 SCR 规则。SLACK 规则或 SCR 规则能够使平均的延迟时间、最长的延迟时间实现最短。尽管与 SPT 规则相比，在 SLACK 规则或 SCR 规则下，更多的工作会被延迟，但是延迟的程度会小得多。

（4）如果可以转包合同，则适合使用 LPT（longest processing time）规则，把加工时间长的工作留在公司进行，当交货期逼近时，可将加工时间短的工作外包出去完成。

（5）当运营能力利用率比较低时，采用 FCFS 规则。FCFS 规则实际上不需要对进入车间的工作进行排序。当某个设施的工作负荷比较轻时，任何排序规则都可行，但 FCFS 规则是最简单的规则。

（6）如果工作还需要与后一阶段的其他工作进行组装时，不要使用 SPT 规则。对于装配工作而言，能够赋予装配线上不同零部件共同的加工优先级别的排序规则能够产生更为有效的排序结果。

# 第二节　制造业的作业排序问题

在本节中，我们将讨论制造业中的作业排序问题——许多种工件要在一个或几个工作地进行加工，每一个工作地都安置有不同的机器设备和工人，每种工件的加工路线都一致。一般来说，不同工件在不同机器上的加工顺序不一定会完全一致，但本节只讨论所有工件在各个工作地的加工顺序都相同的情况。为了便于说明，我们将 $n$ 种工件在 $m$ 台设备上加工的作业排序问题表示为 $n/m$。

## 一、$n/1$ 作业排序问题

$n/1$ 作业排序问题是指 $n$ 种工件在单台设备上加工的排序问题。这是一种简单的排序问题。一般来说，排序问题的难度随着工作地（或机器设备）数量的增加而增大，而并非随着需加工的工件种类数的增加而增大。

在评价作业排序方案时，工件流程时间、总流程时间、平均流程时间、工件延期交货天数、时间跨度和平均工件库存数是几个主要的绩效评价指标。工件流程时间指工件在整个加工过程中所花费的时间，即从工件到达第一个工作地到完工为止的时间，不仅包括在各工作地的实际加工时间，还包括工件在各个工作地之间的运送时间、等待加工的排队时间，以及由于机器设备出现故障或意外事故等引起的延期。总流程时间是指各工件的流程时间之和。平均流程时间则是指平均每个工件所用的流程时间。工件延期交货天数是指工件实际完工日期超出预期的工件完工日期或顾客要求的交付日期的天数。时间跨度是指完成一组工件所需的全部时间，即从第一个工件在第一台设备上开始加工直到最后一个工件在最后一台设备上加工结束为止的时间长度。平均工件库存数是指被认为是在制品存货的工件数，反映在制品库存情况。

利用 SPT 规则、EDD 规则、FCFS 规则、SCR 规则等进行作业排序的排序结果在这几个指标上存在着比较大的差异。例如，某加工车间要为 2013 年 9 月加工的 6 批产品进行作业排序，每批的件数相同，都是 1000 件，公司对各种产品的加工时间都设定了定额工时，销售部门提出了各种产品的预定交货期，如表 6-3 所示。

表 6-3　产品加工定额工时及预定交货期

| 产品 | 加工定额工时/天 | 预定交货期 |
| --- | --- | --- |
| BY050 | 10 | 2013 年 9 月 22 日 |
| GL310 | 7 | 2013 年 9 月 15 日 |
| GM270 | 8 | 2013 年 9 月 17 日 |
| BY471 | 6 | 2013 年 9 月 20 日 |
| LN002 | 4 | 2013 年 9 月 25 日 |
| LY120 | 5 | 2013 年 9 月 18 日 |

根据 FCFS 规则、SPT 规则、EDD 规则和 SCR 规则，该排序问题有四种不同的加工排序方案。

（1）遵循 FCFS 规则排序。FCFS 规则的排队顺序是按照待加工的产品从上一道工序转到该加工工序的先后顺序来确定的，即这 6 批产品的加工顺序应为 BY050—GL310—GM270—BY471—LN002—LY120，其排序结果如表 6-4 所示。

表 6-4 FCFS 规则的排序结果

| 加工顺序 | 加工时间/天 | 流程时间/天 | 预定交货日期 | 延期交货天数/天 |
|---|---|---|---|---|
| BY050 | 10 | 10 | 22 日 | 0 |
| GL310 | 7 | 17 | 15 日 | 2 |
| GM270 | 8 | 25 | 17 日 | 8 |
| BY471 | 6 | 31 | 20 日 | 11 |
| LN002 | 4 | 35 | 25 日 | 10 |
| LY120 | 5 | 40 | 18 日 | 22 |
| 合计 | 40 | 158 | | 53 |

总流程时间＝158（天）

平均流程时间＝总流程时间/型号数＝158/6＝26.3（天）

平均延期交货天数＝延期交货总天数/型号数＝53/6＝8.83（天）

时间跨度＝40（天）

平均工件库存数＝总流程时间/时间跨度×批量＝158/40×1000＝3950（件）

（2）采用 SPT 规则。SPT 规则为优先选择加工时间最短的产品。根据 SPT 规则，这 6 批不同的产品的加工顺序应为 LN002—LY120—BY471—GL310—GM270—BY050，其排序结果如表 6-5 所示。

表 6-5 SPT 规则的排序结果

| 加工顺序 | 加工时间/天 | 流程时间/天 | 预定交货日期 | 延期交货天数/天 |
|---|---|---|---|---|
| LN002 | 4 | 4 | 25 日 | 0 |
| LY120 | 5 | 9 | 18 日 | 0 |
| BY471 | 6 | 15 | 20 日 | 0 |
| GL310 | 7 | 22 | 15 日 | 7 |
| GM270 | 8 | 30 | 17 日 | 13 |
| BY050 | 10 | 40 | 22 日 | 18 |
| 合计 | 40 | 120 | | 38 |

总流程时间＝120（天）

平均流程时间＝120/6＝20（天）

平均延期交货天数＝38/6＝6.3（天）

时间跨度＝40（天）

平均工件库存数＝120/40×1000＝3000（件）

（3）采用 EDD 规则。EDD 规则将最早预定交货期限作为优先选择标准。根据 EDD

规则，这 6 批产品的加工顺序为 GL310—GM270—LY120—BY471—BY050—LN002，其排序结果如表 6-6 所示。

表 6-6 EDD 规则的排序结果

| 加工顺序 | 加工时间/天 | 流程时间/天 | 预定交货日期 | 延期交货天数/天 |
|---|---|---|---|---|
| GL310 | 7 | 7 | 15 日 | 0 |
| GM270 | 8 | 15 | 17 日 | 0 |
| LY120 | 5 | 20 | 18 日 | 2 |
| BY471 | 6 | 26 | 20 日 | 6 |
| BY050 | 10 | 36 | 22 日 | 14 |
| LN002 | 4 | 40 | 25 日 | 15 |
| 合计 | 40 | 144 | | 37 |

总流程时间＝144（天）

平均流程时间＝144/6＝24（天）

平均延期交货天数＝37/6＝6.17（天）

时间跨度＝40（天）

平均工件库存数＝144/40×1000＝3600（台）

（4）采用 SCR 规则。SCR 规则为优先选择关键比例最小的产品，关键比例＝（预期交货期－当前日期）/余下的加工时间。根据 SCR 规则，这 6 批产品的加工顺序为 GM270—GL310—BY050—BY471—LY120—LN002，排序结果如表 6-7 所示。

表 6-7 SCR 规则的排序结果

| 加工顺序 | 关键比例 | 加工时间/天 | 流程时间/天 | 预定交货日期 | 延期交货天数/天 |
|---|---|---|---|---|---|
| GM270 | 2.13 | 8 | 8 | 17 日 | 0 |
| GL310 | 2.14 | 7 | 15 | 15 日 | 0 |
| BY050 | 2.2 | 10 | 25 | 22 日 | 3 |
| BY471 | 3.33 | 6 | 31 | 20 日 | 11 |
| LY120 | 3.6 | 5 | 36 | 18 日 | 18 |
| LN002 | 6.25 | 4 | 40 | 25 日 | 15 |
| 合计 | | 40 | 155 | | 47 |

总流程时间＝155（天）

平均流程时间＝155/6＝25.8（天）

平均延期交货天数＝47/6＝7.83（天）

时间跨度＝40（天）

平均工件库存数＝155/40×1000＝3875（台）

将以上 4 种规则的排序结果进行汇总，如表 6-8 所示。

**表 6-8 四种规则的排序结果比较**

| 规则 | 平均流程时间/天 | 平均延期交货天数/天 | 平均在制品库存数/件 |
|------|------|------|------|
| FCFS | 26.3 | 8.83 | 3950 |
| SPT | 20 | 6.3 | 3000 |
| EDD | 24 | 6.17 | 3600 |
| SCR | 25.8 | 7.83 | 3875 |

由以上例子可知，FCFS 规则和 SCR 规则的效率较低，既导致较高的平均流程时间，又造成较多的在制品库存。一般而言，SPT 规则和 EDD 规则是两种优化的排序规则，是企业排序时常用的优先规则。SPT 规则可使工件的平均流程时间最短，减少在制品的库存数量，从而能减少企业的资金占用，降低成本。EDD 规则可使工件延期交付时间较小，能够导致较高的客户满意水平。

## 二、$n/2$ 排序问题

$n/2$ 排序问题是指 $n$ 种工件在两台机器设备（或工作地）上进行加工的排序问题。假设有 $n$ 种工件的加工要经过两台设备，并且所有工件的加工路线都相同。在这种情况下，全部完工时间是一个关键的评价标准，排序的目标是使全部完工时间最短。

对 $n/2$ 的排序问题，约翰逊于 1954 年提出了一种有效算法，用于解决多种工件在两台设备上加工的流水作业排序问题，这就是著名的约翰逊算法。约翰逊算法的适用条件是：

（1）排序的目标函数是要使全部完工时间最小；

（2）工件在两台设备上的加工顺序完全相同；

（3）所有工件同时到达第一台设备等待加工；

（4）每种工件在每台设备上的加工时间均已知。

约翰逊算法的基本思路在于：尽量减少第二台设备上的等待加工的时间，因此，在第二台设备上加工时间长的工件先加工，在第二台设备上加工时间短的工件后加工。

约翰逊算法的步骤如下：

（1）先作 $n$ 个工件在两台设备上的加工时间的工时矩阵 $M$：

$$M = \begin{bmatrix} a_{11} & a_{12} & \cdots & a_{1n} \\ a_{21} & a_{22} & \cdots & a_{2n} \end{bmatrix}$$

其中，$a_{ij}$ 为工件 $j$（$j=1, 2, \cdots, n$）在设备 $i$（$i=1, 2$）上的加工时间。

（2）在工时矩阵 $M$ 中找到最小元素 $a_{ij}$，若最小元素不止一个，可任选其一。

（3）如果最小元素 $a_{ij}$ 在上行，即最短的加工时间出现在第一台设备上，则对应的工件应排在最前位置；如果最小元素 $a_{ij}$ 在下行，即最短的加工时间出现在第二台设备上，则对应的工件排在最后位置。

（4）从加工时间矩阵中划去已排序的工件，然后对余下的工件重复步骤（2）和步骤（3），直到全部工件都被安排完。

**例 6.1**：有 6 个产品（A、B、C、D、E、F）需要在车床和磨床上加工，加工顺序是先车后磨，每个产品所需的时间如表 6-9 所示，管理者希望找到一个最优的排序方案。

表 6-9    六个产品在两台设备上的加工时间     （单位：小时）

| 产品 | 设备 | |
|---|---|---|
| | 车床 | 磨床 |
| A | 3 | 5 |
| B | 7 | 2 |
| C | 4 | 7 |
| D | 6 | 4 |
| E | 8 | 6 |
| F | 9 | 5 |

运用约翰逊算法，对该问题进行作业排序，使所有工件的加工时间最少。首先作出 6 种工件在车床和磨床上的加工工时矩阵 $M$：

$$M = \begin{bmatrix} A & B & C & D & E & F \\ 3 & 7 & 4 & 6 & 8 & 9 \\ 5 & 2 & 7 & 4 & 6 & 5 \end{bmatrix} \begin{matrix} \\ 车床 \\ 磨床 \end{matrix}$$

在 $M$ 中寻求找到的最小值 2，对应的产品为 B，对应的设备为磨床，因此，应将产品 B 排在最后加工。在 $M$ 中划去产品 B，得余下的工时矩阵 $M_1$：

$$M_1 = \begin{bmatrix} A & C & D & E & F \\ 3 & 4 & 6 & 8 & 9 \\ 5 & 7 & 4 & 6 & 5 \end{bmatrix} \begin{matrix} \\ 车床 \\ 磨床 \end{matrix}$$

在 $M_1$ 中寻找到最小值 3，对应的产品为 A，对应的设备为车床，因此，应将产品 A 排在最早加工。在 $M_1$ 中划去产品 A，得余下的工时矩阵 $M_2$：

$$M_2 = \begin{bmatrix} C & D & E & F \\ 4 & 6 & 8 & 9 \\ 7 & 4 & 6 & 5 \end{bmatrix} \begin{matrix} \\ 车床 \\ 磨床 \end{matrix}$$

在 $M_2$ 中寻找到最小值 4，对应的产品分别为 C 和 D，其对应的设备分别为车床和磨床，因此，应将产品 C 排在产品 A 之后加工，而将产品 D 排在产品 B 之前加工。在 $M_2$ 中划去产品 C 和 D，得余下的工时矩阵 $M_3$：

$$M_3 = \begin{bmatrix} E & F \\ 8 & 9 \\ 6 & 5 \end{bmatrix} \begin{matrix} \\ 车床 \\ 磨床 \end{matrix}$$

在 $M_3$ 中寻找到最小值 5，对应的产品为 F，对应的设备为磨床，因此，应将产品 F 排在工件 D 之前加工，将 E 排在产品 C 之后加工。因此，加工排序为 A—C—E—F—D—B，总的加工时间为 39 小时。

采用约翰逊算法得到的排序必定是最优排序，但不能说最优排序一定就是按照约翰逊算法得到的。例如，在上述问题中，C—A—F—E—D—B 的排序并不符合约翰逊算法，但它也是上述问题的一个最优排序解。因此，约翰逊算法只是一个充分条件，不是必要条件。

### 三、生产作业控制

生产作业计划是在生产活动发生之前制订的，尽管在制订作业计划时考虑了设备的生产能力，但由于在实施过程中存在一些随机因素和不确定性因素，实施情况与计划往往会发生偏离。上文分析的作业排序问题以加工时间是已知的、确定的为假设条件，但在实际中，很难对每道工序的加工时间都估计得很精确。工件在各设备上的加工时间是编制作业排序计划的重要依据，加工时间不准确，会导致作业计划也不准确，也就避免不了在实施中出现偏离计划的情况。在有些情况下，即使能够非常精确地估计出工件的加工时间，但因许多随机因素的影响，也会引起偏离计划的情况，如设备出现故障、工人病假等。另外，在作业排序中，有一个暗示的假设，那就是环境是静态的。但在实际中。企业环境是动态的，由于出现新的任务或加急任务，原有的计划常常会被打乱。

因此，实施情况与计划发生偏离是常有的现象。关键在于当实施情况与计划发生偏离时，应采取有效措施，使实际进度符合计划的要求；或者修改计划，使之适应新的情况。下面简单地介绍两种生产作业控制的方法。

#### （一）输入/输出控制

输入/输出（I/O）控制是对工作地的工作流进行控制，是生产计划和控制系统的一个主要组成部分。输入/输出控制的目的是管理工作流，其主要规则是输入一个工作地的工作流不应该超过输出该工作地的工作流。当输入超过输出时，工作地一定会发生工作积压的现象，从而使作业的提前期延长。如果没有输入/输出控制，计划就可能超过工作地的加工能力，使工作地超负荷运转；相反，工作地的工作速度大于工件到达的速度，则会使工作地得不到有效利用。如果输入与输出的速度能够达到平衡，那么就不会出现工作积压、等待加工现象，同时可以使工作地得到有效利用。输入/输出控制方法通过分析输入与输出之间的差异，有助于管理者找出问题的根源，采取适当的措施，从根本上消除问题，从而可以有效控制作业实施过程，保证计划的顺利完成。

**例 6.2**：某一台加工设备的输入/输出报告如表 6-10 所示。

表 6-10　输入/输出报告

| 项目 | | 第 1 期 | 第 2 期 | 第 3 期 | 第 4 期 | 第 5 期 | 第 6 期 |
|---|---|---|---|---|---|---|---|
| 输入 | 计划 | 160 | 150 | 150 | 140 | 140 | 150 |
| | 实际 | 180 | 140 | 140 | 145 | 145 | 150 |
| | 差异 | +20 | −10 | −10 | +5 | +5 | 0 |
| | 累计 | +20 | +10 | 0 | +5 | +10 | +10 |
| 输出 | 计划 | 160 | 160 | 160 | 150 | 150 | 160 |
| | 实际 | 150 | 170 | 145 | 150 | 155 | 150 |
| | 差异 | −10 | +10 | −15 | 0 | +5 | −10 |
| | 累计 | −10 | 0 | −15 | −15 | −10 | −20 |
| 积压 | | 30 | 60 | 30 | 25 | 20 | 10 | 10 |

各期差异是"实际值"与"计划值"的差,例如在第1期,实际输入为180单位,而计划输入为160单位,两者之间的差异为+20单位。同样计算第1期的计划输出和实际输出,可知其差异为-10单位。"实际输入"减去"实际输出",再加上上期积压,就可以得到本期的积压单位数。

**(二)甘特图**

甘特图是作业排序与跟踪控制中最常用的一种工具,最早由亨利·L.甘特于1971年提出。许多企业的车间采用甘特图来制订计划和跟踪作业的完成情况。甘特图能够使管理者为各项作业安排进度,然后再随着时间的推移,对比计划进度与实际完成情况,进行监控工作。作业进度甘特图是一种基本的甘特图形式,它表示出一项作业的计划开始日期、计划完成日期及目前的进度情况。甘特图的优点在于简单明了,能够普遍应用于作业、任务、项目等的计划和控制工作。

假设某车间需要加工一批产品,客户要求在2004年1月交付,同时该车间还有若干批来自其他客户的订单,因此,必定存在着作业排序与控制的问题。图6-2是该加工车间的作业进度甘特图。从图中可以了解各订单的预定计划和实际完成情况。当前评审时间为2003年12月15日,可以发现此时订单0313和订单0320的完成情况滞后于计划,订单0315按计划完成,订单0317提前于计划开始时间,目前基本达到计划要求,订单0318超前于计划。有了这张作业进度甘特图,车间管理人员就有依据对作业进行监控,比如适当加快订单0313和0320的加工作业,适当减慢订单0318的加工作业,保证各个订单都能够在计划规定的日期前完成,从而不影响最终的交付日期。

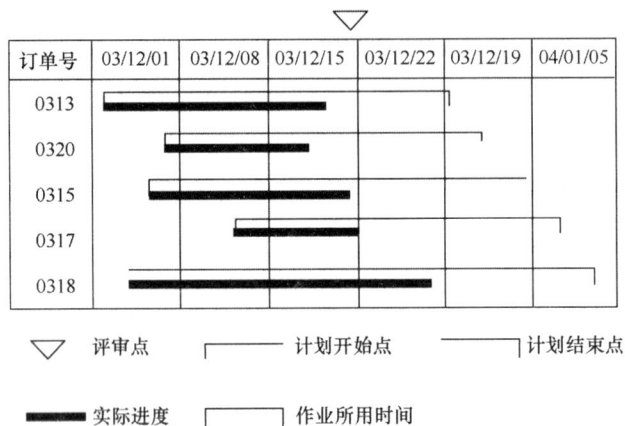

| 订单号 | 03/12/01 | 03/12/08 | 03/12/15 | 03/12/22 | 03/12/19 | 04/01/05 |
|---|---|---|---|---|---|---|
| 0313 | | | | | | |
| 0320 | | | | | | |
| 0315 | | | | | | |
| 0317 | | | | | | |
| 0318 | | | | | | |

▽ 评审点　　　计划开始点　　　计划结束点

■■■ 实际进度　　　作业所用时间

图6-2　某车间的作业进度甘特图

# 第三节　服务业的作业排序问题

## 一、服务业作业排序与制造业作业排序的区别

制造业与服务业是不同的,制造业提供的是有形的产品,可以进行储存,而服务业提

供的服务是不能储存的；制造业是通过工人生产产品，通过产品为顾客提供服务，而服务业是通过员工的劳动直接为顾客服务；服务企业与顾客的关系比制造企业与客户的关系更加紧密。服务业作业排序与制造业作业排序有很大的区别，其根本原因在于：服务不能像产品一样被储存，服务无法进行预先生产，以及顾客需要服务的随机性。

在整个服务过程中，顾客需要参与，因此作业排序对顾客有直接影响。这与制造业是不同的。在制造业中，生产作业排序对产品的最终客户没有直接影响。顾客参与会影响服务作业实现标准化，从而影响服务效率。同时，顾客的需求各异，使得服务时间难以预计，导致所需服务人员的数量难以确定。

服务业作业排序的一个重要目标在于使客户流与服务能力相匹配。服务业作业排序要从顾客需求和服务能力两方面来进行安排，基本上涉及两种基本的排序方式：①将顾客需求分配到各时间段，以不变的能力去满足顾客需求；②将服务人员安排到顾客需求的不同时间段内，从而以可变的能力去适应顾客需求。

## 二、顾客需求排序

### （一）随机排队模型

由于能力是有限的，而顾客需求是随机的，因此，不可避免地会出现顾客等待接受服务的排队现象。一般来说，顾客到来的时间和服务的时间都是随机变量，这是产生排队现象的根本原因。随机服务系统由输入过程、排队规则和服务结构三部分构成。一般模型如图 6-3 所示。

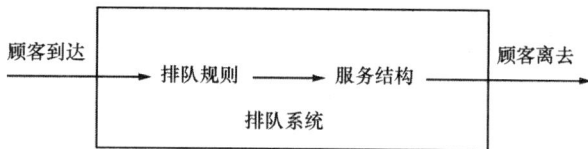

图 6-3　随机服务系统的一般模型

1. 输入过程

输入即指顾客到达排队系统。输入有多种情况，顾客的总体可能是有限的，也可能是无限的；顾客到达的方式可能是一个接一个的，也可能是成批到达的；顾客相继到达的时间间隔可能是确定的，也可能是随机的；顾客到达时间可以是相互独立的，也可以是关联的。描述输入过程的一个最重要的参数是到达率，到达率是单位时间内顾客到达的数量。

2. 排队规则

当所有服务台都被占用时，顾客需要排队等候。为顾客进行服务的次序可以采用下列几种排队规则：

（1）先到先服务，即顾客按照到达排队系统的先后顺序接受服务，这是最常用的一种排队规则，体现了顾客之间的平等性。

（2）后到先服务，在某些情况下也采用后到先接受服务的规则，例如，乘坐电梯的顾客是后进先出的。

（3）随机服务，指不管顾客到达的先后，顾客接受服务的顺序是随机的。

（4）有优先权的服务，如医院对急诊病人给予优先治疗，有些服务窗口对军人、老人等给予优先服务。

3. 服务结构

服务结构是指提供服务的服务人员数或服务台数，如理发店有几个理发师、银行有几个营业窗口，以及每个服务台的服务时间。根据服务台的多少及其之间的相互关系，排队系统可分为多种服务结构形式，如单队单服务台、多队多服务台等。

在多种服务排队系统中，单队单服务台单阶段随机服务系统是最简单的一种随机服务系统。肯德尔在 1953 年提出了按照相邻两个顾客到达的间隔时间的分布、服务时间的分布和服务台数这三个特征进行排队模型的分类方法。对于单阶段的服务系统，肯德尔提出的符号表示形式是：

$$X/Y/Z$$

式中，$X$ 为相邻两个顾客到达的间隔时间的分布；$Y$ 为服务时间的分布；$Z$ 为服务台的数目。这里分析一种简单的排队模型 $M/M/1$，该模型适用于以下条件的排队系统：输入过程——顾客源是无限的，顾客单个到达，前后之间到达的时间是相互独立的，顾客到达过程服从泊松分布；排队规则——单队，先到先服务；服务结构——单服务台，对各顾客进行服务的时间是相互独立的，服从负指数分布。

### (二) 调整顾客到达率的措施

即使在服务能力大于服务需求时，仍然会存在顾客等待的现象，原因在于需求的随机性，因此，提高顾客服务水平的一种途径在于采取合适的措施调整顾客到达率，减少顾客到达的随机性和集中程度。常采用的调整顾客到达率的措施有：

（1）预约系统。采用预约系统的目的是控制顾客到达的时间，实现最高程度的服务能力利用率，同时减少顾客等待的时间，提高服务水平。采用预约系统的企业很多，如医院、律师事务所等。当然，采用预约系统不能完全控制顾客的到达情况，在很多情况下，常常会由于顾客的不准时而取消预约，或无法完全控制服务时间（例如，医生需要为发生并发症的病人花更长的时间）而出现将预约顺延的现象。虽然预约系统不能够解决所有问题，如晚到、取消等，但它仍然是对顾客随机到达系统的重大改进。

（2）预订系统。采用预订系统，服务企业能够对特定期间的服务需求做出比较准确的估计，同时又可以减少顾客由于长时间等待所产生的不满意情绪。预订系统广泛应用于旅馆、饭店。通过预订系统，管理者能够使需求与服务能力相匹配。

（3）差异定价措施。许多服务系统面临的一大问题便是能力设计问题。由于需求具有随机性，以及存在需求的高峰现象，那么对于服务系统来说，是设计满足高峰需求的服务能力，还是设计满足平均需求的服务能力？显然，按高峰需求设计服务能力，必然会导致能力利用率低、成本高的问题；但按平均需求设计服务能力，又会失去需求高峰期的顾客。采用差异定价法在一定程度上能够解决这个问题。通过为需求低谷时段提供较低的价格，一方面可以将高峰时段的部分需求向低估时段转移，缓解高峰时段的服务压力，另一方面又可以增加低谷时段的需求量，充分利用服务能力。采用差异定价的例子，如卡拉

第六章　作业排序与控制　91

OK 采取白天价格要比晚上价格低、工作日与周末价格分别定价的策略，电信局实行晚上9 点之后长途电话收取半价的策略。

### 三、服务人员排序

服务人员排序问题普遍存在于服务行业中，例如，每周 7 天每天 24 小时营业的便利店的员工需要班次计划，医院、银行、警局、酒店都存在着服务人员的排序问题。服务人员排序，即将服务人员安排到顾客需求不同的时间段内，通过适当安排服务人员来调整服务能力，从而最大限度地满足不同时间段内的不同服务需求。服务人员排序的目的在于降低成本，提高服务水平，也就是说安排尽可能少的员工来满足尽可能多的服务需求。

服务人员排序问题解决的关键是要制订某种排序计划，使每个服务人员都能得到两天连续的休息日，同时又要保证每天的服务人员需求量，以及使使用的服务人员最少。下面介绍一种单班次的连续休息日的服务人员排序问题的启发式算法。具体步骤如下：

（1）从每周的人员需求量中，找出服务人员需求量总和最少的连续两天。如果服务人员需求量最少的连续两天的情况有多种，如星期一和星期二、星期四和星期五，那么可以任选其中一种情况。

（2）指定第 1 位员工在步骤（1）确定的两天内休息，在其他 5 天内工作。在第 1 位员工工作的 5 天内的服务人员需求量中减去 1。

（3）重复步骤（1）和步骤（2），直到将所有服务人员的工作日与休息日安排完毕。

**例 6.3：** 某邮局有 10 名工作人员，邮局根据历史数据，估计每天的工作人员的需求量数据如表 6-11 所示。该邮局的所长需要为这 10 名工作人员安排工作日，在不影响客户服务水平的前提下，使这 10 名员工每周都能享受 2 天连续的休息日，并且尽量安排在周末休息。另外，所长还想了解根据目前的客户量，邮局的工作人员是否能够满足需求，是否存在人员不足或者人员冗余的问题。

表 6-11　邮局每天工作人员的需求量

| 时间 | 周一 | 周二 | 周三 | 周四 | 周五 | 周六 | 周日 |
|---|---|---|---|---|---|---|---|
| 需求人数/人 | 8 | 7 | 6 | 5 | 10 | 6 | 5 |

按照启发式算法的求解步骤，首先假设这 10 名工作人员的代号分别为 A、B、C、D、E、F、G、H、I、J。根据表 6-12 可知，人员需求量总和最小的连续两天为周三和周四、周六和周日，可任选一组确定为 A 的休息日。由于排序的原则是尽量将员工的休息日安排在周末，因此，选择周六和周日为 A 的休息日，A 的工作日为星期一至星期五。安排完 A 的工作日和休息日之后，邮局剩余各天的工作人员需求量为将表 6-11 中除周六和周日两天外的各天需求量减去 1，得表 6-12 中的第二行。在表 6-12 中的第二行，工作人员需求量总和最少的连续两天为周三和周四。确定 B 的休息日为周三和周四，工作日为周一、周二、周五至周日。安排完 B 的工作日和休息日后，邮局剩余各天的工作人员需求量为将表第二行中除周三和周四之外的需求量减去 1。依次类推，可以安排完其他人员的工作日和休息日，具体排序过程见表 6-12。

表 6-12　邮局工作人员排序过程　　　　　　　　　　　　（单位：人）

| 时间 | 周一 | 周二 | 周三 | 周四 | 周五 | 周六 | 周日 | 备注 |
|------|------|------|------|------|------|------|------|------|
|  | 8 | 7 | 6 | 5 | 10 | 6 | 5 | A 在周六、周日休息 |
|  | 7 | 6 | 5 | 4 | 9 | 6 | 5 | B 在周三、周四休息 |
| 人 | 6 | 5 | 5 | 4 | 8 | 5 | 4 | C 在周六、周日休息 |
| 员 | 5 | 4 | 4 | 3 | 7 | 5 | 4 | D 在周三、周四休息 |
| 需 | 4 | 3 | 4 | 3 | 6 | 4 | 3 | E 在周六、周日休息 |
| 求 | 3 | 2 | 3 | 2 | 5 | 4 | 3 | F 在周三、周四休息 |
| 数 | 2 | 1 | 3 | 2 | 4 | 3 | 2 | G 在周一、周二休息 |
|  | 2 | 1 | 2 | 1 | 3 | 2 | 1 | H 在周六、周日休息 |
|  | 1 | 0 | 1 | 0 | 2 | 2 | 1 | I 在周三、周四休息 |
|  | 0 | 0 | 1 | 0 | 1 | 1 | 0 | J 在周日、周一休息 |

从表 6-12 中可知，邮局只在周三、周五和周六需要 J 工作，又由于原则上尽量安排员工在周末休息，因此可安排 J 在周日和周一休息，从周二至周六工作。最终排序结果如表 6-13 所示。

表 6-13　邮局员工排序结果

| 工作人员 | 周一 | 周二 | 周三 | 周四 | 周五 | 周六 | 周日 |
|------|------|------|------|------|------|------|------|
| A | T | T | T | T | T | F | F |
| B | T | T | F | F | T | T | T |
| C | T | T | T | T | T | F | F |
| D | T | T | F | F | T | T | T |
| E | T | T | T | T | T | F | F |
| F | T | T | F | F | T | T | T |
| G | F | F | T | T | T | T | T |
| H | T | T | T | T | T | F | F |
| I | T | T | F | F | T | T | T |
| J | F | T | T | T | T | T | F |
| 在岗人数/人 | 8 | 9 | 6 | 6 | 10 | 6 | 5 |
| 实际需求数/人 | 8 | 7 | 6 | 5 | 10 | 6 | 5 |
| 空闲人数/人 | 0 | 2 | 0 | 1 | 0 | 0 | 0 |

注：T 表示上班，F 表示休息

以上排序中，可经过一个周期，进行轮换，如张三在这一周期为 A，在下一周期轮为 B，从而可以保证所有人都均等地享有在周六、周日休息的机会。另外，需要说明的是，表 6-13 的排序并不是唯一最优的排序。以上分析的是单班次的人员排序问题，也就是说针对一周 7 天工作日、每天 8 小时工作制的服务型企业的人员排序问题，但实际中存在许多实施多班次的服务型企业，有些服务型企业是一天 24 小时都运转的，对于这类服务型企业的人员排序问题是一种多班次排序问题。多班次排序问题相对于单班次排序问题要复杂得多。单班次问题中的班次计划为休息日、工作日的顺序，而多班次休息计划除了确定每名员工的休息日和工作日的顺序之外，还需要确定每个工作日的具体班次。

### 四、调整服务能力的策略

前面提到了诸如预约、预订和差异定价等调整顾客需求分布的措施，虽然这些转移需求的办法在一定程度上能够缓解需求的不均匀性，但并不能完全消除需求的不均匀性。当前市场的竞争十分激烈，企业越来越重视客户服务。真正具有竞争实力的企业是那些能够对顾客需求做出快速反应的企业，这就需要企业具有高度的柔性。因此，服务型企业应该从提高自己的服务能力角度出发寻找策略，以下介绍企业调整自身服务能力的一些基本策略。

（1）进行有效的人员班次排序。由于需求分布的不均匀性，在有些时段出现需求的高峰，有些时段出现需求的低谷。如前面所分析的，如果完全按照高峰需求安排服务人员，会造成人力资源的浪费；如果按照平均需求来安排服务人员，又会出现顾客等待的现象，从而导致顾客满意度的下降，甚至会使顾客离去。采用有效的人员班次排序，在需求高峰期安排较多的服务人员，在需求低谷期安排较少的服务人员，可以使组织对需求变化有高度的柔性，既保证了服务水平，又不会使服务能力闲置。

（2）对组织结构、服务流程进行重组。提高企业服务柔性的另一种途径在于对组织结构和服务流程进行重新设计，释放其中的潜力。良好的服务流程设计，可以避免服务流程中的瓶颈，缩短整个服务的周期。例如，位于瑞典斯德哥尔摩的卡罗琳斯卡医院在重组前有 47 个独立部门，而且各个部门高度分散，客户服务水平很差。一些患者从第一次与医院接触到接受治疗要相隔 255 天，而治疗过程仅占全部过程的 2%。后来医院缩减了部门的数量，并且对保留的部门进行了重新设计，组织重组取得了显著的成果，等待手术的时间已经从 6～8 个月削减到 3 个星期。虽然医院关闭了 15 个手术室中的 3 个，但是，每年反而能够多进行 3000 例手术，比过去增加了 25%。

（3）雇用和培养多技能的员工。调整服务能力的本质在于增强企业对服务需求变化的柔性，增强企业柔性的一个方面在于提高人员的柔性。相对于只掌握一种技能的员工来说，多技能员工具有更大的柔性，当负荷不均匀时，可以将多技能员工调整到高负荷的岗位上，从而能够在一定程度上平衡负荷。

（4）利用临时工或兼职人员。调整服务能力的另一种方法在于按照平均需求设计服务能力，当需求出现高峰时，采用临时工或兼职人员来弥补。这样既保证了企业具有稳定的服务人员队伍，又避免了负担多余的服务人员，同时又能满足高峰时期的需求。利用临时工或兼职人员是服务业常用的一种调整服务能力的措施，例如，麦当劳利用兼职服务生，在周末或晚上工作，从而满足需求高峰时期对服务能力的增量需求。

### 本章小结

作业排序计划是制造业与服务业运营管理中的一项重要内容。有效的作业排序计划，可以缩短客户排队等待的时间，缩短交货提前期，降低在制品库存，加速库存周转，更重要的是能够提高客户满意度，从而吸引和保留更多的客户，获取更多的利润。本章主要讨论作业排序的概念、目标，排序问题的分类以及作业排序的优先规则；分析制造业中的 $n/1$、$n/2$、$n/m$ 排序问题的解法；介绍制造业中生产作业控制的输入/输出控制和甘特图两种基本方法；分析服务业中顾客需求排序和服务人员排序两类问题，并提出调整服务能力的策略。

### 练习与思考 》》》

1. 请举例说明作业排序的几种常见的优先规则。

2. 说明作业排序与作业计划的含义及其相互关系。

3. 请分析在服务业中，调整顾客到达率和调整服务能力有哪些可行的措施。

4. 有 6 种待加工的产品在某工作中心进行加工的时间如下表所示，使用 SPT、EDD、SCR 三种优先规则，进行产品的加工顺序排序。

| 产品 | 作业时间/小时 | 预定所需交付时间/小时 |
| --- | --- | --- |
| A | 11 | 23 |
| B | 10 | 25 |
| C | 6 | 18 |
| D | 5 | 12 |
| E | 3 | 8 |
| F | 6 | 14 |

# 第七章　库存管理与库存控制

## 本章学习目标 》》

1. 掌握库存的基本概念。
2. 能利用库存模型计算最优订货点。
3. 能在生产实践中运用库存管理策略。

## 导入案例：　关于库存的讨论

某公司一年一度的年末总结会在位于某风景区的宾馆召开，参加会议的有生产、采购、销售、物流、设计及财务等部门的主管领导。会议有多项议题，其中的大多数进行得比较顺利，但在本年度缺货统计和库存控制的议题上出现了争议。

采购主管说："为了避免缺货或库存短缺，建议在明年年初实施所有项目需求物料的采购方案，所有物料尽快到位入库。"

生产主管马上提出反驳意见，他强调自己的观点："库存是万恶之源！"随后他分别征求了其他部门主管的意见。

物流主管表态："如果我们实施此方案，就需要新建或租用一大型的仓库来存储这些物料，目前难以做到。"

财务主管认为，这需要增加一大笔流动资金，从目前资金的使用情况来看还有很大的缺口。

生产主管又问销售主管能否给出下一年度的准确预测，答案是否定的。

生产主管将最后一个问题抛向设计主管："明年对产品设计不作任何改变，可以吗？"设计主管说："那是不太现实的。"

最后，大家都认可了生产主管的观点："库存的确是万恶之源！"

资料来源：改编自马克·M. 戴维斯等. 运营管理基础. 汪蓉译. 北京：机械工业出版社，2004.

**讨论：**

1. 你对上述公司采购主管的发言持什么看法？
2. 库存的存在是利还是害？
3. 企业在经营过程中如何管理和控制库存？

# 第一节　库存管理的基本问题

## 一、库存的基本概念

从客观上来说，所谓库存（inventory），是企业用于今后销售或使用的储备物料（包括原材料、半成品、成品、设备备件等不同形态）。按照管理学上的定义，库存是具有经济价值的任何物品的停滞与储藏；在财务的报表上，库存表现为在给定的时间内企业的有形资产。

在不同情况下、不同企业内持有库存的理由可能各有不同，各有侧重，但是一般主要是为了三个目的：预防不确定性的、随机的需求变动；为了保持生产的连续性、稳定性；为了实现经济批量订货。库存的存在要发生一定的费用，还会带来一些管理上的问题，因此，库存的作用与其弊端之间有一个折中、平衡问题。这也是库存管理所要研究、解决的问题。

## 二、库存的分类

库存的状态和作用是多种多样的，可以从不同的角度对其进行分类。

### （一）按其在生产和配送过程中所处状态分类

按其在生产和配送过程中所处的状态，库存可以分为原材料库存、在制品库存和成品库存。

从供应链的角度看，三种库存处于一条供应链的不同位置（图 7-1）。原材料库存可以 存放在供应商处，也可以存放在企业的原材料库中。生产企业的原材料投入生产后，随着生产的进行，其价值不断增加，在其完工入库之前，会在不同的环节形成不同价值的在制品库存。成品库存通常位于生产企业成品库或配送中心、零售商处。

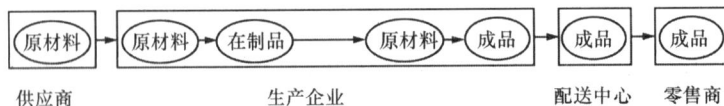

图 7-1　供应链中三种库存的不同位置

### （二）按库存的作用分类

按其作用库存可分为周转库存、安全库存、调节库存和在途库存。

周转库存出现的背景是：一般情况下，企业的原材料是成批采购，分批使用的。每次采购的批量大，采购的间隔就越大，在两次采购间隔之间形成的库存，就是周转库存。当然，采购批量太大或太小都是不经济的，哈里斯的经济订货批量就是基于这样的情景推导出来的，具体的过程和方法见后面章节。

安全库存是为了应付需求、生产周期或供应周期可能发生的不测变化而设置的库存。例如，供应商没有按预定的时间供货，或者需求突然增大，这时，正常计划的库存已不能满足要求。设置安全库存的方法列举如下：

（1）比正常的订货时间提前一段时间。

（2）每次的订货量大于到下次订货为止的需要量。

（3）单独存放一定量的库存。

调节库存是用于调节需求或供应的不均衡、生产速度和供应速度不均衡、各个生产阶段的产出不均衡而设置的。例如，季节性需求的产品（羽绒服、电扇），为了保持生产能力的均衡，在淡季生产的产品形成调节库存，在旺季销售。

在途库存是指处于运输，以及放在相邻两个工作地或部门之间的库存。这种库存是客观存在的，而不是有意设置的，其大小取决于运输时间和该期间的平均需求。

### （三）按用户对库存的需求特性分类

按用户对库存的需求特性，库存可以分为独立需求库存和相关需求库存。

独立需求和相关需求是两个非常重要的概念。独立需求是指库存物料的需求数量和需求时间与其他任何物料的需求无直接关系，表现出独立性。从库存管理的角度来说，独立需求是指那些随机的、由企业外部市场环境决定的需求，如客户对企业产品、可供销售的零部件的需求。独立需求无论在数量上还是在时间上都有很大的不确定性，但可以进行预测。

相关需求是指与其他需求有内在关系的需求，可以直接根据对最终物料的需求精确计算得到。如一汽大众今天计划出产300辆捷达轿车，每辆车需要轮胎5个（含备用轮胎），则共需要1500个轮胎，也就是说，知道捷达轿车的出产计划，构成捷达的每种零部件的需求计划就能计算出来。

两种需求的特征不同，决定了其管理与控制的机制不同。本章主要探讨独立需求库存的控制机制，相关需求库存则在后续章节介绍。

## 三、库存利弊分析

### （一）库存存在的必要性

库存的作用主要是能有效地缓解供需的矛盾，具体表现在以下几个方面。

（1）改善服务质量，预防不确定性的需求变动。持有一定量的库存有利于调节供需之间的不均衡，尤其是满足不确定性的需求变动，保证企业按时交货，避免停工待料、缺货或供货延迟等给企业造成不必要的损失。对于服务业也是如此，必要的库存可以保证或改善服务质量。

（2）节省订货费用。订货费用是指每次订货过程中发生的处理订单和货物发运等的费用。每次订货费用的大小相同或小幅变化，与订货批量的大小无关。在每年的需求量相对稳定的情况下，增大订货批量，尽管增加了库存，但可以减少订货次数，也就是减少了订货费用。

（3）节省作业交换费用。作业交换费用，也称换产费用，是指生产过程中更换品种时调整设备所产生的费用。作业的频繁更换会耗费设备和工人的大量时间，新作业刚开始时也容易出现较多的产品质量问题，这些都会导致成本增加，而通过持有一定量的在制品库存，可以加大生产批量，从而减少作业交换次数，节省作业交换费用。

（4）提高人员与设备的利用率。持有一定量的库存可以从三个方面提高人员与设备的利用率：减少作业更换时间，这种作业不增加任何附加价值；防止某个环节零部件供应缺货导致生产中断；当需求波动或季节性变动时，使生产均衡化。

### （二）库存带来的问题

（1）占用资金。库存的存在必然会将货币资金转换为以存货形式表示的储备资金和生产资金，影响资金的快速流动，必然增大对企业自由资金和银行贷款的需求量，增加企业支付的利息，导致企业的运营成本增加。

（2）产生库存成本。库存成本是指企业为持有库存所需花费的成本。库存成本包括：占用资金的利息；储藏保管费（仓库费用、搬运费用、管理人员费用等）；保险费；库存物品价值损失费用（丢失或被盗、库存物品变旧、发生物理化学变化导致价值的降低、库存物品过时导致的价值降低）等。

（3）掩盖企业生产经营中的问题。高库存掩盖管理问题就如同小溪中的水掩盖河底的石头一样，许多管理问题就隐藏在库存中，有时很难发现。例如，计划不合理、工作绩效差、送货不及时、在制品丢失、供应商的供货质量不一致等，这些问题都有可能被高库存所掩盖。降低库存水平，就像降低小溪中的水位而露出石头一样，诸多的管理问题就随之暴露出来（图7-2）。解决这些问题，再降低库存暴露新问题，直至解决全部问题，这将大大提升企业的管理水平。

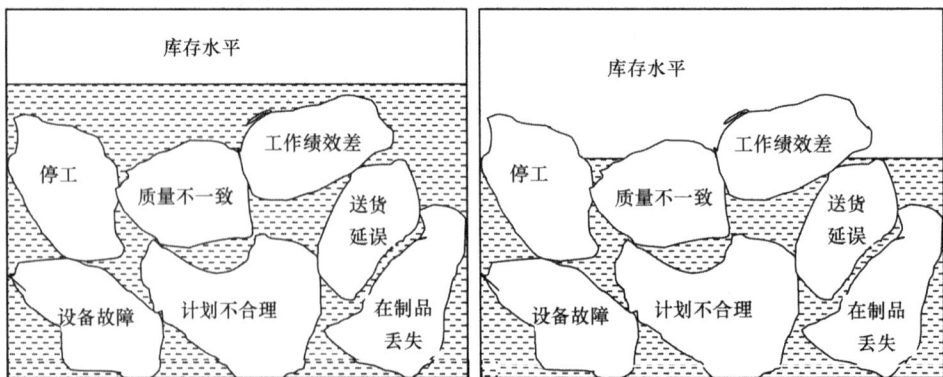

　　　(a) 管理问题被高库存水平所掩盖　　　　　　(b) 降低库存水平，暴露管理问题

图 7-2　管理问题与库存水平的关系示意图

# 第二节  库存管理策略

## 一、常用的降低库存的方法

由于库存有利有弊，在企业生产运作管理中，必须对库存加以控制，使其既能为企业经营有效利用，又避免给企业带来太多的负面影响。常用的降低库存的方法见表 7-1。

表 7-1  降低库存的方法

| 库存类型 | 基本策略 | 具体措施 |
|---|---|---|
| 周转库存 | 降低订货费用<br>减少采购或生产批量 | 缩短作业交换时间 |
| 安全库存 | 订货时间尽量接近需求时间<br>订货量尽量接近需求量 | 改善需求预测工作<br>增加设备、人员的柔性<br>缩短生产周期与订货周期<br>减少供应的不稳定性 |
| 调节库存 | 使生产速度与需求变化吻合 | 尽量"拉平"需求波动 |
| 在途库存 | 缩短生产-配送周期 | 慎重选择供应商与运输商<br>减少采购或生产批量 |

## 二、库存的 ABC 管理法

ABC 分类法又称重点管理法。ABC 分类法的思想最早是由意大利的经济学家帕累托（Pareto）提出的。他在研究资本主义国家财富分配规律时发现，少数人占有多数财富，而另外的多数人却只占有少数的财富。后来，在很多的社会现象中都发现了这样的规律，即"2-8 原则"。ABC 分类法就是基于"2-8 原则"，对物资进行分类，以找出占用大量资金的少数物资，并加强对它们的控制与管理。

企业所采购的所有物资中，其数量和价格相差很大，也就是说，每种物料的资金占用差异很大，通常采用 ABC 分类法对物资进行分类，并对各类物资采取不同的控制方法。这将收到重点管理、事半功倍的效果。具体的分类标准见表 7-2。

表 7-2  ABC 分类法

| 项目 | A | B | C |
|---|---|---|---|
| 种类比例 | 20％左右 | 30％左右 | 50％左右 |
| 所占金额比例 | 80％左右 | 15％左右 | 5％左右 |

分类后，三类物资的管理办法如下。

A 类物资：应实施尽可能紧的控制，包括完整、精确地记录，最高的作业优先权，高层管理人员经常检查，准确地确定订货批量和订货点，实施紧密的跟踪措施，以使库存时间最短。

B类物资：采用正常的控制，包括记录和固定时间的检查，只有在紧急情况下，才赋予较高的优先权，可按经济批量订货。

C类物资：采用简单的控制，如设立简单的记录或不设记录，可通过半年或一年的盘点来补充大量的库存，给予最低的优先作业次序等。

# 第三节　库存控制

库存控制是指根据企业生产、经营的需要，在库存动态变化的基础上，按照经济合理的原则，采用适当方法对库存进行调节、控制的活动。进行库存控制的目标，是以最低的库存总费用和库存量来满足生产（顾客）的需求。

库存控制的作用包括：在保证企业生产、经营需求的前提下，使库存量经常保持在合理的水平上；掌握库存量动态，适时、适量提出订货，避免超储或缺货；减少库存空间占用，降低库存总费用；控制库存资金占用，加速资金周转。

研究库存控制的意义和进行库存控制的目标是要对库存进行控制，使企业的库存维持在一个特定的水平上，使库存造成的各项浪费最小，而又能保证生产、经营活动的正常进行。

对于独立库存系统，可以用各种库存模型来求得经济合理的库存量，其中最为常用的是定量控制系统的库存模型和定期控制系统的库存模型。

## 一、定量控制系统的库存模型

### （一）确定性情况下的定量控制系统的库存模型

我们在讨论经济订货批量模型的时候，已经确定了合适的订货批量，下一步工作是在此基础上，确定何时发出订货指令，即确定订货点。首先考察一个最简单的需求确定、提前期确定的定量控制系统，如图7-3所示。

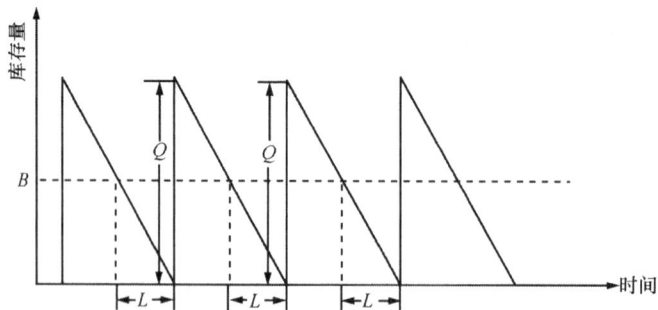

图 7-3　需求确定、提前期确定的定量控制模型

如图7-3所示，由于需求稳定，单位时间内的系统需求量 $d$ 恒定已知，且假定从发出订货指令到收到货物之间的时间间隔，即订货提前期 $L$ 一定。因此，订货时的库存量，即订货 $B$ 计算方法为

$$B = d \times L$$

式中，$d$ 为单位时间内的需求，常用日需求量或周需求量来表示；$L$ 为订货提前期，常用日或周为单位。

由于需求和提前期都是确定的，所以企业可以用上面的公式计算出订货点。当库存下降到订货点时，就下达一个订单指令，订购 $Q$ 单位货物，过了时间长度为 $L$ 的供货提前期后，这时库存正好将为零，订购的货物也正好到达。

### （二）不确定性情况下的定量控制系统的库存模型

确定性情况下的定量控制系统的决策分析相对比较简便，但由于其假设条件与实际情况有较大出入，因而影响了其实用价值。不同于确定性情况下的定量控制系统，不确定性情况下的定量控制系统由于需求的随机变化和提前期的变动，根本无法完全消除缺货现象。因此，必须建立安全库存，以对缺货做出某种程度的预防。

确定安全库存可以依据多种不同的标准。常见的方法是公司简单地规定应该存储几周的供应量作为安全库存。但是更好的办法是利用需求变化幅度的概率，来确定安全库存。

定量控制系统对库存水平进行连续监控，且当库存量降至某一水平时就再进行新的订购。订货点的设立应能满足订购提前期的期望需求量加上由期望服务水平决定的安全库存量。对于定量控制系统，需求量确定与不确定或者提前期确定与不确定的主要区别在于订货点的计算。

根据需求和提前期的变动情况，我们分三种情况讨论订货点的计算问题：提前期确定、需求不确定；需求确定、提前期不确定；提前期和需求都不确定。

1. 提前期确定、需求不确定的定量控制系统的库存模型

在提前期确定、需求不确定的定量控制模型中我们需要对需求的不确定情况进行具体的分析。假定提前期内每天的需求服从某种分布，如正态分布。用 $B$ 表示以单位产品计的订货点，用 $\overline{d}$ 表示提前期的日平均需求量，用 $L$ 表示以天计的订货提前期，用 $\sigma_L$ 表示提前期中每天需求的标准差，用 SL 表示服务水平。订货点的计算公式如下：

$$B = L\overline{d} + z_{\text{SL}} \sigma_L \sqrt{L}$$

式中，$z_{\text{SL}} \sigma_L \sqrt{L}$ 为安全库存量。$B$ 的值扣除安全库存量，就是提前期内的平均需求量。

2. 需求确定、提前期不确定的定量控制系统的库存模型

实际上，除了需求的随机性外，提前期的随机性也会导致缺货问题和影响库存系统的服务水平。如果提前期是不确定的，则需要有更多的安全库存来消除缺货问题并保证服务水平。为了分析提前期的变动对安全库存的影响，在这里，我们假设需求是确定的，而提前期是变动的且服从正态分布。用 $B$ 表示以单位产品计的订货点，用 $d$ 表示每天的需求量，用 $\overline{L}$ 表示以天计的平均订货提前期，用 $\sigma_L$ 表示订货提前期的标准差，用 SL 表示服务水平。订货点的计算公式如下：

$$B = \overline{L}d + z_{\text{SL}} \sigma_L \sqrt{L}$$

式中，$z_{\text{SL}} \sigma_L \sqrt{L}$ 为安全库存量。$B$ 的值扣除安全库存量，就是提前期内的平均需求量。

3. 需求不确定、提前期不确定的定量控制系统的库存模型

在实践中非常普遍的现象是需求和提前期都是不确定的，尤其是一些从国外采购的物

品，由于跨国运输需要涉及海关通关以及长距离运输，一些供应商的采购提前期是有波动的。从概率分布的意义上来分析两个分布乘积的分布可能不是很容易，而且在很多情况下其分布是未知的，所以在这里我们给出一个近似的计算公式。

假设需求和提前期是相互独立的，用 $B$ 表示以单位产品计的订货点，用 $\bar{d}$ 表示每天的平均需求量，用 $\bar{L}$ 表示以天计的平均订货提前期，用 $\sigma_L$ 表示订货提前期的标准差，用 $\sigma$ 表示需求的标准差，用 SL 表示服务水平。则订货点为

$$B = \bar{L}\bar{d} + z_{\mathrm{SL}}\sqrt{\bar{L}\sigma^2 + \bar{d}^2\sigma_L^2}$$

## 二、定期控制系统的库存模型

在需求确定的情况下，采用连续检查控制方式或定期检查控制方式，其实际的库存控制策略是相同的；但在需求不确定的情况下，采用定期检查控制方式，其库存控制决策的基本机理不同于连续检查控制方式。采用定期控制系统，每次的订货批量根据现有库存量及需求而变化。

在定期控制系统中，库存控制决策需要确定的是订货间隔期（或订货周期）和目标库存水平。

### 1. 订货间隔期的确定

确定订货间隔期通常需要依靠采购与计划人员的经验，并尽可能地与计划的周期同步，常见的订货间隔期是月或者季度，以便于定期地进行盘点和物资采购。当然，根据经济订货批量计算出的经济订货次数也可以作为确定订货周期的参考因素。

经济订货次数 ＝ 年需求量 ÷ 经济订货批量

订货周期 ＝ 12 ÷ 经济订货次数（单位为月）

### 2. 目标库存水平的确定

由于定期控制系统的库存储备量的变化波动较大，因此，一旦订货周期确定，日常的库存控制工作主要是确定每次的进货量，控制库存的总体水平。这里的订货批量，有两方面的用途，一是为了满足订货间隔期加上订货提前期内的平均需求量，二是为了满足安全库存之需，即为了应对需求的变化和提前期的波动。具体的计算原则与不确定定量控制系统的订货点计算原则相似，只是在具体的计算量处理上有部分区别。如计算周期库存量时，不仅要满足订货间隔期的平均需求量，还要加上订货提前期内的平均需求量。我们把订货间隔期加上订货提前量前期的时期称为订货保管期。如图 7-4 所示。

在定期控制系统中，在订货间隔期 $T$ 进行再订购，我们考虑固定提前期的情况，图 7-4 展示了盘点周期为 $T$、固定提前期为 $L$ 的订货系统。在这种情况下，需求是随机分布的且均值为 $\bar{d}$。则有

订购量 ＝ 保管期内的平均需求量 ＋ 安全库存 － 现有库存量

$$Q = \bar{d}(T+L) + z\sigma_{T+L} - I$$

式中，$Q$ 为订购量；$T$ 为两次盘点间的间隔天数；$L$ 为提前期的天数（下订单与收到货物之间的时间）；$\bar{d}$ 为预测的日平均需求量；$z$ 为特定服务水平概率下的标准差倍数；$z\sigma_{T+L}$ 为盘点周期与提前期期间需求的标准差；$I$ 为现有库存水平（包括已订购而尚未到达的）。

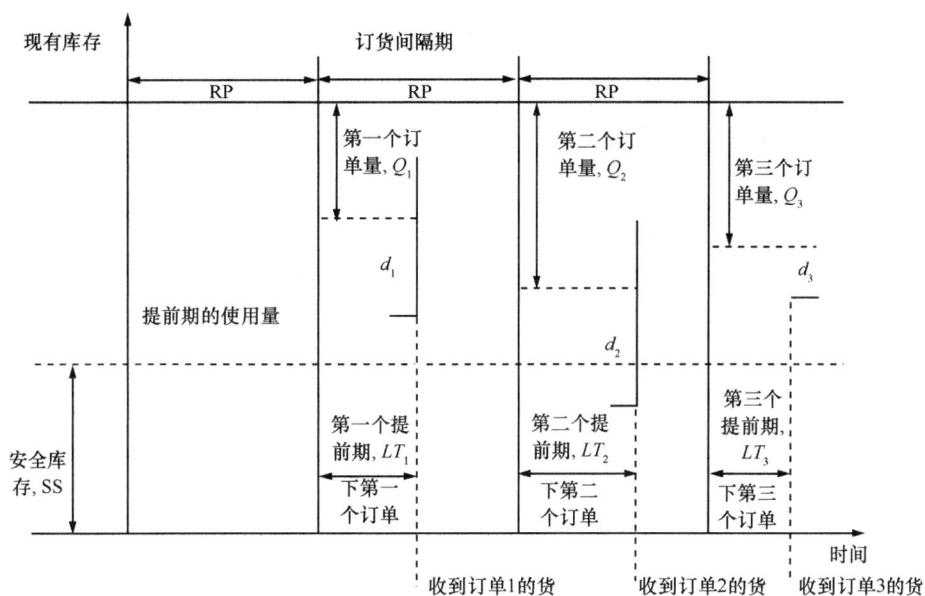

图 7-4　需定期控制系统

在该模型中，我们假定需求是呈正态分布的，$\bar{d}$ 可以采用预测值，如果需要可以在每个盘点周期加以修改。

## 本章小结 »

库存管理是企业生产活动中的一个重要环节，本章主要探讨了库存管理的基本问题和常见独立需求的库存模型，主要包括以下内容：库存的概念及分类，库存的利弊分析；库存管理的策略及 ABC 分类法；定量控制系统的库存模型和定期控制系统的库存模型。

## 练习与思考 »»

1. 什么是库存？库存的作用是什么？
2. 定量控制系统和定期控制系统的区别有哪些？两种系统应用的场合是什么？
3. ABC 分类法的原理是什么？
4. 什么是订货点？怎样求得订货点？

# 第八章 质量管理

1. 掌握质量成本的构成。
2. 掌握全面质量管理的八大原则。
3. 掌握 ISO 9000 质量认证体系的内容。

## 导入案例： 五粮液人追求卓越之路

在 20 世纪 50 年代初的四川省宜宾市，几家古传酿酒作坊（拥有 600 多年酿酒历史的明代窖池）联合组建成立了"中国专卖公司四川省公司宜宾酒厂"，1959 年因其产品五粮液酒的优良品质和声誉而更名为"宜宾五粮液酒厂"。

从 1985 年起，五粮液酒厂创造性地将历史文化传承与现代的科学运作相结合，从而取得了高速发展的巨大成就，于 1998 年正式改制为宜宾五粮液股份有限公司（以下简称为"公司"），并在深圳证券交易所挂牌上市。自 80 年代中后期推行全面质量管理以来，公司不仅在 1990 年获得了全国首批的"国家质量管理奖"，而且始终坚持以质量为中心，在同行业中率先建立起符合 ISO 9001 标准有效运行的质量保证体系；始终坚持以 PDCA 循环工作方式来不断改进和提升其整体水平；始终坚持质量一票否决制，从根本上保障了企业经营效益的高水平提升。

公司上市以来，不仅连年保持我国证券市场第一绩优股的地位，而且实现了连续 13 年高速度、高效益的超常规发展，连续 9 年高居同行业规模效益之冠，与同行业中第二名的差距也在不断扩大。2002 年，公司实现销售收入 57.03 亿元，实现利税 22.22 亿元，形成了巨大的经济辐射和带动能力。

### 一、"创新求进，永争第一"，是公司文化和精神的基础，是公司一切经营活动的核心

公司从 20 世纪 80 年代中期的手工作坊式生产到最终地形成现代化的卓越运作体系，其根本原因就在于公司从最高层领导开始一直贯彻着"永争第一"的信念，以大无畏的创新开拓精神，以顾客和市场为导向，从酿酒生产过程的每一个环节入手，不断进行独创性的技术改进和升级，并系统地优化流程和资源配置，全方位地提高服务管理，实行灵活应变的企业机制，创造性地将企业形象的丰富、提升整合到市场营销中，由此仅用了 6 年的时间就从一个中小规模的地方酒厂成长为同行业规模效益第一的标杆企业。

随后，公司又进一步将"创新求进，永争第一"的核心理念不断深化细化，在对人、财、物、产、供、销各个方面进行持续有效的改进、创新的基础上，不断地实施永争"员工素质第一、硬软件环境第一、产品质量和性能第一、研发创新能力第一、服务品质第

一、管理能力第一"的经营方针，从而有效确保了公司持续、高效、高速发展，成了行业的龙头、市场的领袖。至今，公司在强化、拓展其国内经营活动的同时，正迈着坚实的步伐迎接国际竞争的挑战。

## 二、公司卓越的生产工艺和品质

作为中华白酒第一品牌的五粮液酒，是以高粱、大米、糯米、小麦和玉米五种粮食为原料，以"包包曲"为动力，经陈年老窖发酵，长年陈酿、精心勾兑而成的：它以"香气悠久、味醇厚、入口甘美、入喉净爽、各味协调、恰到好处、酒味全面"的独特风格闻名于世，是当今酒类产品中出类拔萃的珍品。在此基础上，公司系统研制开发了五粮神、五粮醇、金六福、浏阳河、老作坊、京酒等几十种不同档次、不同口味，满足不同区域、不同文化背景、不同层次消费者需求的系列产品。特别是"十二生肖五粮液"、"一帆风顺五粮液"等精品、"珍品系列"五粮液的面世，其在神、形、韵、味等方面精巧至极的融合，成为追求卓越的典范。

公司在磨粉、制曲、酿造、陈酿勾兑、包装这五大主干生产流程中，都以其创造性的领先优势体现出了对产品品质的卓越追求和保障。在历经千锤百炼而成的"陈氏秘方"基础上，公司创新性地实施了现代化精确高效的磨粉工艺控制，充分运用现代微生物发酵技术极大提升了"包包曲"的"动力效能"，在当地特有的生态环境中以600年窖池为参照、以传统的卓越酿造工艺为基准进行了科学、独创的发扬光大。同时，其通过敏锐复杂的感官直觉、同行业最精密的理化检测指标体系、先进的人工智能系统有机结合而形成的卓越的陈酿勾兑技术，在国际一流、国内唯一的全自动包装生产线等各方面的共同支撑下，公司生产的所有产品与市场中同一价位档次的同类产品相比，在品质上都有极大的超越，这无疑是公司创造经济奇迹的基本保证。

## 三、公司卓越的生产、研发、服务、管理的硬件软件环境

公司虽然处于传统行业，但是十多年来从没有停止过对生产环境的美化和生产手段的现代化的改进与提升。公司密切关注科技动态，尤其是自动化技术的应用发展，在生产中对每一个可以使用自动化机械设备的操作环节都进行了自动化改造，同时不断提高作业质量、卫生和环境控制标准。几年前，公司独创了"无害化、效益化处理丢弃酒糟工艺"，实现了酿酒丢糟、复糟、环保锅炉、白炭黑提取等一系列污染变资源的再造产业链，创造出一种高效低耗无害的"循环经济模式"。

公司不仅重视对科学技术研究与开发的投入、鼓励和提升，而且更重视对科技创新人才的培养和科技创新的实际应用与推广，从而有力地推动了公司快速、健康地发展壮大。公司不仅成立了有博士后流动站的技术中心，有世界一流、国内仅有的科研检测设备，有高达200万元一次性科研成果奖励的灵活激励机制和优厚的福利待遇，而且还鼓励每一位员工进行不断的技术开发和创新，并依据其成效对创新行为给予优厚的精神和物质奖励，从而将公司"创新求进，永争第一"的理念广泛而持久有力地贯彻执行下去，推动着企业巨轮飞速前进。

#### 四、将卓越的品质、形象和艺术表现与提升相结合的不断创新的市场营销

随着社会的不断发展进步，人们的消费需求也在不断地变化和提高。对此，公司始终保持着与时俱进的市场意识，以顾客为导向，在不断的新品开发和运作过程中，将技术、管理、艺术的观念和手段有机地整合起来，力争在多个层面上满足消费者现实的和潜在的需求。

公司董事长一直以来都在不断强调，我们生产的不仅是一个个白酒产品，而且还应该是一件件艺术品；我们不仅要给消费者提供物质的满足，更重要的是要给他们带来精神享受。于是，在公司的每一个工作过程中，五粮液人既带着传统历史文化的眼光，又带着现代化高速高效的标准，还带着对艺术形象和表现的执着追求，来实现其产品所具有的卓越、动人的品质和形象。

#### 五、精艺克靡、敏锐争先的五粮液人

其实，前面已经大致描绘出了这些取得巨大成就的五粮液人的品质和风格。正是由于他们坚信"创新求进，永争第一"的信念，正是由于他们实践了"上下同心，集杂成醇"的生命拼搏历程，正是由于他们练就了"精艺克靡、敏锐争先"的竞争制胜技能，这才造就了今天五粮液的辉煌，造就了公司十多年飞速发展的奇迹，也造就了不同凡响的自己。

资料来源：百度文库．质量管理案例．http：//wenku. baidu. com. 2011-05-29.

讨论：

    1. 这个案例反映了质量管理的哪些原理？

    2. 五粮液公司通过何种手段进行产品质量控制？

# 第一节　质量的基本概念

## 一、质量的定义

质量的内容十分丰富，随着社会经济和科学技术的发展，也在不断充实、完善和深化，同样人们对质量概念的认识也经历了一个不断发展和深化的历史过程。主要的代表性概念有以下一些。

### (一) 朱兰的定义

美国著名的质量管理专家朱兰（Joseph M. Juran）博士从顾客的角度出发提出，产品质量就是产品的适用性，即产品在使用时能成功地满足用户需要的程度。用户对产品的基本要求就是适用，适用性恰如其分地表达了质量的内涵。这一定义有两个方面的含义：使用要求和满足程度。

人们使用产品，总会对产品质量提出一定的要求，而这些要求往往受到使用时间、使

用地点、使用对象、社会环境和市场竞争等因素的影响，这些因素变化会使人们对同一产品提出不同的质量要求。因此，质量不是一个固定不变的概念，它是动态的、变化的、发展的，它随着时间、地点、使用对象的不同而不同，随着社会的发展、技术的进步而不断更新和丰富。

用户对产品使用要求的满足程度，反映在产品性能、经济特性、服务特性、环境特性和心理特性等方面。因此，质量是一个综合的概念。它并不要求技术特性越高越好，而是追求诸如性能、成本、数量、交货期、服务等因素的最佳组合，即所谓的最适当。

### （二）ISO 8402 "质量术语"定义

《质量管理和质量保证的术语》（GB/T6583—1994 ISO/8402—1994 版）共定义了 67 条质量管理和质量保证的术语。质量，反映实体（产品如手机、烤箱及产品程序）满足明确或隐含需要能力（比如产品法律法规及产品服务）的特性总和。

从定义可以看出，质量就其本质来说是一种客观事物具有某种能力的属性，由于客观事物具备了某种能力，才可能满足人们的需要。需要由两个层次构成，第一层次是产品或服务必须满足规定或潜在的需要，这种"需要"可以是技术规范中规定的要求，也可能是在技术规范中未注明，但用户在使用过程中实际存在的需要。它是动态地、变化地、发展地和相对地，"需要"随时间、地点、使用对象和社会环境的变化而变化。因此，这里的"需要"实质上就是产品或服务的"适用性"。第二层次是在第一层次的前提下，认为质量是产品特征和特性的总和。因为需要应加以表征，必须转化成有指标的特征和特性，这些特征和特性通常是可以衡量的，即全部符合特征和特性要求的产品，就是满足用户需要的产品。因此，"质量"定义的第二层次实质上就是产品的符合性。另外，质量的定义中所说的"实体"是指可单独描述和研究的事物，它可以是活动、过程、产品、组织、体系、人以及它们的组合。

从以上分析可知，企业除了生产出用户使用的产品，还需要满足用户的需求，才能占领市场。而就企业内部来讲，企业又必须要生产符合质量特征和特性指标的产品。所以，企业除了要研究质量的"适用性"之外，还要研究质量的"符合性"。

### （三）ISO 9000：2000 的"质量"定义

ISO 9000：2000 对"质量"的定义是：一组固有特性满足要求的程度。

上述定义，可以从以下几个方面来理解：

（1）相对于 ISO 8402 的"质量术语"，"质量"更能直接地表述质量的属性。由于它对质量的载体不做界定，说明质量是可以存在于不同领域或任何事物中的。对质量管理体系来说，质量的载体不仅针对产品，即过程的结果（如硬件、流程性材料、软件和服务），也针对过程和体系或者它们的组合。也就是说，所谓"质量"，既可以是零部件、计算机软件或服务等产品的质量，也可以是某项活动的工作质量或某个过程的工作质量，还可以是指企业的信誉、体系的有效性。

（2）定义中的"特性"是指事物所特有的性质，固有特性是事物本来就有的，它是通过产品、过程或体系设计和开发及其后来的实现过程形成的属性。例如，物质特性（如机械、电气、化学或生物特性)、感官特性 (如用嗅觉、触觉、味觉、视觉等感觉控测的特性)、行为特性 (如礼貌、诚实、正直)、时间特性 (如准时性、可靠性、可用性)、人体工效特性 (如语言或生理特性、人身安全特性)、功能特性 (如飞机最高速度) 等。这些固有特性的要求大多是可测量的。赋予的特性 (如某一产品的价格) 并非是产品、体系或过程的固有特性。

(3)"满足要求"就是应满足明示的 (如明确规定的)、通常隐含的 (如组织的惯例、一般习惯) 或必须履行的 (如法律法规、行业规则) 需要和期望。只有全面满足这些要求,才能评定为好的质量或优秀的质量。

(4) 顾客和其他相关方对产品、体系或过程的质量要求是动态的、发展的和相对的。它将随着时间、地点、环境的变化而变化。所以,应定期对质量进行评审,按照变化的需要和期望,相应地改进产品、体系或过程的质量,确保持续地满足顾客和其他相关方的要求。

(5)"质量"一词可用形容词如差、好或优秀等来形容。在质量管理过程中,"质量"的含义是广义的,除了产品质量之外,还包括工作质量。质量管理不仅要管好产品本身的质量,还要管好质量赖以产生和形成的工作质量,并以工作质量为重点。

从以上关于质量概念的表述可以看出,随着社会的进步、人们收入水平和受教育水平的提高,消费者对产品和服务质量的要求越来越高,越来越具有丰富的文化和个性内涵。从而,如何正确地认识顾客的需求,如何将其转化为系统性的产品和服务的标准,是现代质量管理首先要解决的问题。

## 二、质量管理的定义与发展

### (一) 质量管理的定义

质量管理 (quality management) 是指确定质量方针、目标和职责,并通过质量体系中的质量策划、质量控制、质量保证和质量改进来实现其所有管理职能的全部活动。

### (二) 质量管理的发展过程

1. 质量检验阶段

20 世纪以前,产品质量主要依靠操作者本人的技艺水平和经验来保证,属于"操作者的质量管理"。20 世纪初,以 F. W. 泰勒为代表的科学管理理论的产生,促使产品的质量检验从加工制造中分离出来,质量管理的职能由操作者转移给工长,是"工长的质量管理"。随着企业生产规模的扩大和产品复杂程度的提高,产品已有的技术标准 (技术条件)、公差制度 (见公差制) 也日趋完善,各种检验工具和检验技术也随之发展,大多数企业开始设置检验部门,有的直属于厂长领导,这时进行的是"检验员的质量管理"。但是上述几种做法都属于事后检验的质量管理方式。

2. 统计质量控制阶段

1924 年,美国数理统计学家 W. A. 休哈特提出控制和预防缺陷的概念。他运用数理统计的原理提出在生产过程中控制产品质量的"6$\sigma$"法,绘制出第一张控制图并建立了一套统计卡片。与此同时，美国贝尔研究所提出关于抽样检验的概念及其实施方案，成为运用数理统计理论解决质量问题的先驱，但当时并未被普遍接受。以数理统计理论为基础的统计质量控制的推广应用始自第二次世界大战。由于事后检验无法控制武器弹药的质量，美国国防部决定把数理统计法用于质量管理，并由标准协会制定有关数理统计方法应用于质量管理方面的规划，成立了专门委员会，于 1941～1942 年先后公布一批美国战时的质量管理标准。

### 3. 全面质量管理阶段

20 世纪 50 年代以来，随着生产力的迅速发展和科学技术的日新月异，人们对产品质量从注重产品的一般性能发展为注重产品的耐用性、可靠性、安全性、维修性和经济性等，在生产技术和企业管理中要求运用系统的观点来研究质量问题。管理理论方面也有新的发展，突出重视人的因素，强调依靠企业全体人员的努力来保证质量。此外，还有"保护消费者利益"运动的兴起，企业之间市场竞争越来越激烈。在这种情况下，美国 A. V. 费根鲍姆于 60 年代初提出全面质量管理（total quality management，TQM）的概念。他提出，全面质量管理是"为了能够在最经济的水平上，并考虑到充分满足顾客要求的条件下进行生产和提供服务，并使企业各部门在研制质量、维持质量和提高质量方面的活动成为一体的一种有效体系"。

### （三）质量管理思想的代表

#### 1. 戴明的质量管理理念

戴明（W. E. Deming）是美国著名的质量专家之一。戴明的主要观点是引起效率低下和不良质量的原因主要是公司的管理系统而不是员工。他总结出质量管理 14 条原则，认为一个公司要想使其产品达到规定的质量水平必须遵循这些原则。此外，戴明博士最先提出了 PDCA 循环的概念，所以又称为"戴明环"。PDCA 循环是任何一项活动有效进行的一种合乎逻辑的工作程序，特别是在质量管理中得到了广泛应用。P、D、C、A 四个英文字母所代表的意义是：①P（plan）——计划，包括方针和目标的确定及活动计划的制订；②D（do）——执行，执行就是具体运作，实现计划中的内容；③C（check）——检查，就是总结执行计划的结果，分清哪些对了，哪些错了，明确效果找出问题；④A（action）——处理，对检查的结果进行处理，总结经验教训，以引起重视，对于没有解决的问题应提给下一个 PDCA 循环去解决。"戴明环"如图 8-1 所示。

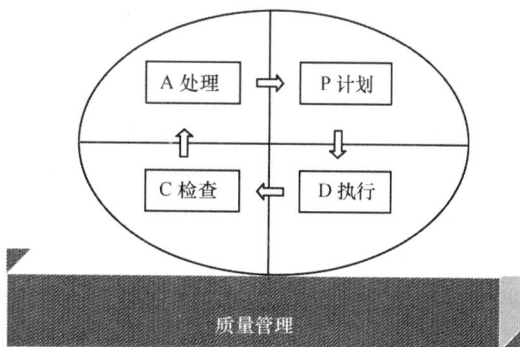

图 8-1　PDCA 循环示意思

PDCA 循环图（戴明理论）反映了全面质量管理的全面性，说明了质量管理与改善并不是个别部门的事，而是需要由最高管理层领导的推动才可奏效。戴明理论的核心可以概括如下：高层管理的决心及参与，群策群力的团队精神，通过教育来提高质量意识，质量改良的技术训练，制定衡量的尺度标准，对质量成本进行认识及分析、不断改进活动，各级员工的参与。

2. 朱兰博士的质量管理理念

朱兰博士是举世公认的 20 世纪最伟大的质量管理大师，被誉为质量领域的"首席建筑师"。朱兰博士所倡导的质量管理理念和方法始终影响着世界企业界及世界质量管理的发展。他的"质量计划、质量控制和质量改进"被称为"朱兰三部曲"。

（1）质量计划。朱兰在研究质量管理的初期，把重点放在了质量控制和质量改进上。随着研究的深入，他在后期开始强调质量计划的重要性。质量计划从认知质量差距开始。看不到差距，就无法确定目标。而这种差距的定位，要从顾客的满意入手，追溯生产设计和制造过程，就能使存在的问题清晰化。为了消除各种类型的质量差距，并确保最终的总质量差距最小，作为质量计划的解决方案，朱兰列出了六个步骤：第一，设立项目；第二，确定顾客；第三，发现顾客的需要；第四，根据顾客的需要开发产品；第五，设计该产品的生产流程；第六，根据工作运行情况制订控制计划及其中的调控过程。朱兰提出的质量计划，实际上立足于整个公司各层组织领导的整体"适应性"能力。

（2）质量控制。朱兰将质量控制定义为制定和运用一定的操作方法，以确保各项工作过程按原设计方案进行并最终达到目标。朱兰强调，质量控制并不是一个优化过程（优化表现在质量计划和质量改进之中，如果控制中需要优化，就必须回过头去调整计划，或者转入质量改进），而是对计划的执行。他列出了质量控制的七个步骤：第一，选定控制对象——控制什么；第二，配置测量设备；第三，确定测量方法；第四，建立作业标准；第五，判断操作的正确性；第六，分析与现行标准的差距；第七，对差距采取行动。总体上讲，质量控制就是在经营中达到对质量目标的过程控制，关键在于何时采取何种措施，最终结果是按照质量计划开展经营活动。

（3）质量改进。质量改进是指管理者通过打破旧的平稳状态而达到新的管理水平。质量改进的步骤是：第一，证实改进的必要，即争取立项；第二，确立专门的改进项目，即设立项目组；第三，对项目组织的指导，强调领导人的参与；第四，组织诊断，确认质量问题的产生原因；第五，采取补救措施；第六，在操作条件下验证补救措施的有效性；第七，在新水平上控制，保持已取得的成果。质量改进同质量控制性质完全不一样。质量控制是要严格实施计划，而质量改进是要突破计划。通过质量改进，达到前所未有的质量性能水平，最终结果是以明显优于计划的质量水平进行经营活动。质量改进有助于发现更好的管理工作方式。

此外，朱兰博士还提出了质量进展螺旋的观点。为了获得产品的适用性，需要进行一系列工作活动。也就是说，产品质量是在市场调查、开发、设计、计划、采购、生产、控制、检验、销售、服务、反馈等全过程中形成的，同时又在这个全过程的不断循环中螺旋式提高，所以也称为质量进展螺旋或质量环。

# 第二节　质量成本

## 一、质量成本的定义

质量成本是指企业为了保证和提高产品或服务质量进行管理活动而支出的一切费用，以及因未达到产品质量标准，不能满足用户和消费者需要而产生的一切损失。

## 二、质量成本的构成

质量成本是由两部分构成的，即运行质量成本和外部质量保证成本。运行质量成本包括：①预防成本；②鉴定成本；③内部故障成本；④外部故障成本。其构成如图 8-2 所示。

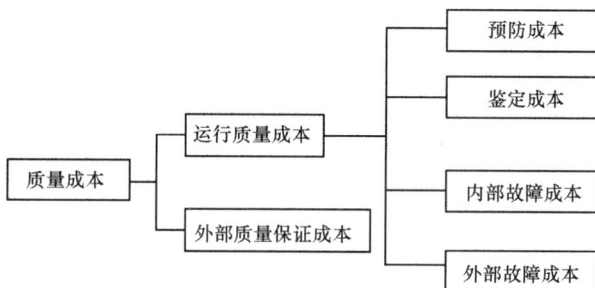

图 8-2　质量成本的构成图

### （一）运行质量成本

1. 预防成本

预防成本是指致力于预防产生故障或不合格品所需的各项费用，大致包括：①质量工作费（企业质量体系中为预防发生故障，保证和控制产品质量，开展质量管理所需的各项有关费用）；②质量培训费；③质量奖励费；④质量改进措施费；⑤质量评审费；⑥工资及附加费（指从事质量管理的专业人员）；⑦质量情报及信息费等。

2. 鉴定成本

鉴定成本是指评定产品来满足规定质量要求所需的费用，包括鉴定、试验、检查和验证方面的成本，一般包括：①进货检验费；②工序检验费；③成品检验费；④检测试验设备的校准维护费；⑤试验材料及劳务费；⑥检测试验设备折旧费；⑦办公费（为检测、试验发生的费用）；⑧工资及附加费（指专职检验、计量人员的工资及附加费）等。

3. 内部故障成本

内部故障成本是指在交货前产品或服务未满足规定要求所发生的费用，一般包括：①废品损失；②返工或返修损失；③因质量问题发生的停工损失；④质量事故处理费；⑤质量降级损失等。

4. 外部故障成本

外部故障成本是指交货后，由于产品或服务未满足规定的质量要求所发生的费用，一般包括：①索赔损失；②退货或退换损失；③保修费用；④诉讼损失费；⑤降价损失等。

### （二）外部质量保证成本

在合同环境条件下，根据用户提出的要求，为了提供客观证据所支付的费用，统称为外部质量保证成本。其项目包括：

（1）为提供特殊附加的质量保证措施、程序、数据等所支付的费用；

（2）产品的验证实验和评定的费用，如经认可的独立实验机构对特殊的安全性能进行检测所发生的费用；

（3）为满足用户要求，进行质量体系认证所发生的费用等。

## 三、现行质量成本的说明

根据质量成本的定义及其费用项目的构成，有必要对现行质量成本做以下说明，以明晰质量成本的边界条件：

（1）它只是针对产品制造过程的符合质量而言的。也就是说，在设计已经完成、标准和规范已经确定的条件下，才开始进入质量成本计算。因此，它不包括重新设计和改进设计，以及用于提高质量等级或质量水平而支付的那些费用。

（2）质量成本是指在制造过程中那些同出现不合格品密切联系的费用。例如，预防成本就是预防出现不合格品的费用；鉴定成本是为了评定是否出现不合格品的费用；而内、外故障成本是因产品不合格而在厂内阶段或厂外阶段所产生的损失费用。可以这样理解，假定有一种根本不可能出现不合格品的理想式生产系统，则质量成本为零。但事实上，这种理想式系统是不存在的，在生产过程中由于人、机、料、法、环等各种因素波动的影响，或多或少总会出现一定的不合格品，因而质量成本是客观存在的。

（3）质量成本并不包括制造过程中与质量有关的全部费用，而只是其中的一部分。这部分费用是制造过程中同质量水平（合格品率或不合格品率）联系最直接、最密切、最敏感的那一部分费用。诸如，工人生产时的工资或材料费、车间或企业管理费等，均不计入质量成本中，因为这是正常生产前所必须具备的条件。计算和控制质量成本，是为了用最经济的手段达到规定的质量目标。

（4）质量成本的计算，不是单纯为了得到它的结果，而是为了分析，在差异中寻找改进质量的途径，达到降低成本的目的。应当指出，质量成本属于管理会计的范畴，因此，它对企业的经营决策有重要的意义。

# 第三节　全面质量管理

最早提出全面质量管理概念的是美国通用电器公司质量管理部的部长费根鲍姆博士。1961年，他出版了一本著作，该书强调执行质量只能是公司全体人员的责任，应该使全体人员都具有质量的概念和承担质量的责任。因此，全面质量管理的核心思想是在一个企业内各部门中做出质量发展、质量保持、质量改进计划，从而以最为经济的水平进行生产与服务，使用户或消费者获得最大的满意。

## 一、全面质量管理的四个发展阶段

从 1961 年费根鲍姆提出全面质量管理的概念开始，世界各国对它进行了全面深入的研究，使全面质量管理的思想、方法、理论在实践中不断得到应用和发展。概括地讲，全面质量管理的发展经历了以下四个阶段。

### （一）日本从美国引入全面质量管理

1950 年，戴明博士在日本开展质量管理讲座，日本人从中学习到了这种全新的质量管理的思想和方法。当时，全面质量管理的思路和概念并没有像如今一样被完整地提出来，但是它对日本经济的发展起到了极大的促进作用。到 1970 年，质量管理已经逐步渗透到了全日本企业的基层。

### （二）质量管理中广泛采用统计技术和计算机技术

从 20 世纪 70 年代开始，日本企业从质量管理中获得巨大的收益，充分认识到了全面质量管理的好处。日本人开始将质量管理当作一门科学来对待，并广泛采用统计技术和计算机技术进行推广和应用，全面质量管理在这一阶段获得了新的发展。

### （三）全面质量管理的内容和要求得到标准化

随着全面质量管理理念的普及，越来越多的企业开始采用这种管理方法。1986 年，国际标准化组织（ISO）把全面质量管理的内容和要求进行了标准化，并于 1987 年 3 月正式颁布了 ISO 9000 系列标准，这是全面质量管理发展的第三个阶段。因此，我们通常所熟悉的 ISO 9000 系列标准实际上是对原来全面质量管理研究成果的标准化。

### （四）质量管理上升到经营管理层面

随着质量管理思想和方法向更高层次发展，企业的生产管理和质量管理被提升到经营管理的层次。无论是学术界还是企业界，很多知名学者，如朱兰、石川馨、久米均等，都提出了相关方面的观念和理论，"质量管理是企业经营的生命线"这种观念逐渐被企业所接受。

## 二、全面质量管理在国外的实施现状

20 世纪 60 年代以来，费根鲍姆的全面质量管理概念逐步被世界各国所接受，但是由于国情不同，各国企业在运用时又加进了一些自己的实践成果，各有所长。目前，全面质量管理已经获得了丰硕的成果。

1977 年以后，整个世界的工业需要恢复。全面质量管理在发展过程中，逐渐形成了以美国为代表的"美国系统"、以日本为代表的"日本系统"，以及以苏联和东欧国家为代表的"苏联系统"。这三种全面质量管理系统各有自己的特点。

### （一）以美国为代表的"美国系统"

在全面质量管理的发展过程中，我们不得不提到"无缺陷运动"。这项运动发源于第二次世界大战期间，当时为了确保军品的生产质量，各个工厂成立了一些最新的质量管理组织机构。特别是以美国为代表的"美国系统"，在质量管理过程中第一次展开了质量成本或质量费用的研究，即认为质量管理是需要付出成本的，具体研究内容包括故障费用、评价鉴定费用和预防费用等。

### （二）以日本为代表的"日本系统"

从 20 世纪 70 年代开始，日本已经在全国范围内开始推广全面质量管理，它在美国经验的基础上发展出了 QC（quality control）小组这种全民性的质量管理活动形式，QC 小组成为全面质量管理活动的核心要素之一，费根鲍姆等质量大师都曾到日本激励、推动 QC 小组的活动。到 70 年代末期，日本国内已经发展出了 70 万个 QC 小组，共有 500 多万名成员参与了 QC 小组活动，这样就形成了具有日本特色的"日本系统"。

### （三）以苏联和东欧国家为代表的"苏联系统"

为了尽快恢复正常的工业生产，第二次世界大战结束后苏联和东欧开始了质量管理方面的研究，代表人物主要有布拉钦斯基和杜布维可夫，他们在苏联从军品向民品转换生产的过程中提出了全面质量管理的思路和模式。国家为了鼓励质量改进，将杜布维可夫所创造出来的系列方法称为"萨莱托夫制度"。

在"萨莱托夫制度"中，对产品或零件制定了明确的规格和标准，这样就使得零件的使用相当便捷，而且能大幅度降低生产的成本。提出生产合乎标准的产品的概念，是质量管理思想上的一个飞跃。

"萨莱托夫制度"的四个核心是：

（1）对产品或零件制定明确的规格和标准；

（2）用合适的机器生产合乎规格要求的产品；

（3）提供适当信息、测定仪器、操作方法等进行生产；

（4）充分进行培训。

## 三、全面质量管理在我国的发展

1977 年以后，我国整个国民经济建设急需启动和发展，质量问题对整个国民经济发展的重要性越来越突出，在全国范围内推行全面质量管理方法成为经济发展的必然要求。如表 8-1 所示，我国的全面质量管理从最初的"质量月"活动开始，逐步发展为声势浩大的 QC 小组活动。

表 8-1　全面质量管理在我国的发展

| 时间 | 发展状况 |
| --- | --- |
| 1978 年 9 月 | 机械工业部在全国范围内开展了第一个"质量月"活动 |
| 1979 年 | 质量管理协会成立 |
| 1980 年 | 《工业企业全面质量管理暂行办法》的制订 |
| 1990 年以后 | 开始贯彻执行 ISO 9000 质量标准和质量体系认证 |
| 最近 20 年来 | QC 小组注册数量达到 1554 万个 |

## 四、全面质量管理的八大原则

### (一)以顾客为中心

全面质量管理的第一个原则是以顾客为中心。在当今的经济活动中,任何一个组织都要依存于他们的顾客而生存,组织或企业由于满足或超过了自己的顾客的需求,获得继续生存下去的动力和源泉。全面质量管理以顾客为中心,不断通过 PDCA 循环进行持续的质量改进来满足顾客的需求。

### (二)领导的作用

全面质量管理的第二个原则是领导的作用。一个企业从总经理层到员工层,都必须参与到质量管理的活动中来,其中,最为重要的是企业的决策层必须对质量管理给予足够的重视。我国《质量管理法》规定,质量部门必须由总经理直接领导。这样才能够使组织中的所有员工和资源都融入全面质量管理之中。

### (三)全员参与

全面质量管理的第三个原则是强调全员参与。在 20 世纪 70 年代,日本的 QC 小组达到了 70 万个,而到 2010 年我国已注册的 QC 小组已经超过了 1500 万个,这些 QC 小组的活动每年给我国带来的收益超过 2500 亿元。因此,全员参与是全面质量管理思想的核心。

### (四)过程方法

全面质量管理的第四个原则是过程方法,即必须将全面质量管理所涉及的相关资源和活动都作为一个过程来进行管理。PDCA 循环实际上是用来研究质量管理提升过程的工具,因此我们必须将注意力集中到产品生产和质量管理的全过程。

### (五)系统管理

全面质量管理的第五个原则是系统管理。当我们进行一项质量改进活动的时候,首先需要制定、识别和确定目标,理解并统一管理一个由相互关联的过程所组成的体系。由于产品生产并不仅仅是生产部门的事情,因而需要我们组织所有部门都参与到这项活动中来,才能够最大限度地满足顾客的需求。

### (六)持续改进

全面质量管理的第六个原则是持续改进。实际上,仅仅做对一件事情并不困难,而要把一件简单的事情成千上万次都做对,那才是不简单的。因此,持续改进是全面质量管理的核心思想,统计技术和计算机技术的应用正是为了更好地做好持续改进工作。

### （七） 以事实为基础

有效的决策是建立在对数据和信息进行合乎逻辑和直观分析的基础上的，因此，作为迄今为止最为科学的质量管理，全面质量管理也必须以事实为依据，背离了事实基础就没有任何意义。这就是全面质量管理的第七个原则。

### （八） 互利的供方关系

全面质量管理的第八个原则是互利的供方关系，组织和供方之间保持互利关系，可增进两个组织创造价值的能力，从而为双方的进一步合作提供基础，谋取更大的共同利益。因此，全面质量管理实际上已经渗透到供应商的管理之中。

## 第四节　　ISO 9000 质量管理体系

### 一、ISO 9000 质量管理体系的定义

ISO 9000 认证是指质量管理体系标准，它不是指一个标准，而是一组标准的统称。ISO 9000 认证标准是国际标准化组织在 1987 年提出的概念，起源于英国 BS5750 质量标准，是指由 ISO/TC176（国际标准化组织质量管理和质量保证技术委员会）制定的国际标准。根据 ISO 9000-1：1994 的定义："ISO 9000 族是由 ISO/TC176 制定的所有国际标准。"至今，已发展为 ISO 9000 系列 2000 版标准。ISO 9000 标准的贯彻、推行以及 ISO 9000 质量体系认证的发展，为提高企业质量保证能力、降低企业采购/销售成本风险、消除贸易壁垒等做出了积极贡献。实践证明，实施 ISO 9000 族标准是完善组织的质量管理的有效途径。

一个组织，不论是工业、商业还是政府的，完善其质量管理的目的是：能对组织的产品或服务质量实施有效的控制，能对产品或服务质量进行持续改善，以适应顾客的需求和取得顾客的信任，从而扩大市场占有率，促进组织效益增长和发展。

### 二、ISO 9000 质量管理体系标准的构成

ISO 9000 系列标准是第一套管理性质的国际标准。它是各国质量管理与标准化专家在先进的国际标准的基础上，对科学管理实践的总结和提高，它既系统、全面、完善，又简洁、扼要。国际标准化组织对 9000 系列标准进行"有限修改"后，于 1994 年正式颁布实施 ISO 9000 族系列标准，即 94 版。在广泛征求意见的基础上，又启动了修订战略的第二阶段，即"彻底修改"。1999 年 11 月提出了 2000 版 ISO/DIS 9000、ISO/DIS 9001 和 ISO/DIS 9004 国际标准草案。此草案经充分讨论并修改后，于 2000 年 12 月 15 日正式发布实施，规定自正式发布之日起三年内，94 版标准和 2000 版标准将同步执行，同时鼓励需要认证的组织，从 2001 年开始可按 2000 版申请认证。1994 年 7 月 1 日正式公布的 ISO 9000 族标准的核心内容由以下 5 部分组成，如表 8-2 所示。

表 8-2 ISO 9000 族标准的核心内容

| 名称 | 内容 |
|------|------|
| ISO 9000-1 | 质量管理和质量保证标准。第一部分：选择和使用指南 |
| ISO 9001 | 质量体系。设计、开发、生产、安装和服务的质量保证模式 |
| ISO 9002 | 质量体系。生产、安装和服务的质量保证模式 |
| ISO 9003 | 质量体系。最终检验和实验的质量保证模式 |
| ISO 9004-1 | 质量管理和质量体系要素，第一部分：指南 |

2000 版 ISO 9000 族标准由 4 个核心标准组成，它们是：

ISO 9000：2000《质量管理体系——基础与术语》；

ISO 9001：2000《质量管理体系——要求（一个标准）》；

ISO 9004：2000《质量管理体系——业绩改进指南》；

ISO 9011：2002《质量和（或）环境管理体系审核指南》。

## 三、ISO 9000 质量管理体系原理

### （一）ISO 9000 质量管理原则

1. 以顾客为关注焦点

组织依存于其顾客而存在。因此，组织应理解顾客当前的和未来的需求，满足顾客要求并争取超越顾客期望。

顾客是每个组织存在的基础，组织应把顾客的要求放在第一位。因此，组织要明确谁是自己的顾客，要调查顾客的需求是什么，要研究怎样满足顾客的需求。ISO 9000：2000标准对"顾客"的定义是"接受方，也指组织内部的生产、服务和活动中接受前一个过程输出的部门、岗位或个人"。同时，还应该注意到潜在的顾客，随着经济的发展，供应链日趋复杂，除了组织直接面对的顾客（可能是中间商）外，还有顾客的顾客、顾客的顾客的顾客，直至最终使用者。最终的顾客是使用产品的群体，对产品质量感受最深，他们的期望和需求对于组织也最有意义。对潜在的顾客也不容忽视，虽然他们对产品的购买欲暂时还没有成为变成现实，但是如果条件成熟，他们就会成为组织的一大批现实的顾客。还要认识到市场是变化的，顾客是动态的，顾客的需求和期望也是不断发展的，要通过满足顾客的需求和期望，使自己的产品/服务处于领先的地位。实施这一原则时，一般从以下几个方面着手：

（1）全面了解顾客的需要和期望，如对产品、交货、价格、可靠性等方面的要求。

（2）确保组织的各项目标，包括质量目标能直接体现顾客的需求和期望。

（3）确保顾客的需求和期望在整个组织中得到交流，使各级领导和全体员工都能了解顾客需求的内容、细节和变化，并采取措施来满足顾客的要求。

（4）有计划地、系统地测量顾客满意程度，并针对测量结果采取改进措施。

（5）处理好与顾客的关系，力求顾客满意。

（6）在重点关注顾客的前提下，确保兼顾其他相关方的利益，使组织得到全面、持续

的发展。

2. 领导作用

领导者建立组织统一的宗旨及方向。他们应当创造并保持使员工能充分参与实现组织目标的内部环境。一个组织的领导者，即最高管理者是"在最高层指挥和控制组织的一个人或一组人"。最高管理者要想指挥和控制好一个组织，必须做好确定方向、策划未来、激励员工、协调活动和营造一个良好的内部环境等工作。正如 GB/T19004—2000 中所说："最高管理者的领导作用、承诺和积极参与，对建立并保持一个有效的和高效的质量管理体系，并使所有相关方获益来说是必不可少的。"此外，在领导方式上，最高管理者还要做到透明、务实和以身作则。实施这一原则时，一般从以下几个方面着手：

（1）全面考虑所有相关方的需求，相关方包括顾客、所有者、员工、供方、当地社区乃至整个社会。

（2）做好发展规划，为组织勾画一个清晰的远景。

（3）在整个组织及各级、各有关部门设定富有挑战性的目标。

（4）在组织各级创造并坚持一种共同的价值观，树立职业道德榜样，形成企业的精神和企业文化。

（5）使全体员工工作在一个比较宽松、和谐的环境之中，互相信任，消除忧虑。

（6）为员工提供所需的资源、培训及在职责范围内的自主权。

（7）激发、鼓励并承认员工的贡献。

（8）提倡公开和诚恳的交流与沟通。

（9）实施为达到目标所需的发展战略。

3. 全员参与

各级人员是组织之本。只有他们充分参与，才能使他们的才干为组织带来收益。全体员工是每个组织的基础。组织的质量管理不仅需要最高管理者的正确领导，还有赖于全员的参与，所以要对员工进行质量意识、职业道德、以顾客为关注焦点的意识和敬业精神的教育，还要激发他们的积极性和责任感。此外，员工还应具备足够的知识、技能和经验，才能胜任工作，实现充分参与。实施这一原则时，一般从以下几个方面着手：

（1）要对员工进行职业道德的教育，使员工了解他们贡献的重要性和在组织中的作用。

（2）教育员工要识别影响他们工作的制约条件，使他们能在一定的制约条件下取得最好的效果。如果制约条件属于自己的知识或技能水平，则应努力学习或实践，突破这些制约条件。

（3）在本职工作中，应让员工有一定的自主权，并承担解决问题的责任。

（4）应把组织的总目标分解到职能部门和层次，让员工看到更贴近自己的目标，激励员工为实现目标而努力，并评价员工的业绩。

（5）启发员工积极寻找机会来提高自己的能力、知识和经验。

（6）在组织内部，应提倡自由地分享知识和经验，使先进的知识和经验成为共同的财富。

4. 过程方法

将活动和相关的资源作为过程进行管理，可以更高效地得到期望的结果。任何利用资源并通过管理，将输入转化为输出的活动，均可视为过程，系统地识别和管理组织所应用的过程，特别是这些过程之间的相互作用，就是"过程方法"。过程方法的目的是获得持续改进的动态循环，并使组织的总业绩得到显著的提高。过程方法通过识别组织内的关键过程，随后加以实施和管理，并不断进行持续改进来达到顾客满意。

过程方法鼓励组织要对其所有的过程有一个清晰的理解。过程包括一个或多个将输入转化为输出的活动，通常一个过程的输出直接成为下一个过程的输入，但有时多个过程之间形成比较复杂的过程网络。这些过程的输入和输出与内部和外部的顾客相连。在应用过程方法时，必须对每个过程，特别是关键过程的要素进行识别和管理。这些要素包括输入、输出、活动、资源、管理和支持性过程。此外，PDCA循环适用于所有过程，可结合考虑。实施这一原则时一般从以下几个方面着手：

（1）识别质量管理体系所需要的过程，包括管理活动、资源管理、产品实现和测量有关的过程，确定过程的顺序和相互作用。

（2）确定每个过程为取得所期望的结果所必须开发的关键活动，并明确管理好关键过程的职责和义务。

（3）确定对过程的运行实施有效控制的准则和方法，并实施对过程的监视和测量，包括测量关键过程和能力，为此可采用适当的统计技术。

（4）对过程的监视和测量的结果进行数据分析，发现改进的机会，并采取措施，包括提供必要的资源，实现持续的改进，以提高过程的有效性和效率。

（5）评价过程结果可能产生的风险、后果，以及对顾客、供方及其相关方的影响。

5. 管理的系统方法

将相关联的过程作为系统加以识别、理解和管理，有助于组织提高管理实现目标的有效性和效率。

所谓系统，就是"相互关联或相互作用的一组要素"。早在20世纪30年代，美籍奥地利理论生物学家冯·贝塔朗菲首次提出"相互作用的诸要素的综合体就是系统"的概念。20世纪60年代系统论兴起，我国著名科学家钱学森曾说："把极其复杂的研究对象称为系统，即将相互作用和相互依赖的若干组成部分结合成具有特定功能的有机整体，而且这个'系统'本身又是它所从属的更大系统的组成部分。"系统的特点之一就是通过各分系统协同作用，互相促进，使总体的作用大于各分系统作用之和。

所谓系统方法，实际上可包括系统分析、系统工程和系统管理三大环节。它从系统地分析有关的数据、资料或客观事实开始，确定要达到的优化目标；然后通过系统工程，设计或策划为达到目标而应采取的各项措施和步骤，以及应配置的资源，形成一个完整的方案；最后在实施中通过系统管理而取得高有效性和高效率。在质量管理中采用系统方法，就是要把质量管理体系作为一个大系统，对组成质量管理体系的各个过程加以识别、理解和管理，以实现质量管理方针和质量目标。

系统方法和过程方法关系非常密切。它们都以过程为基础，都要求对各个过程之间的相互作用进行识别和管理。但前者着眼于整个系统和实现总目标，使得组织所策划的过程之间相互协调和相容；后者着眼于具体过程，对其输入、输出和相互关联与相互作用的活动进行连续的控制，以实现每个过程的预期结果。实施这一原则时，一般从以下几个方面着手：

（1）建立一个以过程为主题的质量管理体系。

（2）明确质量管理过程的顺序和相互作用，使这些过程相互协调。

（3）控制并协调质量管理体系各过程的运行，特别关注体系内某些关键或特定的过程，并应规定其运作的方法和程序。

（4）通过对质量管理体系的测量和评审，采取措施以持续改进体系，提高组织的业绩。

**6. 持续改进**

持续改进整体业绩应该是组织的一个永恒目标。持续改进是"增强满足要求的能力的循环活动"。为了改进组织的整体业绩，组织应不断改进其产品质量，提高质量管理体系及过程的有效性和效率，以满足顾客和其他相关方日益增长和不断变化的需求与期望。只有坚持持续改进，组织才能不断进步，最高管理者要对持续改进做出承诺，积极推动；全体员工也要积极参与持续改进的活动。持续改进是永无止境的，因此持续改进应成为每一个组织永恒的追求、永恒的目标、永恒的活动。实施这一原则时，一般从以下几个方面着手：

（1）在整个组织内采用始终如一的方法来维持改进，使持续改进成为一种制度。

（2）向员工提供关于持续改进的方法和工具的培训。

（3）使产品、过程和体系的持续改进成为组织内每个员工的目标。

（4）应为跟踪持续改进规定指导和测量的目标。

（5）承认改进的结果，并通报表扬和奖励在持续改进方面有功的员工。

**7. 基于事实的决策方法**

有效决策建立在数据和信息分析的基础上。决策是组织中各级领导的职责之一。所谓决策就是针对预定目标，在一定的约束条件下，从诸方案中选出最佳的一个付诸实施。达不到目标的决策就是失策。正确的决策需要领导者用科学的态度，以事实或正确的信息为基础，通过合乎逻辑的分析，做出正确的决断。盲目的决策或只凭个人的主观意愿的决策是绝对不可取的。实施这一原则时，一般从以下几个方面着手：

（1）通过测量积累或有意识地收集与目标有关的各种数据和信息，并明确规定收集信息的种类、渠道和职责。

（2）通过鉴别，确保数据和信息的准确性和可靠性。

（3）采用各种有效的方法，对数据和信息进行分析，在分析时应采用适当的统计技术。

（4）应确保数据和信息能为使用者得到和利用。

（5）根据对事实的分析、过去的经验和直觉判断做出决策并采取行动。

**8. 与供方互利的关系**

组织与供方是相互依存的，互利的关系可增强双方创造价值的能力。供方向组织提供的产品将对组织的最终产品质量产生重要的影响，因此处理好与供方的关系，关系到组织能否持续稳定地提供顾客满意的产品。在专业化和协作日益发展、供应链日趋复杂的今天，与供方的关系还影响到组织对市场的快速反应能力。因此对供方不能只讲控制，不讲合作互利，特别是对关键供方，要建立互利关系。这对组织和供方都是有利的。实施这一原则时，一般从以下几个方面着手：

（1）识别并选择重要供方。

（2）在建立与供方的关系时，既要考虑眼前利益，又要考虑长远利益，

（3）与重要供方共享专门技术、信息和资源。

（4）创造一个通畅和公开的沟通渠道，及时解决问题。

（5）确定联合改进活动。

（6）激发、鼓励和承认供方的改进及其成果。

### （二）ISO 9000 质量管理体系的过程方法

ISO 9000 关于过程方法的阐述是："为使组织有效运作，必须识别和管理众多相互关联和相互作用的过程。"通常，一个过程的输出直接形成下一个过程的输入。系统地识别和管理组织所应用的过程，特别是这些过程之间的相互作用，可称为"过程方法"。

ISO 9000 鼓励组织在制定、实施质量管理体系和改进质量管理体系有效性时采用过程方法，以便通过满足顾客要求增强顾客满意程度。ISO 9000 把以过程为基础的质量管理体系用一个模型图来表示（图 8-3）。从图 8-3 中可以看出，质量管理体系的四大过程"管理职责"、"资源管理"、"产品实现"和"测量、分析和改进"彼此相连，最后通过体系的持续改进而进入更高的阶段。从水平方向看，顾客（和其他相关方）的要求形成产品实现过程的输入。产品实现过程的输出是最终产品。产品被交付给顾客后，顾客（及其他相关方）将对其满意程度的意见反馈给组织的测量、分析和改进过程，作为体系持续改进的一个依据。在新的阶段，"管理职责"过程把新的决策反馈给顾客（及其他相关方），后者可能据此而形成新的要求。利用这个模型图，组织可以明确主要过程，进一步展开、细化并对过程进行有利控制，从而改进体系的有效性。

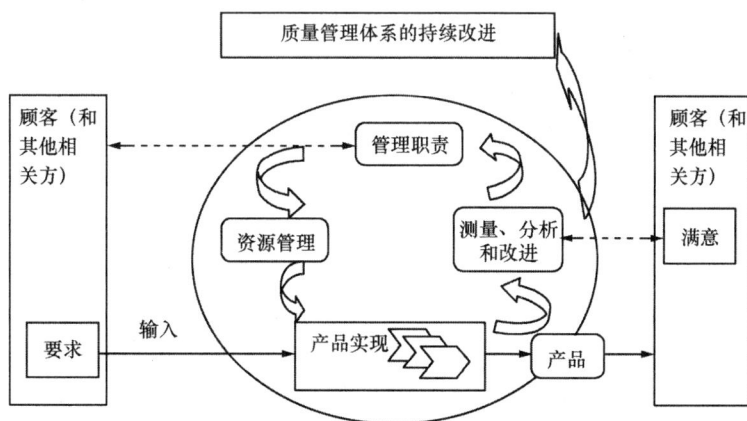

图 8-3 以过程为基础的质量管理体系模式

该模式图反映了组织在确定输入要求时顾客所起的重要作用。顾客要求作为产品实现过程的输入，组织通过产品实现过程，将该产品实现过程的输出（过程的结果即产品）提

交给顾客，以提高顾客满意度。顾客是否满意则需要组织通过监视、测量和分析来评价顾客关于组织是否满足其要求的感受的相关信息。从顾客要求到产品实现到顾客满意这一连串的活动是增值活动。一个组织的质量管理是通过对组织内各种过程的管理来实现的，从最初识别顾客的需求和期望开始，一直到产品交付和交付后的活动，所有这些活动构成了质量管理体系的过程。这里，首先是识别质量管理体系所需的过程，包括组织的管理活动、资源提供、产品实现和测量有关的过程，并确定过程的顺序和相互作用。其次是要对各过程加以管理，也就是要控制各个过程的要素，包括输入、输出、活动和资源等，这样才能使过程有效。所以，过程方法的优点就在于：能对由诸过程组成的系统中单个过程之间的联系，以及过程的组合和相互作用进行连续的控制。

### （三）ISO 9000 质量管理体系的精髓

（1）以满足顾客需求为己任。ISO 9000 将全面满足顾客需要作为宗旨，并规定了买卖双方的权利和义务。企业只有牢牢把握这一宗旨，以顾客需求为中心，生产出适销对路的产品，才能真正赢得市场。

（2）重视过程控制。ISO 9000 十分强调企业必须建立和完善质量体系，它把对全过程控制的思想作为其基本思想，这一点从 ISO 9001 里规定的 18 个组成质量体系的过程要素中可以看出。

（3）强调以预防为主。现代质量管理思想所强调的"从事后检验到事先预防，以预防为主"在 ISO 9000 中也得到了很好的体现。ISO 9000 的许多条款都是从预防角度来做的规定。例如，要求进行质量策划，包括制订质量计划、配备必要的设备和检测手段、确定和准备质量记录等。ISO 9004 中指出"质量体系重点在于预防问题的发生，而不是依靠事后检查"，还指出不仅应保证在良好的状态下各要素处于受控状态，还应有能在紧急情况下迅速恢复控制的应急措施。

（4）持续的质量改进。ISO 9000 的核心思想之一是持续地进行质量改进，将质量改进作为完善质量体系的动力。

（5）重视高层领导的作用。成功实施 ISO 9000，需要建立并有效运行质量管理和质量保证体系，企业高层领导应对企业的质量问题承担主要责任。

### 本章小结 》》

质量（品质）是反映产品或服务满足明确或隐含需要能力的特征特性的总和。现代质量管理认为，必须以用户的观点对质量下定义。如何正确地认识顾客的需求，如何将其转化为系统性的产品和服务的标准，是现代质量管理首先要解决的重要问题。

质量管理作为一种科学的管理方法，是随着现代工业生产的发展逐步发展和完善的，质量管理的发展大体经历了三个阶段，即质量检验阶段、统计质量控制阶段、全面质量管理阶段。戴明和朱兰是 20 世纪质量管理历史上最有影响的质量管理大师，最有代表性的质量管理思想就是"戴明环"以及"朱兰三部曲"和"质量螺旋"理论。

当代质量管理科学与实践的成就突出地表现为 ISO 9000 质量管理体系。建立和实施质量管理体系的根本目的是以产品和过程的持续改进来稳定产品质量，提高企业竞争力，增强顾客满意度，并且通过 ISO 9000 质量管理体系认证，使顾客增加对认证产品和认证企业的信任。质量认证通常由第三方认证机构颁发认证证书和认证标志。质量管理体系与质量认证制度相结合，使贸易对管理的要求更加规范。

### 练习与思考》》

1. 什么是"朱兰三部曲"？为什么它是搞好质量管理、提高产品质量的基础？
2. 什么是"戴明环"？它有哪些特点？
3. 简述质量成本的构成。
4. 简述全面质量管理的八大原则。
5. 试述 ISO 9000 质量管理体系的精髓。

# 第九章　项目管理

📎 **本章学习目标** ▶▶

1. 掌握网络计划技术。
2. 能够利用网络图对项目管理进行分析。
3. 掌握网络图优化的方法。

⭐ **导入案例：**　黄河小浪底水利枢纽工程项目管理

## 一、项目简介

黄河小浪底水利枢纽工程，位于河南省洛阳市以北 40 公里的黄河中游最后一段峡谷的出口处，可控黄河流域总面积的 92.3%，是一座处于承上启下的位置、能有效控制黄河洪水和泥沙的巨型水库。小浪底水利枢纽主体工程有壤土斜心墙堆石坝、泄洪排沙系统和发电系统三大部分组成。自 1994 年主题工程开工到完工共经历 8 年。它具有技术难度高、工艺要求严、特殊的高含沙水流、复杂的自然地质条件、巨大的工程规模、引进外商范围广、与国际接轨最全面等一系列特点，被中外水利专家称为世界最复杂、最具挑战性的水利工程之一。

该工程由中国水利水电第十四工程局（简称水电十四局）凭借企业的实力和良好信誉，横跨一、二、三、四标段，以独立承揽和联合参与等多种合同形式，圆满地履行了 11 个承包和分包合同。其施工能力、管理水平、履约能力和协作精神，不仅得到业主、工程师和国内同行的普遍认同，也得到国外承包商的广泛赞誉和信任。

## 二、项目管理

（一）完善制度体系、奠定管理基础

在小浪底这个高工作压力、高收入的国际工程施工环境里，为体现效率优先、按劳取酬的原则，水电十四局小浪底分局从岗位职责、行政后勤、经营合同、承包分配、施工生产、物资器材、劳务分工、员工基本行为准则等各方面完善制度体系，先后制定了多个管理制度和办法，建立健全了各种规章制度，规范了管理。

分局推行以项目经理负责制为主的项目施工机制，以全员聘任制组建精干高效的管理队伍，理顺政令、畅通渠道，提高工作效率。现场施工全面推行工程师工长制，工程师负责作业项目的技术措施、进度、质量控制，各级工长带领员工严格按工程师指令进行施工作业。对作业实行部分直接费用成本责任制，除了大型设备、个别主要材料等作业队无法控制的因素统一调配安排外，制订责任承包计划、明确作业队的施工范围、施工工期及施工工序；明确设备使用、管理及材料领用方式；明确结算方式及奖惩措施改革分配制度。全面推行岗位等级工资制度，以岗定薪，因岗定人，打破用人界限。内部管理规范化，各职能部门严格按照 ISO 9002 质量认证体系规定的控制程序进行工作，克服业务处理的随意性，使各项管理实现标准化、规范化。

（二）优化资源配置，提高效率

为保证施工进度计划的实现，水电十四局根据实际情况，对人、机械设备等生产要素进行优化配置，进行技术创新，提升施工水平从而提高效率。

现代企业管理必须树立以人为本的意识，人是生产力的第一要素，人的素质决定着企业管理水平和生产能力。为使人力资源得到充分利用，降低工程成本，员工按施工计划和工种需要实行动态管理配置，配置员工时贯彻节约原则，变单一用工形式为多种用工形式，借助社会人力资源和人才市场，大胆引进专业人员，人员工种混合编班，持证上岗，能进能出，保留骨干，从而培育了一支高素质的队伍。

在一号导流洞口开挖时，水电十四局提出取消钢架支撑，改为喷锚挂网，用最快的速度安全闯过了塌方段；后来又改变外商原定的"半边支护，半边开挖"方案为"中间刻槽，两边开挖"，极大地提高了开挖速度。在关键的中闸室最后一层爆破时，外商实施三次爆破都没有成功，水电十四局承担巨大风险，申请用自己制订的爆破方案进行爆破，终于一次爆破成功。小浪底三条排沙洞在国内首次采用预应力双圈无黏结环锚技术。在混凝土衬砌阶段，水电十四局技术干部多次改进外商施工方案，使单块混凝土浇筑时间由原来的 10 天逐渐缩短为 7 天，最后稳定在 5 天。他们又提出在中闸室顶拱浇筑的同时进行中隔墩的施工，缩短直线工期 15 天。这一切为小浪底按期截流提供了有力的保证。

在施工机械设备的合理使用方面，具体做法有：①人机固定，实施机械使用、保养责任制，将机械设备的使用效益与个人经济利益联系起来。②实施操作证制度。专机的专门操作人员须经过培训和统一考试，确认合格并有操作证。③操作人员必须按规定坚持做好机器设备的例行保养。④建立设备档案制度，及时了解设备情况，便于使用与维修，提高机械设备的完好率。⑤为机械设备的施工创造良好条件。现场环境、施工平面图布置应适合机械作业要求，交通道路畅通无障碍，夜间施工照明良好等。⑥调度中心合理地组织机械的调配，搞好施工的计划工作，努力组织好机械设备的流水施工。

（三）加强合同管理，抢抓工期

以合同管理为核心建立项目管理运行机制，是项目取得成功的前提。项目中任何工作均应以事实为依据，以合同为准绳，因此双方签订合同必须谨慎对待合同细节。他们共参加五种模式六个联营体，有国际联营，有与国内兄弟单位的联营，合同有的是承包，有的是工程分包或劳务分包。与意大利英波吉罗公司联营承建总填筑量达 5185 万立方米的大坝工程，创造了月填筑 156 万立方米、日填筑 6.7 万立方米的纪录，施工进度始终领先，总工期提前近 14 个月。进水塔混凝土劳务联营分包和排沙洞开挖工程联营分包合同的实施也显示出新模式的效率，在小浪底工程建设中都取得不俗的成绩。以水电十四局为责任方的 OTFF 联营体为例，联营体成立后，便吸收国际模式的先进做法，以强化合同管理为突破口，按国际通用条款管理项目，创造了国际管理模式下的中国式快速施工效率，仅用 20 个月就克服塌方完成三条长 1100 多米、直径 19 米的导流洞开挖和混凝土浇筑任务，抢回工期 11 个月，为确保"九七"截流奠定了坚实基础，也改变了外商对中方管理国际项目能力的认识。

### （四）重视工程质量管理

水电十四局把工程质量看成自己的生命。在开工之初，水电十四局小浪底分局向全体员工提出明确的质量目标：不搞豆腐渣工程，要争取优质工程，要把工程建成党和人民"放心的工程"。

各项目都根据各自的工程特点，按照 ISO 9002 质量标准和监理的质量要求建立了自己的质量保证体系，并落实质量目标责任制，建立健全质检机构。在具体实施过程中，每个施工环节和施工程序都有具有可操作的、细化的作业指导书指导施工，作为执行的主要依据之一。同时，质检人员也按各项工程的技术措施和作业指导书实行"三检制"。对一些特殊的施工工艺要求，小浪底分局投入大量的人力和物力，有计划地采取形式多样的方法对施工人员进行培训。对于须持证上岗的工种和管理人员必须申请合格证后方能上岗，从事蜗壳等焊接的特殊焊工还需通过焊工试焊考试并经监理工程师批准。对一些关键部位和隐藏工程的施工，严格把关，派技术员和质检员实施 24 小时旁站监控，发现问题及时整改。

### （五）实施安全文明施工

安全工作强调预防为主，在任何一项工程施工前首先做好安全防护计划和防护措施。在小浪底水利枢纽工程安全管理上，水电十四局始终坚持"预防为主"的方针，加大力度消除一切安全隐患，最大限度地降低或减少人的不安全行为和物的不安全状态。坚持谁主管谁负责的原则，在全体员工中牢固树立"安全生产责任重于泰山"的思想，实施安全生产一票否决制。各施工部对施工厂队的安全生产状况进行逐月考评，并将考评结果以挂红、黄、绿牌的方式在项目部公布。每月安全奖罚的考核直接和各施工单位的安全生产状况挂钩。定期或不定期地进行安全检查，在施工区域和危险地带设立明显的警示牌。现场生产作业坚持班前安全会制度。通过挂牌各施工队的安全状况一目了然，同时增加了安全管理的透明度。

由于小浪底水利枢纽工程影响面广，搞好文明施工不仅可以实行安全生产，提高工程质量，降低施工成本，而且对于树立企业形象、提高企业知名度也有很大帮助。为了搞好工地的文明施工，首先，在进行施工总体布置时对设备材料的堆放场地、厂区布置、风水电管线的架设等提前做好通盘考虑，合理布局；其次，在施工过程中，严格做到材料按类堆放，及时清理回收，消除"脏、乱、差"现象，对施工道路经常进行保养和维护，及时清理工地的施工废料，保证施工环境整洁有序。

资料来源：张基尧. 具有中国特色的国际工程管理：小浪底水利枢纽工程管理的做法和体会. 中国水利，1997，(11)：7-27.

### 讨论：

1. 小浪底工程进行项目管理时考虑了哪些因素？
2. 项目管理方通过哪些手段保证小浪底项目的顺利推进？

# 第一节　项目管理概述

## 一、项目及项目管理

项目是一种一次性的工作；是一个用于达到某一明确目标的组织单元，应当在规定的时间内完成，有明确的可利用资源，明确的性能指标约定；需要运用多种学科知识组织起人员；成功地完成一次开发性的产品或劳务。因此，美国《管理百科全书》将项目定义为在指定的时间内、特定的范围内、限定的预算内和规定的质量指标内所要完成的一次性任务或工作。

项目有共同的特点。一是它们相对规模较大，甚至规模巨大。例如，波音 777 飞机的研制，需要在众多合作者之间进行广泛的协调，当然也包括大量的资源和管理精力的投入。二是项目的复杂性。这要根据活动的多少和它们之间的相互依赖程度来确定，这也包括要按特定顺序来进行许多活动。这种顺序一般是根据技术要求或策略考虑来确定的。三是必须估算各项活动所需要的时间和资源，这对于以前从来没做过的工作来说是特别困难的，例如，研究和开发项目就属于这种情况。四是项目相对无惯例可循。这意味着组织不能按照惯例和重复的方式开展特殊项目（例外的是航空公司对飞机进行定期维护的项目）。一般来说，每一项目都因为要满足定制的管理要求而具有创新的特点。

项目管理包括许多制造和服务活动。大型项目如奥运会工程、长江三峡工程，以及美国的"曼哈顿计划"、"阿波罗计划"等，小型项目如房地产开发中的小区工程、某个影视制作、高炉和发电机组的维修等，都是在项目管理思想的基础上进行的。这些都是一次性的活动或工作，都受期限和费用的约束，并有一定的技术、经济性能、指标要求等。由此可见，在各种不同的项目中，项目内容可以是千差万别的，但项目本身有其共同的特点，可以概括如下：①项目通常是为了追求一种新产物而组织的，具有单一性、任务可辨认性；②项目是由多个部分组成的，跨越多个（社会）组织，因此具有（社会）协同性；③项目的完成需要多个职能部门人员的同时协调与配合，项目结束后原则上这些人员仍回原职能组织中；④可利用现有资源，事先对未来的项目有明确的预算；⑤一般来说，可利用资源一经约定，不再接受其他支援；⑥有严格的时间期限，并公之于众；⑦项目的产物其保全或扩展通常由项目参加者以外的人员来进行。

与项目的概念相对应，项目管理可以说是在一个确定的时间范围内，为了完成一个既定的目标，并通过特殊形式的临时性组织运行机制，通过有效的计划、组织、实施、领导与控制，充分利用既定有限资源的一种系统管理方法。

上述定义中的"确定的时间范围"应该是相对短期的，但不同的项目中的"相对短期"的概念并不完全相同。例如，一种新产品的研制开发可以是半年至两年，工业建设项目可能是 3～5 年，而一座核电厂建设期、一个新型运载火箭的研制时间可能更长。

## 二、项目管理的目标

在项目管理中，通常有三个不同的目标：成本、进度和效果。

项目成本是直接成本与应由项目分担的间接成本之总和。项目经理的工作就是通过合理组织项目的施工，控制各项费用支出，使之不超出该项目的预算。

项目管理的第二个目标是进度。一般在项目开始时就确定了项目的完工日期和中间几个主要阶段进展的日程，正如项目经理必须把成本控制在预算之内一样，也必须控制项目的进度计划。但预算和成本常常发生冲突，例如，如果项目进展落后于安排的进度，那么就需要加班加点来赶进度，这就需要在预算中有足够的资金来支付加班的成本。因此，在时间和成本之间我们必须进行权衡，做出决策，管理部门必须确定某个进度安排的目标是否重要到必须增加成本来加以支持的程度。

项目管理的第三个目标是效果，也就是项目生产的产品或服务的成果的特性。如果项目是研究和开发一个新型的产品，其成果就是新产品的经济效果和技术性能指标。如果项目是某部影视片，其成果就是该部影视片的质量和票房收入。效果也需要在成本和进度安排上进行权衡。例如，某部影视片达不到预期的效果，那么就需要对灯光、布景等，甚至剧本内容做出重大修改。这样就会引起成本和进度的变化，因为在项目开始前几乎不可能精确地预见项目的效果、进度和必需的成本，所以在项目进行过程中需要做大量的权衡工作。

## 三、项目管理的内容

项目管理的本质是计划和控制一次性的工作，在规定期限内达到预定目标。一旦目标完成，项目也就失去其存在的意义而解体。因此，项目具有一种可预知的寿命周期。项目在其寿命周期中，通常有一个较明确的阶段顺序。这些阶段可通过任务的类型来加以区分，或通过关键的决策点来加以区分。根据内容的不同，项目阶段的划分和定义也有所区别。但一般认为，应根据管理上的不同特点，提出项目的每个阶段需完成的不同任务，如表9-1所示。

表9-1提出了一种项目阶段的划分方法，并说明每个阶段应采取的行动。但是，无论如何划分，对每个阶段开始和完成的条件与时间要有明确的定义，以便于审查其完成程度。

**表 9-1 项目阶段的任务**

| 阶段 1 | 阶段 2 | 阶段 3 | 阶段 4 |
|---|---|---|---|
| （1）确定项目需要建立目标 | （1）确认项目组织方法 | 项目的实施（设计、建设、生产、场地、试验、交货） | （1）帮助项目产品转移 |
| （2）估计所需资源和组织 | （2）制定基本预算和进度 | | （2）转移人力和非人力资源到其他组织 |
| （3）按需要建构项目组织 | （3）为执行阶段作准备 | | （3）培训职能人员 |
| （4）指定关键人员 | （4）进行可行性研究与分析 | | （4）转移或完成承诺 |
| | | | （5）项目终止 |

## 四、项目管理组织

项目管理组织是指为了完成某个特定的项目任务而由不同部门、不同专业的人员所组成的一个特别工作组织，它不受现存的职能组织构造的束缚，但也不能代替各种职能组织的职能活动。

项目管理组织有多种形式，如职能型组织、矩阵型组织和混合型组织等。每种组织形式都有各自的优势和劣势，企业应根据每种组织形式的特点，结合项目具体内容选择一种合适的组织形式。

如果项目的开展需要多个职能部门的协助并涉及复杂的技术问题，但又不要求技术专家全日制参与的话，矩阵组织是比较令人满意的选择，尤其是在若干项目需要共享技术专家的情况下作用更明显。

矩阵组织是一种项目职能混合结构，是一个由横向按工程项目划分的部门与纵向按职能划分的部门结合起来的关系网，而不是传统的垂直或职能关系。当很多项目对有限资源的竞争引起对职能部门的资源的广泛需求时，矩阵组织就是一种有效的组织形式。传统的职能组织在这种情况下无法适应的主要原因在于，职能组织无力对包含大量职能之间相互影响的工作任务提供集中、持续和综合的关注与协调。因为在职能组织中，组织结构的基本设计是职能专业化和按职能分工的，不可能期望一个职能部门的主管人会不顾自己的职能部门的利益和责任，或者完全打消职能中心主义的念头，使自己能够把项目作为一个整体，对职能之外的项目各方面也给予专心致志的关注。

在矩阵组织中，项目经理在项目活动的"什么"和"何时"方面，即内容和时间方面对职能部门行使权力，而各职能部门负责人决定如何支持。每个项目经理直接向最高管理层负责，并由最高管理层授权。而职能部门则从另一方面来控制，对各种资源做出合理的分配和有效的控制与调度。职能部门负责人既要对他们的直接上司负责，也要对项目经理负责。

矩阵组织的复杂性对项目经理是一个挑战。项目经理必须能够了解项目的技术逻辑方面的复杂性，必须能够综合各种不同专业观点来考虑问题。但只有这些技术知识和专业知识仍是不够的，成功的管理还取决于预测和控制人的行为能力。因此，项目负责人还必须通过人的因素来熟练地运用技术因素和管理因素，以实现其项目目标。也就是说，项目负责人必须使他的组织成员成为一支真正的队伍，一个工作配合默契、具有积极性和责任心的高效率群体。

# 第二节 网络计划技术概述

## 一、网络计划技术的概念

网络计划技术是现代科学管理的一种有效方法，它通过网络图的形式来反映和表达生产线工程项目活动之间的关系，并且在计算和实施过程中不断进行组织、控制和协调生产进度或成本费用使整个生产或工程项目达到预期的目标。或者可以这样说：网络计划技术是运用网络图形式来表达一项计划中各个工序（任务、活动等）的先后顺序和相互关系，然后通过计算找出关键运作和关键路线，接着不断改善网络计划，选择最优方案并付诸实践，再在计划执行中进行有效的控制与监督，保证人、财、物的合理使用。

## 二、网络计划技术的内容

广泛应用的网络计划技术，主要有关键路线法（critical path method，CPM）与计划评审技术（program evaluation and review technique，PERT）法两种。

关键路线法于 20 世纪 50 年代最早被应用于美国杜邦化学公司。1956 年杜邦化学公司为了系统地制定和有效协调企业不同业务部门的工作，该公司的科技人员与兰德公司合作，创造了一种图解理论的方法，这种方法不但用图解表示各项工序所需时间，同时也表示了它们之间的程序关系。用这种方法制订计划可以考虑到一切影响计划执行的因素，从而易于修改计划，并能运用计算机快速运算。

与此同时，美国海军在研究北极星导弹潜艇时使用了计划评审技术。这一技术把该工程的 200 家承包厂商和 900 家精包厂共 1100 家企业有效地组织起来，使整个工程完工期大大缩短，节约了两年时间。1962 年后，美国政府决定对一切新开发工程全面实行PERT 法。PERT 法的基本思路与方法同 CPM 类似，都以网络图为主要工具，区别在于PERT 法增加了对随机因素的考虑。所以，PERT 法又称非肯定型网络法，而 CPM 又称肯定型法。

## 三、横道图与网络图的异同

长期以来计划工作都采用横道图法，又名甘特图法、线条图法，来计划和控制工作进度。横道图具有形象、直观、简明、易懂和作图简便等优点，至今一直被广泛采用，将来也会是行之有效的主要计划方法之一。但它有以下不足之处：

（1）不能在图上清晰和严密地显示出各项工作的逻辑关系。这种逻辑关系包括在工作上的相互关联、互为条件、互为因果的依存关系和在时间上的衔接关系。

（2）不能既具有显示计划全貌的轮廓功能，又作为实施和控制作业计划的功能，即两者不能兼备。

（3）不能从保证生产和进度工期上找出关键工序和路线，优化工作，也不适应使用计算机编制、修改和控制计划。

网络图克服了横道图的不足之处，但网络图在许多场合仍需要横道图配合，以取得更好的效果。

网络计划技术的功能如下：

（1）从轮廓计划的角度来研究其功能。①网络计划能显示全部工序及其构成和工序的开工时间，便于掌握了解计划全貌；②在网络中能显示出工序之间的依存关系；③在网络计划编制阶段各部门共同参加网络图的编制，目标一致。

（2）从执行计划的角度来研究其功能。①由于任务分解，使工序具体而不笼统；②可以区分出关键工序和非关键工序；③还可以计算出非关键工序的时差，也就是可以知道有多少机动时间。

### 四、网络计划技术的应用步骤

网络计划技术的应用主要遵循以下几个步骤。

#### (一) 确定目标

确定目标，是指决定将网络计划技术应用于哪一个工程项目，并提出对工程项目和有关技术经济指标的具体要求。如在工期方面、成本费用方面要达到什么要求。依据企业现有的管理基础，掌握各方面的信息和情况，利用网络计划技术来为工程项目寻求最合适的方案。

#### (二) 分解工程项目，列出作业明细表

一个工程项目是由许多作业组成的，在绘制网络图前要将工程项目分解成各项作业。作业项目划分的粗细程度视工程内容及不同单位的要求而定。通常情况下，作业所包含的内容多，范围可分粗些，反之则细些。作业项目分得细，网络图的结点和箭线就多。对于上层领导机关，网络图可绘制得粗些，主要是通观全局、分析矛盾、掌握关键、协调工作和进行决策；对于基层单位，网络图就可绘制得细些，以便具体组织和指导工作。

在工程项目分解成作业的基础上，还要进行作业分析，以便明确先行作业（紧前作业）、平行作业和后续作业（紧后作业），即在该作业开始前，哪些作业必须先期完成，哪些作业可以平行地进行，哪些作业必须后期完成，或者在该作业进行的过程中，哪些作业可以与之平行交叉地进行。在划分作业项目后便可计算和确定作业时间，一般采用单点估计或三点估计法，然后一并填入明细表中。

#### (三) 绘制网络图，进行结点编号

根据作业时间明细表，可绘制网络图。网络图的绘制方法有顺推法和逆推法。

（1）顺推法，即从始点时间开始根据每项作业的直接紧后作业，依次绘出各项作业的箭线，直至终点事件为止。

（2）逆推法，即从终点事件开始，根据每项作业的紧前作业逆箭头前进方向逐一绘出各项作业的箭线，直至始点事件为止。

同一项任务，用上述两种方法画出的网络图是相同的。一般习惯于按反工艺顺序安排计划的企业，如机器制造企业，采用逆推较方便，而建筑安装等企业，则大多采用顺推法。按照各项作业之间的关系绘制网络图后，要进行结点的编号。

#### (四) 计算网络时间、确定关键路线

根据网络图和各项活动的作业时间，就可以计算出全部网络时间和时差，并确定关键路线。具体计算网络时间并不太难，但比较烦琐。在实际工作中影响计划的因素很多，要耗费很多的人力和时间。因此，只有采用计算机才能对计划进行局部或全部调整，这也为推广应用网络计划技术提出了新内容和新要求。

### （五）进行网络计划方案的优化

找出关键路线，也就初步确定了完成整个计划任务所需要的工期。这个总工期，是否符合合同或计划规定的时间要求，是否与计划期的劳动力、物资供应、成本费用等计划指标相适应，需要进一步综合平衡，通过优化，择取最优方案。然后正式绘制网络图，编制进度表，以及工程预算等各种计划文件。

### （六）网络计划的贯彻执行

编制网络计划仅仅是计划工作的开始。计划工作不仅要正确地编制计划，更重要的是组织计划的实施。网络计划的贯彻执行，要发动群众讨论计划，加强生产管理工作，采取切实有效的措施，保证计划任务的完成。在应用计算机的情况下，可以利用计算机对网络计划的执行进行监督、控制和调整，只要将网络计划及执行情况输入计算机，它就能自动运算、调整，并输出结果，以指导生产。

## 第三节　网络图的组成

### 一、网络图的构成

网络图是一种以图的方式表示一项工程或一个计划中各项工作或各道工序的衔接关系和所需时间的图解模型。一般认为网络图由以下两部分组成：

（1）网络模型。网络模型反映整个工程任务的分解与合成。分解是对整个工程任务进行仔细划分；合成是解决各项工作的协作和配合问题。

（2）时间数值。时间数值也就是数学模型。它反映整个工程任务过程中人、事、物的运动状态。这些运动状态都是通过转化为时间、函数来反映的。反映人、事、物运动状态和时间数值，包括各项工作的作业时间、开工和完工时间、工作之间的衔接时间、完成任务的机动时间及日程范围、总工期，从时间上显示出保证工期的关键所在及其缩短、优化的途径。

### 二、网络图的三要素

（1）活动。一项工作或一道工序又称工种工序作业，又分实活动和虚活动两种。实活动：占用时间，消耗资源，用"——→"表示活动，又称箭线。虚活动：不占用时间，不消耗资源，而仅仅表示逻辑关系，用"---→"表示。箭线长短与工序时间长短无关。

（2）事项（事件）。一项事件活动的瞬时开始和瞬时结束，又叫结点（节点），用"O"表示，有双重含义，表示前一事项结束、后一事件开始，有瞬时性、连续性和直观性。在网络中，最左端的结点叫作始点，最右端的结点叫作终点。

（3）路线。从始点到终点，中间一系列间线首尾相接的箭线叫路线，又叫通道，网络图由许多路线构成，其中最长的路线叫关键路线，其上的工序叫关键工序。关键路线一般用双实线或加粗线表示。

## 三、绘制网络图规则和逻辑表示方法

### (一) 网络图绘制的基本规则

网络图的绘制遵循以下基本规则：①不允许出现循环回路，如图 9-1 所示。②箭头结点的标号必须大于箭尾结点的编号。③两结点间只能有一条箭线，如图 9-2 所示。④网络图只有一个源，一个汇，如图 9-3 所示。⑤每项活动都应有结点表示其开始与结束，如图 9-4 所示。⑥箭线交叉必须用暗桥，如图 9-5 所示。

图 9-1 循环回路图

图 9-2 标号图

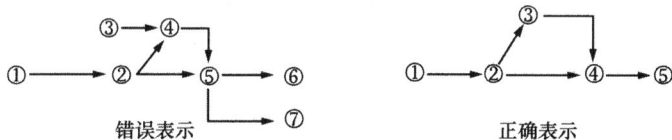

图 9-3 结点连接方法表示

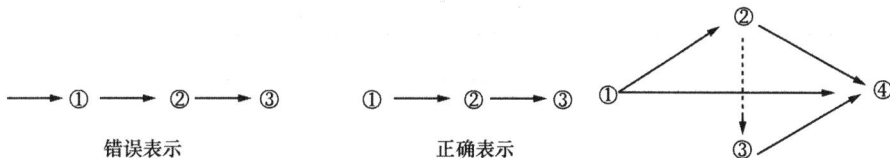

图 9-4 开始与结束表示

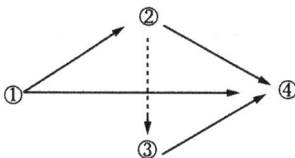

图 9-5 暗桥图

### (二) 网络图作业之间的逻辑关系

根据网络图中有关作业之间的相互关系，可以将作业划分为紧前作业、紧后作业、平行作业和交叉作业。

（1）紧前作业，是指紧接在该作业之前的作业。紧前作业不结束，则该作业不能开始。

（2）紧后作业，是指紧接在该作业之后的作业。该作业不结束，紧后作业不能开始。

（3）平行作业，是指能与该作业同时开始的作业。

（4）交叉作业，是指能与该作业相互交替进行的作业。

图 9-6 反映了网络图中的截取部分各作业之间的关系。

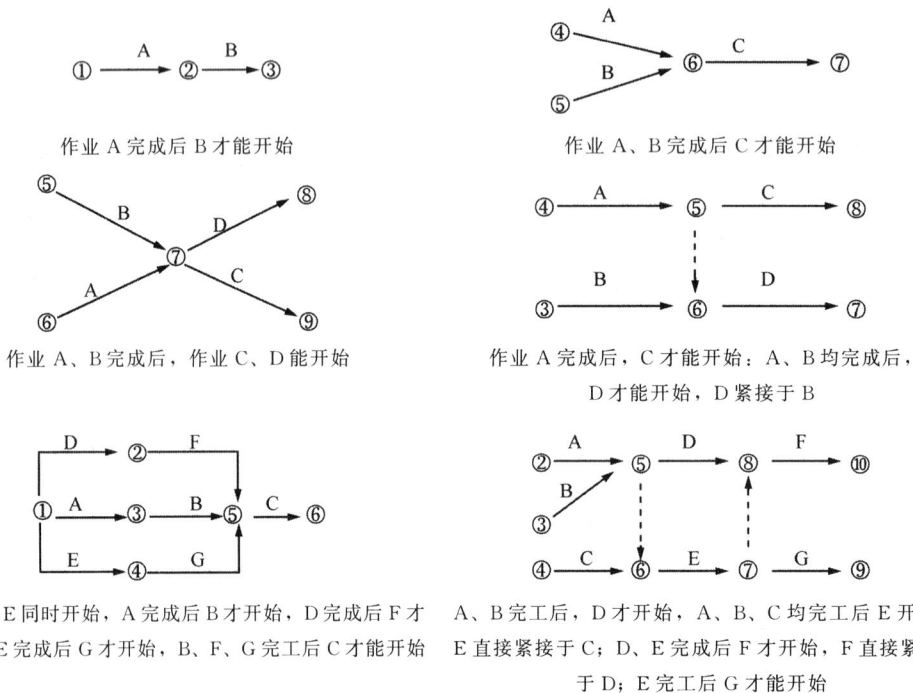

作业 A 完成后 B 才能开始

作业 A、B 完成后 C 才能开始

作业 A、B 完成后，作业 C、D 能开始

作业 A 完成后，C 才能开始；A、B 均完成后，
D 才能开始，D 紧接于 B

A、D、E 同时开始，A 完成后 B 才开始，D 完成后 F 才
开始，E 完成后 G 才开始，B、F、G 完工后 C 才能开始

A、B 完工后，D 才开始，A、B、C 均完工后 E 开始；
E 直接紧接于 C；D、E 完成后 F 才开始，F 直接紧接
于 D；E 完工后 G 才能开始

图 9-6　网络图各作业之间的关系

**例 9.1：** 根据表 9-2 所示的已知条件，运用网络图的原则和逻辑表示方法绘制网络图。

表 9-2　某机加工企业作业清单

| 顺序 | 作业名称 | 作业时间/天 | 作业代号 | 紧前作业 |
| --- | --- | --- | --- | --- |
| 1 | 图纸设计 | 3 | A | — |
| 2 | 工艺设计 | 4 | B | A |
| 3 | 模型制造 | 2 | C | A |
| 4 | 浇注模具 | 2 | D | B |
| 5 | 工装制造 | 5 | E | B |
| 6 | 毛坯制造 | 2 | F | C、D |
| 7 | 机械加工 | 4 | G | E、F |
| 8 | 装配协作 | 3 | H | G |
| 9 | 采购外协 | 2 | I | A |

根据表 9-2，可绘制网络图，如图 9-7 所示。

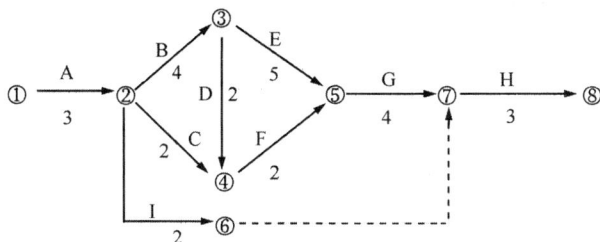

图 9-7　某机加工企业网络图

# 第四节　网络时间参数计算

在分析研究网络图时，除了从空间上反映整个计划任务及其组成部分的相互关系以外，还必须分析确定各项活动的时间，这样才能动态模拟生产过程，并作为编制计划的基础。

网络时间的计算，包括以下几项内容：①确定各项活动的作业时间；②计算各结点的时间参数；③计算工序的时间参数；④计算时差，并确定关键路线。

## 一、各项活动作业时间的计算

### （一）单时法

单时法即单一时间估计法。这种方法对活动的作业时间只确定一个时间值，估计时应以完成各项活动可能性最大的作业时间为准。采用单时法的网络图为肯定型网络图，它适用于不可知因素较少、有同类工程或类似产品的工时资料可供借鉴情况下的项目。

### （二）三点估计法

在没有肯定可靠的工时定额时，只能用估计时间来确定，一般用三点估计法，即先估计出最乐观时间、最保守时间、最可能时间，然后求其平均值。其公式如下：

$$T_E = \frac{a + 4m + b}{6}$$

式中，$T_E$ 为估计时间；$a$ 为最乐观时间；$b$ 为最保守时间；$m$ 为最可能时间。

### （三）估计活动工期分布

上述时间计算其标准偏差：$\sigma = (b - a)/6$

计划任务规定日期完成的概率：$\lambda = (T_K - T_S)/\sum \sigma$

式中，$T_K$ 为计划规定完工日期或目标时间；$T_S$ 为计划任务最早可能完成的时间，即关键路线上各项活动平均作业时间的总和；$\lambda$ 为概率系数；$\sum \sigma$ 为关键路线上各项活动标准差之和。

**例 9.2**：如表 9-3 所示数值，要求能按期完成的概率达 90%，问工程周期定为几天？

若将工期定为 25 天，问能按期完工的可能性有多大?

**表 9-3　某作业数值**

| 作业名称 | 三点估计 | | | 平均作业时间 | 方差 |
|---|---|---|---|---|---|
| | $a$ | $m$ | $b$ | | |
| A | 2 | 3 | 9 | 3.8 | |
| B | 2 | 4 | 10 | 4.7 | 64/36 |
| C | 3 | 5 | 9 | 5.3 | |
| D | 5 | 8 | 10 | 7.8 | 25/36 |
| E | 1 | 5 | 10 | 5.2 | |
| F | 5 | 7 | 9 | 7.0 | 16/36 |
| G | 4 | 5 | 7 | 5.2 | |
| H | 1 | 4 | 8 | 4.2 | 49/36 |
| I | 2 | 5 | 6 | 4.7 | |
| 合计 | | | | | 4.278 |

**解：** 如图 9-8 所示，关键路线为 $T_S = 23.7$（天）

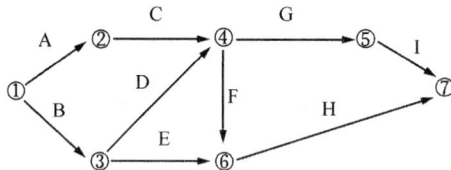

图 9-8　工程作业时间及顺序图

$$\sum \sigma \sqrt{\sum \frac{(b-a)^2}{6^2}} = \sqrt{\frac{(64+25+16+49)}{36}} = 2.068$$

查正态分布表概率为 90% 时，概率系数为 $\lambda = 1.3$，则有

（1）生产周期 $T_K = T_S + \sum \sigma \lambda = 23.7 + 2.068 \times 1.3 = 26.4$（天）。

（2）假设工期为 25 天，即 $T_K = 25$ 天。

则

$$\lambda = \frac{T_K + T_S}{\sum \sigma} = \frac{25 + 23.7}{2.068} = 0.36$$

查正态分布表概率 $\lambda = 0.36$ 时，完工概率为 73%。

## 二、结点时间的计算

### （一）结点的最早开始时间

结点的最早开始时间指从该结点开始的各项作业最早可能开始进行的时间，在此之前各项活动不具备开工条件，用 ET 表示。网络始点事项的最早开始时间为零，终点事项因无后续作业，它的最早开始时间也是它的结束时间。网络中间事项的最早开始时间计算可归纳为前进法、用加法、选大法三种。

### （二）结点的最迟结束时间

结点的最迟结束时间指以该结点为结束的各项活动最迟必须完成的时间，用 LT 表示。网络终点事项的最迟结束时间等于它的最早开始时间。其他事项的最迟结束时间的计算可归纳为后退法、用减法、选小法三种。

结点最早开始时间和最迟结束时间可在图上计算。就是根据网络时间计算的基本原理，在网络上直接进行计算，把时间标明在图上，一般结点最早开始时间标在"□"中，结点最迟结束时间标在"△"中。

## 三、工序时间的计算

### （一）工序的最早开工时间与最早完工时间

工序最早开工时间（ES）是工序最早可能开始的时间，它就是代表该工序箭线的箭尾结点的最早开始时间，即 $ES(i, j) = ET(i)$。

工序的最早完工时间（EF）指工序最早可能完成的时间，它等于工序最早开工时间与该工序的作业时间之和，即 $EF(i, j) = ET(i) + T(I, j) = ES(I, j) + T(I, j)$。

### （二）工序的最迟开工时间和最迟完工时间

工序的最迟开工时间（LS）是指工序最迟必须开始而不会影响总工期的时间，它是工序最迟必须完工时间与该工序的作业时间之差。工序的最迟完工时间（LF）等于代表该工序的箭线箭头结点的最迟结束的时间，因此，在已知结点最迟结束时间的条件下，可以确定各项工序的最迟完工时间，然后确定工序的最迟开工时间。

$$LF(i, j) = LT(j)$$
$$LS(i, j) = LF(i, j) - T(i, j) = LT(j) - T(i, j)$$

各项结点时间和工序时间计算见下例。

**例 9.3：** 某厂生产的产品共有七道工序，其工序流程及每道工序所需要的时间如表 9-4，试计算各工序时间参数。

表 9-4　工序时间表

| 工序名称 | A | B | C | D | E | F | G |
|---|---|---|---|---|---|---|---|
| 紧前工序 | — | A | A | B | B | C, D | E, F |
| 时间/天 | 1 | 8 | 5 | 3 | 7 | 3 | 1 |

**解：**（1）先作图，用图解法计算结点时间，如图 9-9 所示。

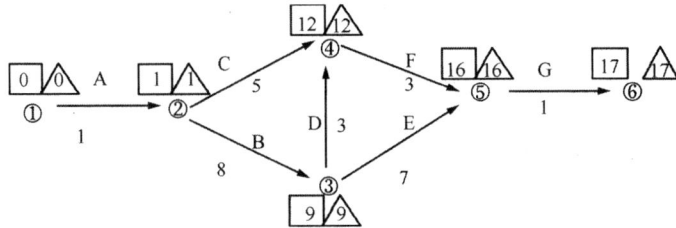

图 9-9　用图解法计算结点时间

（2）计算工序时间如表 9-5 所示。

表 9-5　工序时间参数表　　　　　　　　　　　　　　　　（单位：天）

| 工序 | 作业时间 | 开始时间 | | 结束时间 | | 时差 |
| --- | --- | --- | --- | --- | --- | --- |
| | | ES | LS | EF | LF | |
| ①→② | 1 | 0 | 0 | 1 | 1 | 0 |
| ②→③ | 8 | 1 | 1 | 9 | 9 | 0 |
| ②→④ | 5 | 1 | 8 | 6 | 13 | 7 |
| ③→④ | 3 | 9 | 10 | 12 | 13 | 1 |
| ③→⑤ | 7 | 9 | 9 | 16 | 16 | 0 |
| ④→⑤ | 3 | 12 | 13 | 15 | 16 | 1 |
| ⑤→⑥ | 1 | 16 | 16 | 17 | 17 | 0 |

## 四、时差及关键路线的确定

### （一）时差

时差又叫机动时间、富裕时间，是每道工序的最迟开工（完工）时间与最早开工（完工）时间之差。关键路线上工序的时差为零。时差用 $S(i, j)$ 表示，计算公式如下：

$$S(i, j) = LS(i, j) - ES(i, j) = LF(i, j) - EF(i, j)$$

### （二）关键路线的确定

关键路线是在网络图中完成各个工序需时间最长的路线，又称主要矛盾线。如果能够缩短关键工序（作业）的时间，就可以缩短工程的完工时间。而缩短非关键路线上的各个工序（作业）所需要的时间，却不能使工程完工时间提前。

对各关键工序，优先安排资源，挖掘潜力，采取相应措施，尽量压缩需要的时间；而对非关键路线上的各个工序，只要在不影响工程完工时间的条件下，可抽出适当的人力、物力等资源，用在关键工序（工作）上，以达到缩短工程工期、合理利用资源的目的。在执行过程中，可以明确工作重点，对各个关键工序进行有效控制和调度。确定关键路线的方法有以下几种：

（1）最长路线法。计算出工期最长的路线，即为关键路线。

（2）时差法。由时差为零的活动所组成的路线为关键路线。

（3）破圈法。从一个结点到另一个结点之间如果存在两条不同的线路，形成一个封闭的环，称为圈。形成圈的两条线路作业时间不等，该圈则称可破圈。可将其中较短的一条线路删除，圈就被打破了，保留下来的是较长的一条路线，也就是两结点间的关键路线。以此类推，剩下最后一条线路即为关键路线。

# 第五节 网络计划的优化

## 一、网络计划技术优化概述

运用网络计划技术的目的是求得一个时间短、资源耗费少、费用低的计划方案。网络计划技术优化，主要是根据预定目标，在满足既定条件的要求下，按照衡量指标寻求最优方案。其方法主要是利用时差，不断改善网络的最初方案，缩短周期，有效利用各种资源。网络计划的优化通常包括时间优化、时间-费用优化和时间-资源优化等。

## 二、时间优化

时间优化是在人力、原材料、设备和资金等资源基本有保证的条件下，寻求最短的工程项目总工期。其具体方法是：①采取措施，压缩关键作业的作业时间。例如，采取改进工艺方案、合理地划分工序的组成、改进工艺装备等措施压缩作业时间。②采取组织措施，在工艺流程允许条件下，对关键路线上的各作业组织平行或交叉作业；合理调配人员，尽量缩短各关键路线上的作业时间。③充分利用时差。如在非关键作业上抽调人、财、物，用于关键路线上的作业，以缩短关键路线的作业时间。

## 三、时间-费用优化

时间-费用优化，又称成本优化，就是根据计划规定的期限，确定最低成本；或根据最低成本的要求，寻求最佳工期。运用网络计划技术制订工程计划，不仅要考虑工期和资源情况，还必须考虑成本，讲求经济效益。

### （一）时间与费用的关系

某一计划任务或工程项目的总费用是由该任务的直接费用和间接费用两部分组成的。其关系如图9-10所示。间接费用是指不能或不宜直接计算，必须按一定标准分摊于成本计算对象的费用。这部分费用与各项作业没有直接关系，只和工期长短有关。工期越长，间接费用越大，如图9-10所示。直接费用是指与完成工程项目直接有关的费用。直接费用与工期成反比，如图9-11所示。

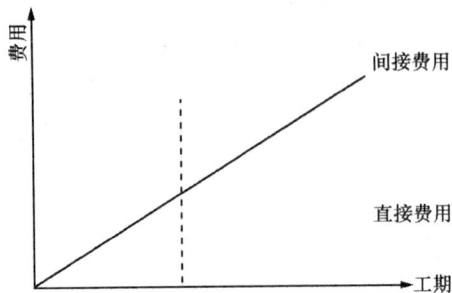

图 9-10　费用、工期关系图

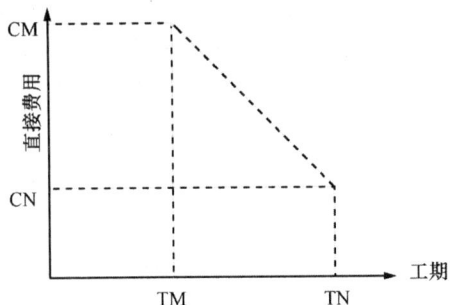

图 9-11　直接费用与工期的关系图

一般来说，缩短工期会增加直接费用的投入量；反之，减少直接费用的投入量，则工期将延长。但直接费用减少到一定程度，工期即使再延长，直接费用也不会再减少，这时的直接费用为正常工期；反之，当工期缩短，则称为赶工工期。当工期缩短到一定程度，直接费用即使再增加，工期也不会缩短，这时的工期称为极限工期，与赶工工期对应的是赶工费用。

与极限工期所对应的是极限费用。其关系见图 9-11。计算直接费用率的公式为

$$K = \frac{(CM - CN)}{(TN - TM)}$$

式中，$K$ 为成本斜率；CM 为极限费用；CN 为正常费用；TN 为正常工期；TM 为极限工期。

直接费用率表示每缩短单位时间所需增加的直接费用。

### (二) 时间-费用优化的方法

进行时间-费用优化的步骤是：第一步，作网络图；第二步，寻找网络计划的关键路线，并计算计划完成的时间；第三步，计算正常时间的总费用；第四步，计算网络计划各项作业的成本斜率；第五步，选关键路线上成本斜率最低作业作为赶工对象进行赶工，以达到缩短计划完成时间的目的；第六步，寻找新的关键路线，并计算赶工后计划完成时间；第七步，计算赶工后时间总成本费用；第八步，重复第五、第七步，计算各种改进方案的日程成本费用；第九步，选定最佳费用成本时间。

时间费用优化应按以下规则进行：

第一，压缩工期时，应选关键路线上直接费用最小的作业，以达到增加最少直接费用来缩短工期的目的。

第二，在确定压缩某项作业期限时，既要满足作业极限时间所允许的赶工限制，又要考虑网络图中长路线工期同关键路线工期的差额限制，并应取两者中较小者。

第三，为使网络图不断优化，出现数条关键路线时，继续压缩工期就必须在这数条关键路线上同时进行，否则仅压缩其中一条关键路线的时间，不会达到缩短工程总工期的目的。

**例 9.4**：某项工程共有六项作业，其网络图、作业时间及费用见图 9-12 及表 9-6。若间接费用为每周 500 元，试进行时间-费用优化。

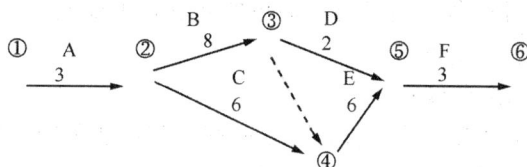

图 9-12　网络图

**表 9-6　时间及费用表**

| 作业代号 | 作业时间/周 | | 作业费用/千元 | | 直接费用率/（千元/周） |
|---|---|---|---|---|---|
| | ES | LS | EF | LF | |
| A | 3 | 1 | 2 | 3.2 | 0.6 |
| B | 8 | 4 | 5 | 6.2 | 0.3 |
| C | 6 | 3 | 4 | 4.6 | 0.2 |
| D | 2 | 1 | 3 | 3.1 | 0.1 |
| E | 6 | 4 | 4 | 4.8 | 0.4 |
| F | 3 | 2 | 2 | 2.8 | 0.8 |

**解：** 将已知条件填入表 9-7，然后逐步优化。优化结果见表 9-7。

**表 9-7　时间-费用优化步骤表**

| 项目 | | A | B | C | D | E | F | 原工期 | 优化 | | | | |
|---|---|---|---|---|---|---|---|---|---|---|---|---|---|
| | | 0.6 | 0.3 | 0.2 | 0.1 | 0.4 | 0.8 | | (一) | (二) | (三) | (四) | (五) |
| A—B—D—F | | 3 | 8 | | 2 | | 3 | 16 | 14 | 14 | 12 | 10 | 9 |
| A—B—E—F | | 3 | 8 | | | 6 | 3 | 20 | 18 | 16 | 14 | 12 | 11 |
| A—C—E—F | | 3 | | 6 | | 6 | 3 | 18 | 18 | 16 | 14 | 12 | 11 |
| 赶工限制时间 | | 2 | 4 | 3 | 1 | 2 | 1 | $C_0 = 2+5+4+3+4+2+0.5\times20 = 30$（千元） | | | | | |
| 优化 | (一) | 2 | 2 | 3 | 1 | 2 | 1 | $C_1 = 30-2\times(0.5-0.3) = 29.6$（千元） | | | | | |
| | (二) | 2 | 2 | 3 | 1 | 0 | 1 | $C_2 = 29.6-2\times(0.5-0.4) = 29.4$（千元） | | | | | |
| | (三) | 2 | 0 | 1 | 1 | 0 | 1 | $C_3 = 29.4-2\times(0.5-0.3-0.2) = 29.4$（千元） | | | | | |
| | (四) | 0 | 0 | 1 | 1 | 0 | 1 | $C_4 = 29.4-2\times(0.5-0.6) = 29.6$（千元） | | | | | |
| | (五) | 0 | 0 | 1 | 1 | 0 | 0 | $C_2 = 29.6-(0.5-0.8) = 29.9$（千元） | | | | | |

计算结果表明，最低工程费用为 29.4 千元，对应的最佳工期为 14 周；最短工期为 11 周，其对应的工程总费用为 29.9 千元。

## 四、时间-资源优化

时间-资源优化，是指在一定的工期条件下，通过平衡资源，求得工期与资源的最佳结合。时间-资源优化是一项工作量大的作业，往往难以对工程进度和资源利用都做出合理的安排，常常是需要进行几次综合平衡后，才能得到最后的优化结果。

时间-资源优化主要靠试算。对于比较简单的问题，可以按以下步骤进行：

（1）根据日程进度绘制线条图；

（2）绘制资源需要动态曲线；

（3）依据有限资源条件和优化目标，在坐标图上利用非关键工序的时差，依次调整超过资源约束条件的工作时期内各项作业的开工时间，直到满足平衡条件为止。

时间-资源优化是有限资源的调配优化问题，就是在资源一定的条件下，使完成计划工期最短。

时间-资源优化的步骤和方法的要点是：

第一，根据规定的工期和工作量，计算出作业所需要的资源数量，并按计划规定的时间单位做出日程上的进度安排；

第二，在不超过有限资源和保证总工期的条件下，合理调配资源，将资源优先分配给关键路线上的作业和时差较小的作业，并尽量使资源能均衡地、连续地投入，避免骤增骤减；

第三，必要时适当调整总工期，以保证资源的合理使用。

**例 9.5**：某工程所含有作业及其需要的时间，资源数量如图 9-13 所示。若该计划仅有人力资源为 10 人，可供使用，问如何安排方案。

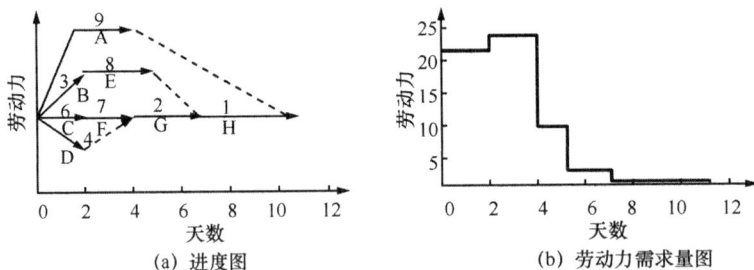

图 9-13　资源数量图

解：在最早开始的进度安排中，人力资源需要高峰在 A、E、F 三项作业同时进行的第 3、第 4 天，需要 24 人。这时 A 和 E 都不得有时差（分别是 7 天和 2 天），因此，它们在允许范围内向后延迟开工，并不影响工程的完工期。而 F 作业是在关键路线上，不能调整。因为 A 作业的时差大，故先调整它，让它向后推迟 7 天开工，即从第 8 天开工到第 11 天结束，这样有助于填补劳动力资源需要量的不足状况。经第一次调整后，其人力资源利用状况如图 9-14 所示。

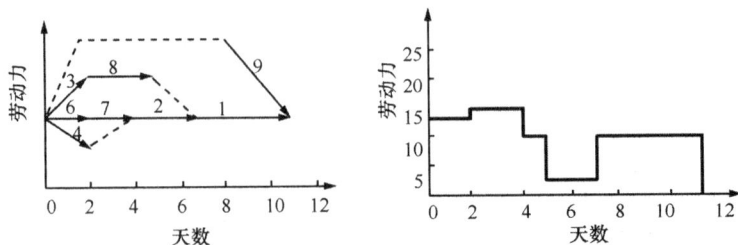

图 9-14　优化图一

继续调整，第3、第4天仍是高峰，E作业有时差，向后延迟至最迟开工时间，如图9-15所示。这时劳动力资源高峰发生在第1、第2天，同时进行工作的有B、C、D。C作业是关键路线上的作业，B和D均有2天时差，延迟B2天，如图9-16所示。由该图可以看出，在原工程的总工期范围内，并没有增加任何费用，取得了劳动力资源安排的较优方案，实现了仅需10人即可的理想状况。

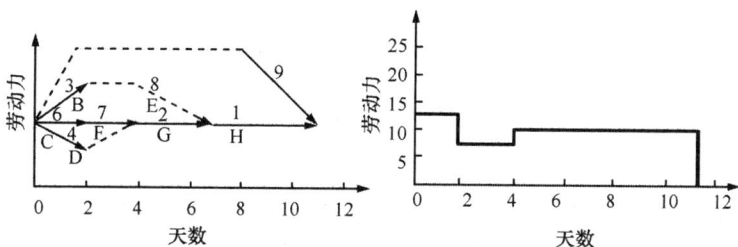

图 9-15  优化图二

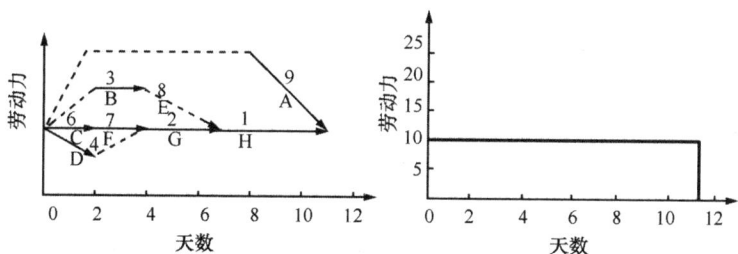

图 9-16  优化图三

### 本章小结

在生产类型的划分中，项目属于单件生产，但又不同于一般的单件生产，这类生产的管理有它的特殊性，如新产品开发、软件系统开发、大型设备大修、大型技术改造，以及特殊的大型单件产品生产等。它要求在规定的时间和预算费用内完成一项大型工程或创新性强、风险大的研究项目，为此需要组织由多种专业人员组成的专门队伍。因此，它属于一种特殊的生产类型，所采用的管理方法也具有特殊性，通常称之为项目管理。项目管理研究的重点是项目的目标管理、项目的计划管理和项目管理应遵循的基本原则和方法。

### 练习与思考

1. 什么是网络计划技术？
2. 网络图的组成及其应遵循的原则有哪些？
3. 计算网络时间包括哪些内容？什么是结点时间、工序时间？
4. 简述网络图与甘特图的异同。
5. 案例分析：淮海电器有限责任公司生产方案的选择

淮海电器有限责任公司于2004年11月底召开了2005年生产方案讨论会，其主要产品X电子产品近几年的有关生产经营历史资料统计如下：

| 项目 | 2001 年 | 2002 年 | 2003 年 | 2004 年 |
|---|---|---|---|---|
| 产品价格/（元/件） | 100 | 85 | 85 | 80 |
| 销售量 $Q$ /万件 | 10 | 13.4 | 15.5 | 16.6 |
| 市场占有率/% | 28 | 33 | 35 | 36.7 |
| 变动费用 $V$ /万元 | 500 | 626.5 | 724.7 | 780.2 |
| 固定费用 $F$ /万元 | 200 | 210 | 230 | 250 |
| 税前利润 $Z$ /万元 | 300 | 302.6 | 362.4 | 297.8 |

由于原材料价格上涨，预计该产品 2005 年单位产品变动费用将在 2004 年的基础上增加 15%，而价格仍维持在 2004 年的水平。在讨论 2005 年的计划时，确定 2005 年目标利润（税前利润）不得低于 280 万元。为此，公司总经理布置要求企业各部门根据本公司情况献策，研究可行方案。经过认真讨论，各部门提出了若干方案。

生产部门提出，目前生产能力已经饱和，最多只能生产出 17 万件，而且生产线上有几台设备老化，经常因故停机，现在既影响生产效率，也影响产品合格率，增加了产品成本，所以他们认为需要更新和增加几台设备，约需 30 万元，资金来源由银行贷款，并可同意税前还款。投资部分从当年起，分 3 年在税前等额还款，年利率 6%。如果这样，按市场需要生产，可使销售收入增加到 1500 万元以上。虽然使固定费用增加 253 万元，但可因此大大降低废品率和提高劳动生产率，这两项的综合效果，至少可使单位产品变动成本费用降低 6%，确保目标利润的实现。

技术部门也提出了一项方案，他们认为生产部门的方案有其正确的一面，但目前废品率高和劳动生产率低的原因，既有设备因素，又有企业管理因素。据统计，现产品废品率为 11%，若从工艺和质量管理方面采取措施，废品率可降低 3%，经测算，在原材料涨价的情况下，至少可使每件产品变动费用降低 1 元以上。同时，他们根据市场占有率情况计算，从市场总销售情况看，该产品已进入成熟期，市场竞争激烈，他们认为应及时投入新产品，作为增加利润的重要途径之一。他们已经设计成功 X-6 型新产品，经 2004 年上半年度销售价格为每件 100 元（单位产品的变动成本为 56.5 元/件），深受用户欢迎。据预测，2005 年订货至少可达 4.5 万件。而且可以原有生产线上进行生产。技术部门认为，按他们的方案完全可以实现目标利润 280 万元。

**讨论：**

    1. 试预测公司 2005 年的销售量。

    2. 试对该产品生产计划指标情况进行分析和决策。

# 第十章 企业资源计划

## 本章学习目标 》》

1. 掌握 ERP 理论形成的几个阶段及相关的概念和基本原理。
2. 了解 ERP 系统的应用现状、效果及发展趋势。
3. 掌握 ERP 系统的基本原理及在软件中的应用方法。
4. 初步了解 ERP 系统的一般业务流程。

## 导入案例： 零售帝国的崛起——沃尔玛的信息系统战略

让我们首先简单地回顾一下沃尔玛的历史：

20 世纪 60 年代

　　1962 年 山姆·沃尔顿在阿肯色州罗杰斯城开办第一家沃尔玛商店。

　　1969 年 成立沃尔玛百货有限公司。

20 世纪 70 年代

　　1970 年 在阿肯色州的本顿维尔镇成立了公司总部和第一家配送中心。

　　1972 年 沃尔玛公司股票获准在纽约证券交易所上市。

20 世纪 80 年代

　　1983 年 在俄克拉何马州的中西部市开设了第一家山姆会员商店。

　　1984 年 山姆·沃尔顿实现对员工的许诺，公司税前利润达到 8%，他在华尔街跳
　　　　　　起了草裙舞。

　　1987 年 沃尔玛的卫星网络完成，是美国最大的私有卫星系统。

　　1988 年 首家沃尔玛购物广场在密苏里州的华盛顿开业。

20 世纪 90 年代

　　1990 年 沃尔玛成为美国第一大零售商。

　　1991 年 沃尔玛商店在墨西哥城开业，沃尔玛开始进入海外市场。

　　1993 年 沃尔玛国际部成立。

　　1996 年 通过成立合资公司进入中国。

21 世纪头 10 年

　　2000 年 从中国采购商品总额超过 100 亿美元。

　　2001 年 沃尔玛在全球设立 24 个采购点，将全球采购总部由香港搬到深圳。

　　2002 年 停止采购外包，年销售额 1900 亿美元的商品全部交给深圳这个全球采购总
　　　　　　部及所属的采购网络负责。

　　2004 年 在深圳召开其全球董事会会议。

2008 年 沃尔玛全球可持续发展高峰会议在北京召开，探讨全球变暖条件下的节能减排、减少包装的环保新举措。

2009 年 沃尔玛中国"农超对接"项目先后在 14 个省、直辖市建立了 28 个农超对接基地，面积 30 万亩，带动农民 28.3 万人。

2010 年 沃尔玛宣布温室气体减排目标：到 2015 年底之前从其全球供应链中削减 2000 万吨的温室气体排放量。

2010 年《财富》杂志公布了美国五百强企业新榜单，全球最大零售商沃尔玛取代石油巨头埃克森美孚登上榜首。

沃尔玛的全球采购战略、配送系统、商品管理、电子数据系统、天天平价战略在业界都是可圈可点的经典案例。可以说，所有的成功都是建立在沃尔玛利用信息技术整合优势资源、信息技术战略与零售业整合的基础之上的。

众所周知，全世界最为强大的电子信息系统在美国。而在美国曾有这样一个说法是，沃尔玛的电子信息系统是全美最大的民用系统，甚至超过了电信业巨头美国电报电话公司。沃尔玛拥有如此先进的科技装备，在当时美国商界是极为罕见的，这与沃尔顿先生追求卓越的经营管理理念是密不可分的。他认为，高新技术的快速引进和成功运用，可以极大地提高沃尔玛的工作效率，促进高效分销，提高公司的盈利水平和核心竞争力，起到"点石成金"之功效。

沃尔玛早在 1977 年就完成了整个公司的计算机网络配置，实现了公司总部与各分店及配送中心之间的快速直接通信。到了 80 年代初，沃尔玛开始利用电子数据交换系统与供应商实行自动订货。80 年代末期，沃尔玛配送中心的运行已完全实行了自动化。通过网络，沃尔玛可以在一小时之内对全球的几千家分店的商品库存和销售量盘点一遍。到 20 世纪 90 年代初，沃尔玛在通信网络上投资已达到 7 亿美元之多，而沃尔玛的销售额和经营利润也同时获得了大幅度增长。在信息技术的支持下，沃尔玛能够以最低的成本、最优质的服务、最快速的反应进行全球运作。这一切的优势都来自于沃尔玛积极地应用信息技术的最新成果。

沃尔玛中国有限公司的管理信息系统来自强大的国际系统支持。沃尔玛在全球拥有 3000 多家商店、40 多个配销中心、多个特别产品配销中心，它们分布在美国、阿根廷、巴西、加拿大、中国、法国、墨西哥、波多黎各等国家。公司总部与全球各家分店和各个供应商通过共同的计算机系统进行联系。它们有相同的补货系统、相同的 EDI 条形码系统、相同的库存管理系统、相同的会员管理系统、相同的收银系统。这样的系统能从一家商店了解全世界商店的资料。从沃尔玛的成功中可以看出，信息技术的采用虽然投资巨大，但是它能降低成本、提高效率、带来无限的收益与竞争力，可谓沃尔玛成功的一大法宝。

资料来源：CIOAge. 零售帝国的崛起．http：//www. cioage. com/art/200805/69858. htm. 2008-05-12.

讨论：

　　1. 分析沃尔玛的关键成功因素有哪些？

　　2. 信息化战略是如何提高沃尔玛的竞争优势的？

# 第一节　ERP 理论的形成

企业资源计划（enterprise resource planning ，ERP），是由美国高德纳咨询公司（Gartner Group Inc.）于 20 世纪 90 年代初期提出的，是一种将信息技术与先进的管理理念融合在一起的企业运作模式。它将企业外部客户的需求、企业内部资源及供应商资源整合在一起，为企业提供多重解决方案，以实现信息流、物流、资金流、价值流和业务流的有机集成。ERP 以提高客户满意度为目标，使企业在动态多变的市场竞争中取得竞争优势，这成为企业在知识经济、信息时代生存与发展的基石。

## 一、ERP 的发展历程

进入 21 世纪后，由于经济全球化进程的不断加快，以计算机和网络技术为代表的知识经济的不断发展，未来的企业不仅需要整合客户的需求和供应商资源，还需要注重行业专业分工和企业之间的信息交流及资源共享，这促使 ERP 不断发展。ERP 是一个庞大的管理信息系统，要理解 ERP 理论的形成，我们首先要沿着 ERP 发展的四个主要阶段，从最为基本的 20 世纪 60 年代时段式 MRP（material requirement planning，物料需求计划）系统讲起。如图 10-1 所示。

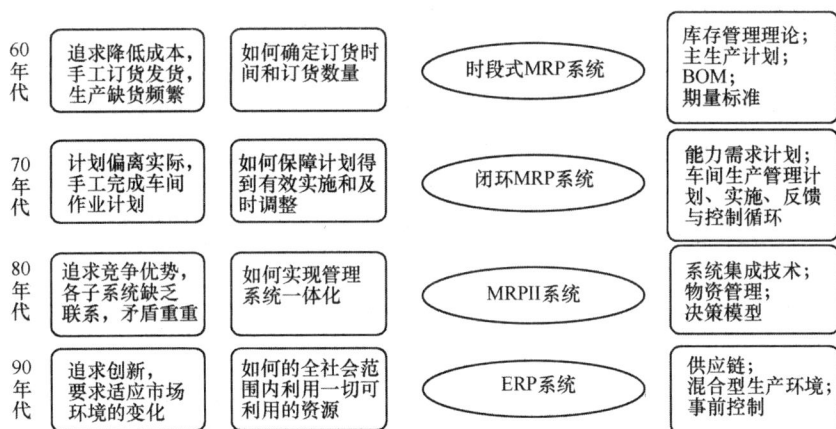

| 60年代 | 追求降低成本，手工订货发货，生产缺货频繁 | 如何确定订货时间和订货数量 | 时段式MRP系统 | 库存管理理论；主生产计划；BOM；期量标准 |
| 70年代 | 计划偏离实际，手工完成车间作业计划 | 如何保障计划得到有效实施和及时调整 | 闭环MRP系统 | 能力需求计划；车间生产管理计划、实施、反馈与控制循环 |
| 80年代 | 追求竞争优势，各子系统缺乏联系，矛盾重重 | 如何实现管理系统一体化 | MRPII系统 | 系统集成技术；物资管理；决策模型 |
| 90年代 | 追求创新，要求适应市场环境的变化 | 如何的全社会范围内利用一切可利用的资源 | ERP系统 | 供应链；混合型生产环境；事前控制 |

图 10-1　ERP 发展阶段图

（1）从订货点法到时段式 MRP。20 世纪 40 年代，人们为解决库存控制问题，提出了订货点法，当时计算机系统还没有出现。20 世纪 60 年代中期，随着计算机系统的发展，短时间内对大量数据的复杂运算成为可能，人们为解决订货点法的缺陷，提出了 MRP 理论，作为一种库存订货计划，即物料需求计划阶段或称为基本 MRP 阶段。

（2）闭环 MRP。20 世纪 70 年代，随着人们认识的加深和计算机系统的进一步发展，MRP 的理论范畴也得到发展。为解决采购、库存、生产、销售的管理问题，发展了生产能力需求计划、车间作业计划及采购作业计划理论。MRP 的出现解决了生产计划与控制问题。

（3）MRPⅡ。20 世纪 80 年代，随着计算机网络技术的发展，企业内部信息得到充分共享，MRP 的各子系统也得到了统一，形成了一个集采购、库存、生产、销售、财务、工程技术于一体的子系统，发展了 MRP II（manufacturing resources planning，制造资源计划）理论。

（4）ERP。MRP II 主要面向企业内部资源全面计划和管理，但进入 20 世纪 90 年代，随着市场竞争的进一步加剧，企业竞争空间与范围进一步扩大，企业的管理思想逐步发展成为如何有效利用和调配企业内部资源与外部市场资源的问题，ERP 随之产生。

ERP 充分吸收了 MRP 和 MRP II 的优点，又融合了最新的互联网技术和先进的供应链管理理念，能够有效利用和管理企业整体资源，体现了快速响应客户需求的战略思想。

## 二、MRP 的基本原理

### （一）订货点法

企业为了维持均衡生产，一般库存相应的原材料和产成品作为应付异常状况的缓冲。但是，一方面，库存要占用流动资金，需要存储场地和管理人员，会产生相关费用，因此，企业需要不断地为库存付出代价；另一方面，如果库存不足，带来生产停工待料，影响产品交货时间，将会严重影响企业信誉。于是，如何协调生产与库存的关系，寻求二者之间的平衡，成为企业管理者关心的问题。

早在 20 世纪 40 年代初期，企业控制物料的需求通常采用控制库存物料数量的方法，即为需求的每种物料设置一个最大库存量和安全库存量。最大库存量考虑库存容量、库存占用资金的限制而设置。安全库存量也叫最小库存量，是为了预防需求或供应方面不可预测的波动，在仓库中经常应保持最低库存量作为安全库存量。由于物料的供应需要一定的时间（即采购提前期），因此，必须在物料库存下降到安全库存量之前（此时的库存数量称为订货点）开始采购物料。当物料供应到货时，物料的消耗刚好到了安全库存量。这种控制模型必须确定两个系数，即订货点与订货批量。订货点法依靠对库存补充周期内的需求量预测，并保持一定的安全库存储备来确定订货点，如图 10-2 所示。

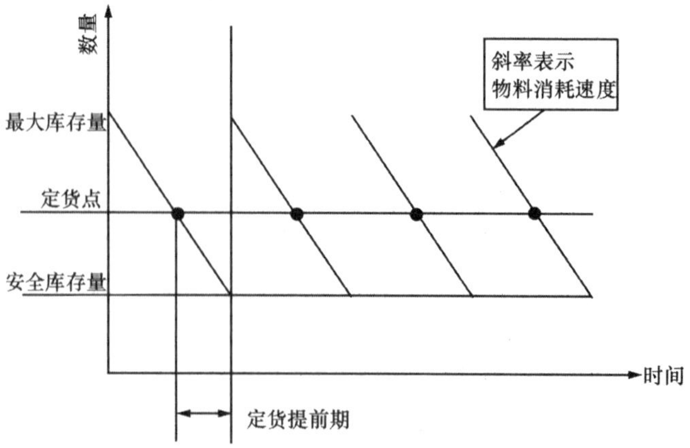

图 10-2　订货点法

订货点法的有效性取决于大规模生产环境下物料需求的连续稳定性。但由于需求是间断的，当填满库存后，需求并未立即产生，这时就会造成库存积压。"何时订货"被认为是库存管理的一个大问题，然而真正重要的问题是"何时需要物料"。当这个问题解决后，"何时订货"的问题也就迎刃而解了。订货点法通过触发订货点来确定订货时间，再通过提前期来确定需求日期，其实是本末倒置的，从而最终引发了 MRP 的出现。

**（二）MRP 的核心思想**

MRP 是在解决订货点法缺陷的基础上发展起来的。MRP 的基本思想是：

（1）把所有物料按需求性质区分为独立需求物料和相关需求物料。如果某物料的需求量是不依赖于企业内其他物料的需求量而独立存在的，则称为独立需求。独立需求的需求时间通常由预测和客户订单等外在因素决定，如最终产品、维修件、可选件等。如果某物料的需求量可由企业内其他物料的需求量来确定，则称为相关需求，如原材料、零件、组件等。相关需求的需求量和需求时间由产品结构和提前期确定。

（2）通过产品结构把所有物料的需求联系起来，考虑不同物料的需求之间在数量上和时间上的匹配关系，使各种物料的库存在数量上和时间上趋于合理。

（3）物料的需求是分时间段的，根据产品的交货日期，按产品结构展开为零部件，根据各种提前期即可计算出不同物料的需求时间。

MRP 系统的目标是：围绕所要生产的产品，应当在正确的时间、正确的地点、按照规定的数量得到真正需要的物料，按照各种物料真正需要的时间来确定订货与生产日期，以避免库存积压。

下面以圆珠笔产品生产的逻辑流程为例。圆珠笔的产品结构如图 10-3 所示。在产品结构图中，处于最顶层的是最终产品圆珠笔，最下层的是采购件（原材料），笔芯是中间件，这样就构成了一定的结构层次。在直接构成的上下关系中，把上层的物料称为母件（或称为父件），下层的构成件称为该母件的子件，处于中间层的所有物料，既是上层的子件，也是其下层的母件。

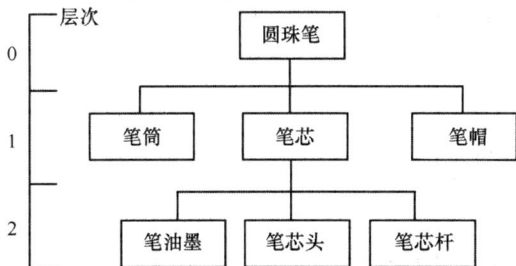

图 10-3　圆珠笔的产品结构

由于产品结构的层次性，产品在生产和组装时就存在一定的顺序，只有下层的子件物料准备好后，才能生产上层的母件物料，假设圆珠笔各层零部件的制造时间周期如表10-1所示。

表 10-1　圆珠笔产品的加工周期

| 物料名称 | 产品结构层次 | 构成数量 | 采购提前期/小时 | 单件加工期/小时 | 总加工周期/小时 | 总提前期/小时 |
|---|---|---|---|---|---|---|
| 笔油墨 | 2 | 5g | 6 | — | — | — |
| 笔芯头 | 2 | 1个 | 6 | — | — | — |
| 笔芯杆 | 2 | 1支 | 8 | — | — | — |
| 笔芯 | 1 | 1支 | — | 3 | 3 | 11 |
| 笔筒 | 1 | 1个 | 8 | — | — | — |
| 笔帽 | 1 | 1个 | 8 | — | — | — |
| 圆珠笔 | 0 | 1支 | — | 5 | 8 | 16 |

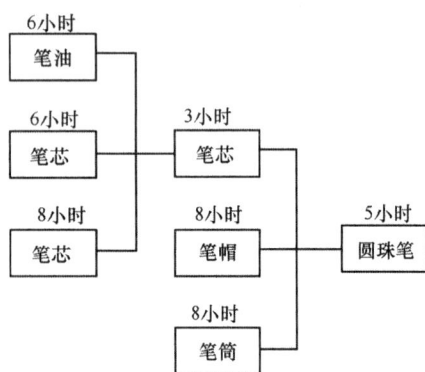

图 10-4　圆珠笔加工时间顺序

表 10-1 也可以换成时间坐标表示的各物料需求时间，如图 10-4 所示。

在圆珠笔的产品结构中，最终产品圆珠笔是独立需求物料。构成圆珠笔的所有下层物料如笔芯、笔帽、笔油墨等都是相关需求物料，其需要量由圆珠笔的生产量决定。如生产 10 支圆珠笔则需要采购 50g 笔油墨。在物料需求时间的确定上，假设以圆珠笔的交货时间为终点，由于圆珠笔的装配需要 5 小时，因此应提前 5 小时准备好笔芯、笔帽和笔筒，又由于笔芯本身的装配需 3 小时，因此应提前 8 小时准备好笔油墨、笔芯头和笔芯杆，提前 8 小时安排笔芯的装配加工；而笔芯杆的采购提前期是 8 小时，因此应提前 16 小时采购笔芯杆。由于产品各层次需求时间不同，这就要求在"需要的时候"，提供"需要的数量"。产品结构是多层次的树状结构，其最长的一条加工路线就决定了产品的加工周期，本例中最长的加工周期为 16 小时，此周期即产品的累计提前期。

由此可见，由于产品各层次物料的需求时间与需求数量不同，即存在相关需求的时段性与成批性，因此要求相关需求的物料必须在需要的时候，提供需要的数量，这正是 MRP 的核心思想。

### （三）MRP 的运行逻辑

MRP 是按时间段来确定各种相关需求的物料需求数量和需求时间的，从而解决了企业产、供、销部门的物料信息的集成管理，其运行逻辑流程图如图 10-5 所示。从图 10-5 可以看出，MRP 最关心的四个基本问题是：

（1）需要什么？（根据主生产计划确定。）

（2）需要用到什么？（根据物料清单确定。）

（3）已经有了什么？（根据库存记录文件确定。）

（4）还应该做什么，即具体的采购或生产/加工计划是什么？（根据 MRP 运算结果确定。）

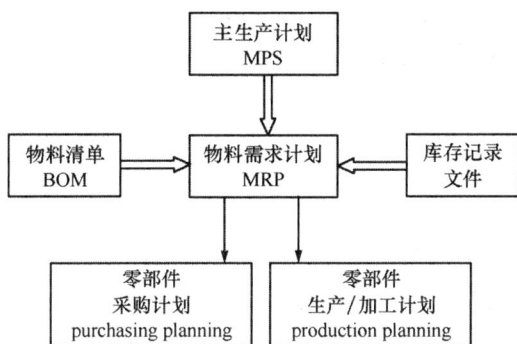

图 10-5 MRP 的运行逻辑流程图

## 三、闭环 MRP

在 MRP 的形成制定过程中,只考虑了产品结构及库存相关信息,但物料需求计划仅仅是生产管理的一部分,还要通过车间作业管理和采购作业管理来实现,同时必须受到生产能力的约束。因此,利用基本 MRP 原理制订的生产计划与采购计划往往容易造成不可行。随着市场的发展及基本 MRP 的应用与实践,20 世纪 80 年代初在此基础上形成了闭环 MRP 理论。

闭环 MRP 理论的基本思想有两点:

(1)把生产能力计划、车间作业计划和采购作业计划纳入 MRP,形成一个闭环系统。

(2)在计划执行过程中,必须有来自车间、供应商和计划人员的反馈信息,并利用这些反馈信息进行计划调整平衡,从而使生产计划方面的各个子系统得到协调统一。其工作过程是一个"计划—实施—评价—反馈—计划"的过程。闭环 MRP 的逻辑流程如图 10-6 所示。

其执行过程可简单描述如下:

(1)企业根据发展需要和市场需求来制订企业生产规划。

(2)据生产规划制订主生产计划。

(3)主生产计划是否可行,必须进行产能负荷分析,即计算关键资源的能力与负荷。若负荷超过能力,则需对主生产计划进行修改。

(4)若主生产计划可行,则根据主生产计划、物料库存信息、产品结构清单等信息制订物料需求计划。

(5)由物料需求计划、产品零部件的加工工艺路线计算各工作中心的负荷,并与各工作中心的能力进行比较,产生能力需求计划。若能力需求计划不可行,则修改物料

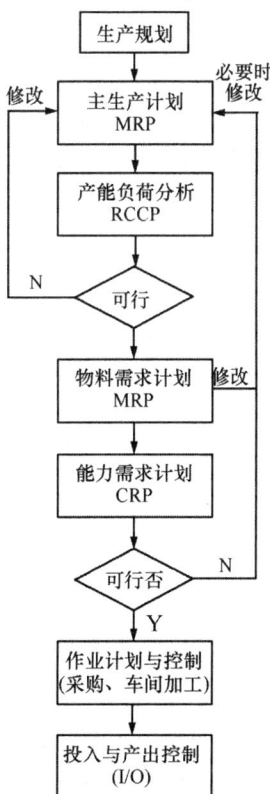

图 10-6 闭环 MRP 逻辑流程图

需求计划以平衡能力；若还不行，则需进一步修改主生产计划。

（6）采购作业和车间作业按平衡能力后的物料需求计划执行，执行结果反馈给计划层进行投入与产出控制。

## 四、MRPⅡ

### （一）从闭环 MRP 到 MRPⅡ

闭环 MRP 是一个集计划、执行、反馈于一体的信息系统，它能对生产中的人力、机器和材料等各种资源进行计划与控制，使生产管理的应变能力有所加强，但它仅局限在生产中物料的管理方面。20 世纪 70 年代末和 80 年代初，MRP 理论经过发展和扩充，逐步形成了 MRPⅡ理论。

MRPⅡ是指以 MRP 为核心的闭环生产计划与控制系统，它将 MRP 的信息共享程度扩大，使生产、销售、采购、工程等紧密结合在一起，组成一个全面生产管理的集成优化模式。因物料需求计划与制造资源计划的英文缩写相同，为避免名词的混淆，将物料需求计划称作狭义 MRP，而将制造资源计划称作为广义 MRP 或 MRPⅡ。

### （二）MRPⅡ的核心管理思想

在 MRPⅡ中，一切制造资源，包括人工、物料、设备、能源、市场、资金、技术、空间、时间等都被考虑进来。MRPⅡ的基本思想是：基于企业经营目标制订生产计划，围绕物料转化组织制造资源，实现按需求、按时间进行生产。MRPⅡ的主要技术环节涉及经营规划、销售与运作计划、主生产计划、物料清单与物料需求计划、能力需求计划、车间作业计划、库存管理与采购管理、产品成本管理和财务管理等。从一定意义上讲，MRPⅡ系统实现了物流、信息流与资金流在企业管理方面的集成。

MRPⅡ的逻辑流程图如 10-7 所示，其不同于闭环 MRP 的逻辑流程的部分是：MRPⅡ集成了应收、应付、成本及总账的财务管理。采购作业根据采购单、供应商信息、收货单及入库单形成应付款信息；销售商品后，根据客户信息、销售订单、产品出库单形成应收款信息；根据采购作业成本、生产作业信息、产品结构信息、库存领料信息等产生生产成本信息；把应付款信息、应收款信息、生产成本信息和其他信息记入总账。产品的整个制造过程都伴随着资金流通的过程。通过对企业生产成本和资金运作过程的掌握，调整企业的生产经营规划和生产计划，从而得到更为可行、可靠的生产计划。

## 五、ERP

### （一）从 MRPⅡ到 ERP

20 世纪 90 年代末，由于经济全球化和市场国际化的发展，制造业所面临的竞争更加激烈。以客户为中心、基于时间、面向整个供应链成为制造业发展的基本动向。实施以客户为中心的经营战略是 20 世纪 90 年代企业在经营战略方面的重大转变。

以客户为中心的经营战略要求企业的组织是动态的、可组合的弹性结构；企业的管理

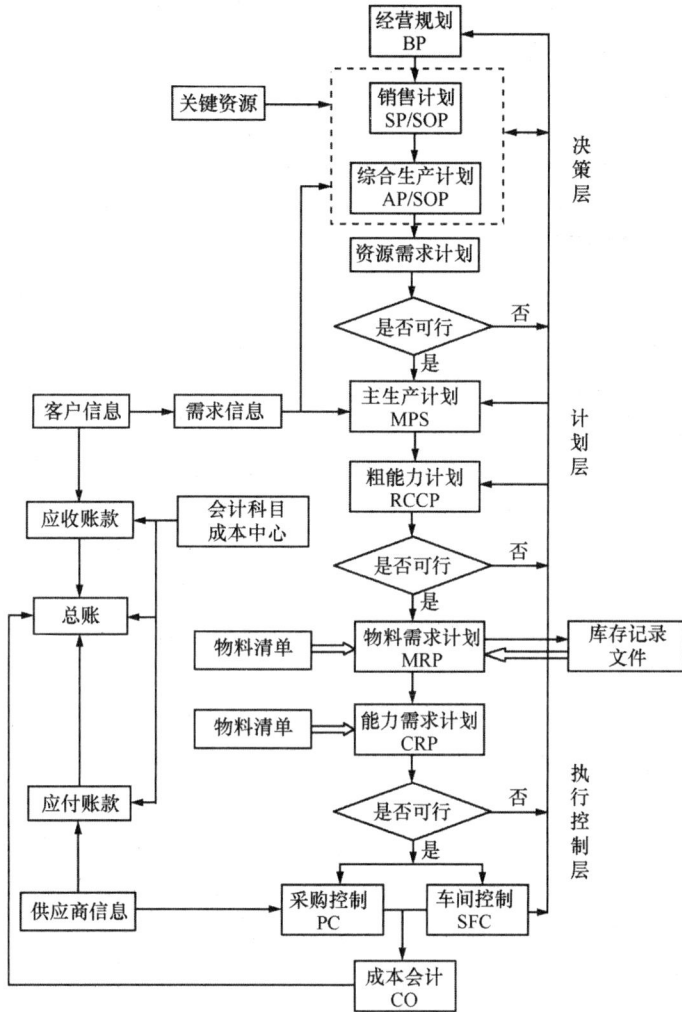

图 10-7　MRPⅡ逻辑流程图

着眼于按客户需求形成增值链的横向优化；客户和供应商被集成在增值链中，成为企业受控对象的一部分。在影响客户购买的因素中交货期成为第一位的，企业的生产目标转为交货期、质量、成本。

实施以客户为中心的经营战略就要对客户需求迅速做出响应，并在最短的时间内向客户交付高质量和低成本的产品。这就要求企业能够根据客户需求迅速重组业务流程，消除业务流程中非增值的无效活动，变顺序作业为并行作业。在所有业务环节中追求高效率和及时响应，尽可能采用现代技术手段，快速完成整个业务流程，这就是基于时间的含义。而基于时间的作业方式的真正实现又必须扩大企业的控制范围，面向整个供应链，把从供应商到客户的全部环节都集成起来。

实施以客户为中心的经营战略涉及企业的再造工程。企业的再造工程是对传统管理观念的重大变革，在这种观念下，产品不再是定型的，而是根据客户需求选配的；业务流程和生产流程不再是一成不变的，而是针对客户需求，以减少非增值的无效活动为原则而重新组合的；特别是，企业的组织也必须是灵活的、动态可变的。显然，这种需求变化是传统的 MRPⅡ所难以满足的，必须转向以客户为中心、基于时间、面向整个供应链为基本特点的 ERP 系统。而面向对象技术、计算机辅助软件工程以及开放的客户/服务器网络环境，又为实现这种转变提供了技术基础。于是，ERP 应运而生了。

### （二）ERP 的核心管理思想

ERP 在形式上是一种计算机软件系统，一种实现业务数据和资料共享、业务处理流程标准化和规范化的集成系统。然而，目前全球最大的 ERP 软件提供商德国 SAP 公司的 R/3 软件系统的源代码是完全公开的，任何客户包括竞争对手都可以随时读取。SAP 公司之所以不怕对手复制或模仿自己的软件，关键就在于尽管软件可以复制，但 ERP 蕴含的管理思想是不可能被抄袭的。ERP 的核心管理思想主要体现在以下两个方面：

（1）体现了对整个供应链资源进行整合的管理思想。新经济时代的企业竞争已经不是单一企业之间的竞争，企业不但要依靠内部的资源，还必须把经营过程中的相关各方如供应商、制造商、分销网络、客户等纳入一个紧密的供应链中，才能在全球竞争环境中获得竞争优势。ERP 正是适应了这一合作竞争的需要，实现了对整个企业的供应链资源的整合优化。

（2）融合了精益生产和敏捷制造等现代先进的管理思想。ERP 融合了精益生产（lean production，LP）的思想，即企业把客户、销售代理商、供应商、合作单位纳入其生产体系，同它们建立起利益共享的合作伙伴关系，进而组成一个企业的供应链。同时，又吸收了敏捷制造（agile manufacturing，AM）的思想，即企业的基本合作伙伴不能满足新产品的市场需求时，企业可以组织一个由特定的供应商和销售渠道组成的短期或一次性的供应链，形成"虚拟企业"。它是把供应商和合作单位看成企业的一个组成部分，运用同步工程（synchronous engineering，SE）方法，组织生产，用最短的时间将新产品打入市场，并时刻保持产品的高质量、多样化和灵活性，从而使 ERP 更加完善，成为能够面向客户的管理模式和动态联盟企业的管理系统。

### （三）ERP 的功能标准

ERP 概念是由美国著名的高德纳咨询公司提出的，它提出的 ERP 功能标准包括以下四个方面：

（1）超越 MRPⅡ范围的集成功能。相对于标准 MRPⅡ系统来说，扩展功能包括质量管理、设备管理、工资管理、人力资源管理、分销资源管理、固定资产管理、产品数据管理、流程作业管理、系统维护管理等。

（2）支持混合方式的制造环境。混合方式的制造环境包括以下三种情况：①生产方式的混合，首先是指离散型制造和流程型制造混合，其次是指单件生产、面向库存生产、面向订单装配及大批量重复生产方式的混合。②经营方式的混合，是指国内经营和跨国经营的混合。③生产、分销和服务等业务的混合，是指多角色经营形成的技、工、贸一体化集团企业环境。

（3）支持能动的监控能力。这表现在它所采用的控制和工程方法，模拟功能、决策支持能力和图形能力。例如，把统计过程控制的方法应用到管理事务中，以预防为主就是过程控制在 ERP 中应用的例子。

（4）支持开放的客户/服务器网络环境。采用客户/服务器体系结构、图形用户界面（GUI）、计算机辅助软件工程（CASE）、面向对象技术、关系数据库、第四代语言、数据采集和外部集成等技术。

### （四）ERP 系统的业务流程

ERP 系统的业务执行流程对不同的软件系统会有所不同，一般都包含如下流程，如图 10-8 所示。

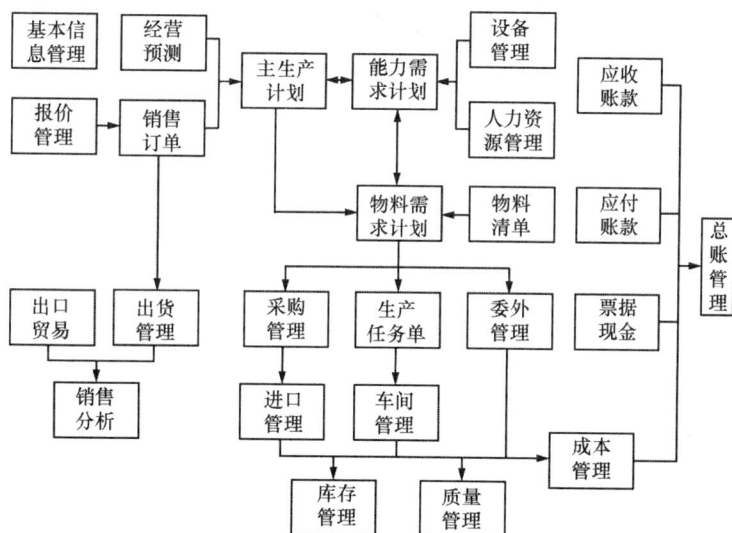

图 10-8　ERP 业务流程图

（1）设置 ERP 系统的基本信息，主要包括公司资料、用户信息、会计科目、物料信息、仓库信息、工作中心、系统运行参数等。

（2）根据产品预测和订单数据生成主生产计划；通过粗能力计划验证主生产计划的可行性，并最终确认主生产计划。

（3）由主生产计划、物料清单和库存信息计算物料需求计划；物料需求计划的可行性由能力需求计划进行平衡、调整，并最终确认物料需求计划。

（4）由物料需求计划分别产生采购订单、生产任务单、委外加工单。

（5）采购订单由采购管理系统处理，采购材料通过质量检验验收入库，同时产生应付账款，转应付账款系统处理。

（6）生产任务单下达到车间，按工艺路线生成工单，由车间安排生产，产品加工过程中要进行质量控制，同时产品生产中的直接材料、直接人工和制造费用转入成本管理系统进行成本计算和成本分析，最后完工产品验收入库。

（7）委外加工单交委外厂商加工，委外加工产品经验收合格入库，委外费用计入成本管理系统。

（8）产品完工入库后，进行销售出货，销售产品产生应收账款，转应收账款处理。销售数据转销售分析系统进行销售分析。

（9）采购、委外、销售系统产生的票据与现金转票据现金管理系统。由应收、应付、成本、票据现金系统产生的账务均需转总账系统进行账务处理。

## 第二节　ERP 系统应用现状与发展趋势

### 一、ERP 系统的应用现状

目前，我国在机械、冶金、制药、制衣、电子、石油、化工、烟草、出版和商贸等行业都有少量企业应用了 ERP 系统，但成行业的大面积推广应用还很少，在银行、证券、能源和交通等重要行业的 ERP 系统应用也才刚刚开始。从总体上来说，我国 ERP 系统应用还处在起步阶段。

在过去的几年中，大中型企业一直是 ERP 市场的主角，实施 ERP 的成本往往为几千万元乃至上亿元。近年来随着国内 ERP 厂商的崛起，市场上已经有很多价格在数百万元左右的产品。但对于很多规模较小，资金有限的企业而言，ERP 仍然显得太过昂贵。相信这种局面将在不久之后得到彻底改变。

从 2003 年开始，管理软件厂商们开始将目光投向过去一直被忽视的中小企业信息化市场，中小企业 ERP 市场成为国内 ERP 厂商和媒体关注的焦点。继 SAP 公司宣告推出专门针对中小企业市场的 mySAP All-in-One 和 SAP Business One 之后，国内 ERP 实力厂商神州数码也推出了专门针对中小企业的易助 ERP 产品，这是国内首款价格在 10 万元以下的真正意义上面对小型制造企业的 ERP 产品。

### 二、ERP 系统的应用效果

判断 ERP 系统实施成功与否要实行绩效评价。比如，企业的经济效益和竞争力是否提高了，管理模式、组织结构和业务流程是否有所创新，资源利用、信息利用和客户关系是否有所改善，这些综合指标还要细化为可考核的具体指标，如利润率、成本费用利润率、流动资金周转率、存货周转率、全员劳动生产率、计划执行准确率、交货准时率、市场优质率等直接经济指标。如果是企业集团，还要看总体上的间接经济效益，如集团利润率、总资产周转率、总资产报酬率，以及资金、设备、人员、技术、采购、供应集中管理的效益情况。

那么，成功实施 ERP 系统后会给企业带来哪些好处呢？多数企业认为，最为显著的是直接经济效益的提高，其次是管理的标准化、规范化，再次是行业竞争力的提高。另外，它还对企业形象改善、管理思维提升、员工积极性的激励等方面有所帮助。据《电脑商情报》的数据，认为可提高经济效益的占 63%，更利于标准化、规范化管理的占 13%，管理思维提升的占 11%，企业形象提升的占 8%，提高员工积极性的占 5%。

业界对我国 ERP 系统应用成功率的看法差别较大，但有几点是不争的事实：

（1）ERP 软件市场增长很快，近几年国内 ERP 系统应用的成功率在逐步提高，各个行业都有成功的案例，国内外都有在中国市场上销售很好的软件。

（2）应用成功的企业特点是机制理顺、管理严格、领导重视、投资到位、目标明确、重点突破、效益驱动、循序渐进、抓好培训、有所创新。

（3）成功的软件开发商必须要有先进的技术、成熟的产品和良好的服务，还必须有具备企业管理经验、熟悉软件功能的实施队伍，并能和企业进行良好协作。

（4）软件选择必须适当，不贪大求全，不迷信国外软件，多看同行情况，多听专家意见，实事求是。

### 三、ERP 系统的发展趋势

综观全球 ERP 系统发展现状及各供应厂商的追求目标，其发展趋势呈现如下三大特点。

#### （一）扩展性

ERP 系统的管理范围更广阔，功能更深入。

（1）纳入 PDM 功能。产品数据管理（PDM）将企业中的产品设计和制造全过程的各种信息、产品不同设计阶段的数据和文档组织在一个统一的环境中。随着计算机集成制造（CIMS）和并行工程的日益发展，PDM 愈显重要。CAD 和 ERP 厂商都将 PDM 作为自己的产品来发展。

（2）增加工作流功能。全面的工作流规则保证了与时间相关的业务信息（如对采购订单需求的核准）能够自动地在正确的时间流转到指定的人员处，对工作流的管理使 ERP 系统的功能扩展到办公自动化和业务流程的控制之中。

（3）增加数据仓库（DW）和联机分析处理（OLAP）功能。MRP Ⅱ 或 ERP 软件的基本特征是"联机事务处理"。而对于企业高层管理者来说，从规模庞大、数据完整但"事无巨细"的 ERP 系统中直接获取宏观决策所需的数据是很困难的。20 世纪 90 年代中期出现了 DW 和 OLAP 技术，新一代的 ERP 软件立即将其综合进去，为用户提供企业级宏观决策的分析工具。

（4）客户关系管理的应用。传统的 ERP 系统着眼于企业后台的管理，而缺少直接面对客户的系统功能。在电子商务的大环境中，企业的客户可能分散在全球各地，企业不可能对他们的情况都了如指掌，所以必须有一个系统来收集客户信息，并加以分析和利用。

#### （二）技术先进性

ERP 系统的技术不断融合工厂领域的最新成果而日趋先进，技术发展体现在以下三方面：

（1）ERP 底层的技术支撑体系由传统的客户/服务器模式向以网络为中心的计算技术体系发展。

（2）互联网技术日益成熟。

（3）面向对象技术和事件驱动编程的应用。

### （三）灵活性

ERP 系统应具备足够的灵活性，以适应实施中及实施后业务环境的不断变化。ERP 系统应提供支持这种灵活性的一整套的，并且与 ERP 系统本身一体化的应用工具。实施作为 ERP 系统应用的重要一环，历来为各界所重视。事实上 ERP 这种反映现代管理思想的软件系统的实施，必然要求有相应的管理组织和方法与之相适应。作为其重要的理论根据，20 世纪 90 年代初海默（Michael Hammer）提出了"业务流程重组"（BPR）的概念。这一理论强调在成本、质量、服务和速度方面取得显著的改善，使企业能最大限度地适应以顾客（customer）、竞争（competition）和变化（change）（简称"3C"）为特征的现代企业经营环境。在做法上 BPR 强调一步到位，让企业打破旧有管理规范，再造新的管理程序。ERP 系统的实施是一个连续不断的进程，即使在 ERP 系统实施完成后，亦要保持足够的灵活性，使得企业在面对新的机遇时，ERP 系统可以迅速地支持企业将新的设想付诸行动。为了适应这种趋势，ERP 系统本身应具备在实施中及实施后的灵活性。

# 第三节　ERP 的基础数据

ERP 系统中所涉及的基本概念，其内容实际上是 ERP 系统中的各项重要基础数据，这些基础数据产生于企业的基础管理，也是企业管理的基础数据。MRP 系统在运行前必须首先建立这些基础数据，这也是 ERP 系统初始化时必须要完成的工作。本节所介绍的基本概念或者说基础数据是 ERP 系统运行的基础。

## 一、物料主文件

在 ERP 系统中，"物料"一词有着广泛的含义，它是所有产成品、半成品、在制品、原材料的总称。物料主文件的作用是标识和描述用于生产过程中的每一种物料的属性和信息。它是 ERP 系统最基本的文件之一。物料主文件中的数据项有物料代码以及与工程设计管理、物料控制和计划管理有关的信息，现分述如下。

物料代码是物料的标识，它是对每种物料的唯一编号。物料编码应遵循以下原则：

（1）每项物料均应有唯一的物料代码；

（2）要简明，不要太长；

（3）没有含义，只是标识符，而不是描述符。

物料代码是人和计算机使用所有其他数据元素的基础。这主要用于记录在生产活动中运动的物料。生产控制要求将每项生产活动和库存变化都记入计算机，由于处理数量很大，物料代码应尽量简短，以防止或减少输入和处理的错误。

物料代码应是无含义的顺序数字编号。其优点是：简短、存储量少（6 位数可满足 100 万种物料的编码需求），保证唯一性，不影响发展变化，全部用数字可防止数字同字母的混淆（如 0 与 o，2 与 Z，1 与 l），减少差错。

在手工管理的环境下，人们往往采取如下方案：用开头的 2 位数字代表产品，然后用 2 位数字代表规格，再用 4 位数字代表材料。然而，不管初始设计者如何富于远见，随着时间的推移，总会有一些情况出人意料。例如，本来认为第 H 部分需要用 2 位数字就够了，现在却需要 3 位，因此有含义的物料编码系统很快就失败了。另外，有含义的编码也往往过于复杂。例如，HO-14325-64-174589lAM 是一个物料代码，由人来处理这样的代码，恐怕必须有一本专门的手册。所以，即使在手工管理的环境下，有含义的编码思想也不尽合理。在使用现代计算机系统的环境下，物料代码的功能只是作为唯一的标识符，而不是描述符。没有理由认为诸如产品及其物料属性的描述如不纳入物料代码，在计算机系统中就无法处理。因此，在 ERP 系统中物料代码应是无含义的。

除物料代码之外，每一种物料还有许多其他的属性。在物料主文件中，系统通过以下几方面的信息描述这些属性：

（1）与工程设计管理有关的信息，如图号、物料名称、重量、体积、版次、生效日期和失效日期等。

（2）与物料管理有关的信息，如采购与存储的计量单位及转换系数、损耗率、分类码、订货批量、存放位置（仓库、货位）、批号、安全库存量、订货策略及订货量的调整因素、采购员代码等。对外购件来讲，还应有物料在供方的代码。

（3）与计划管理有关的信息，如各种提前期（运行、准备、检验、累计等）、需求时界与计划时界、预测代码、独立需求或相关需求、计划员代码、分组码等。

（4）与成本管理有关的信息，如账号、材料费、人工费、外协费、间接费、累计成本和计划价格等。

## 二、物料清单

物料清单（bill of material，BOM）是产品结构文件，它不仅列出某一产品的所有构成项目，同时还要指出这些项目之间的结构关系，即从原材料到零件、组件，直到最终产品的层次隶属关系，每个制造企业都有物料清单。在化工、制药和食品行业可能称为配方、公式或包装说明，但说的都是同样的事情，即如何利用各种物料来生产产品。

物料清单是运行 ERP 系统的主导文件，在所有数据项中，物料清单的影响面最大，对它的准确性要求也最高。一个 A 级 ERP 企业，其物料清单的准确度应在 98％以上，最好是 100％。物料清单如果不准确，运行 MRP 的结果会完全失去意义。

图 10-9 就是一个物料清单，位于最顶层的 A 是产品或半成品，因为对 A 的需求是由市场决定的，往往不全由企业来决定和掌握，所以属于独立需求物料，从层次结构上定义为第 0 层。位于产品 A 下方的物料 B、C、G 称为构成产品 A 的组件，因为其需求量是由位于企业内部的产品 A 决定的，所以属于非独立需求物料，从层次结构上定义为第 1 层。位于组件 B 下方的物料 C 和 E 称为构成组件 B 的零件，也属于非独立需求物料，从层次结构上定义为第 2 层。我们通常采

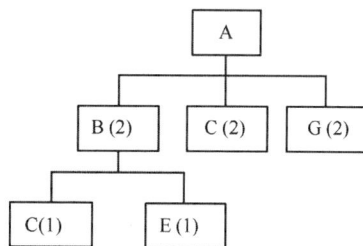

图 10-9　树形结构物料清单

用"父项"和"子项"或"母件"和"子件"这样的术语来说明不同物料在产品结构中的层次关系。如 A 作为父项，第 1 层上的所有物料均是其子项；如果 B 作为母件，则 C 和

E 就是其子件。括号中的数字指明构成一个父项所需的该子项的数量。这种结构的物料清单犹如一棵倒立的大树，树枝沿着树干展开，称为树形结构物料清单。也可以将树形结构物料清单转化成缩排式物料清单，如表 10-2 所示。

表 10-2　缩排式物料清单

| 层次 | 零件 | 每单位父项所用的数量 |
|---|---|---|
| 0 | A | |
| 1 | B | 2 |
| 2 | C | 1 |
| 2 | E | 1 |
| 1 | C | 2 |
| 1 | G | 2 |

一般来说，在实际应用中的物料清单应当包括如下数据项，如父项物料代码和描述、子项物料代码和描述、使用点和工序号、子项类型、子项数量和子项数量类型、自制还是外购、有效日期、子项提前期偏置、损耗率等。使用点指出在制造父项时子项应到达的工作中心；子项类型指明子项是作为普通物料消耗在父项的制造过程中，还是作为工具、图纸、副产品、联产品等；子项数量类型用来说明所给出的数量是用于一个单位的父项还是一份订单，多数情况下，子项数量类型是用于一个单位父项的，但对于工具、图纸以及生产过程的消耗品，其数量则应是用于一份订单的；子项提前期偏置指出该子项物料相对于其父项的提前期可以延迟到位的时间，因为如果生产某个父项需要多个子项，而父项的生产是一个比较长的过程，那么在父项生产开始时未必需要所有子项均到位；损耗率也称为残料率，用来指明当把一项物料作为子项用于其父项的生产过程中时，其损耗的程度，用百分数表示，这有助于计划该项物料的准确需求数量。下面来看一张现实生活当中自行车的物料清单，如表 10-3 所示。

表 10-3　自行车 BOM

| 阶层 | 父项编码 | 子项编码 | 子项名称 | 计量单位 | 单位用量 | 描述 |
|---|---|---|---|---|---|---|
| 0 | | PA86-50 | 自行车 | 架 | 1 | |
| 1 | PA26-50 | 1027816 | 车架系统 | 套 | 1 | |
| 1 | PA26-50 | 1026622 | 车把系统 | 套 | 1 | |
| 1 | PA26-50 | 1022118 | 车轮系统 | 套 | 1 | |
| 1 | PA26-50 | 1023561 | 脚蹬系统 | 套 | 1 | |
| 2 | 1022118 | 2069212 | 车轮 | 套 | 2 | |
| 2 | 1022118 | 2062835 | 前轴 | 套 | 1 | |
| 3 | 2062835 | 2067612 | 前轴身 | 套 | 1 | |
| 4 | 2067612 | 3021183 | 前轴管 | 个 | 1 | |
| 4 | 2067612 | 3022135 | 前轴孔夹 | 个 | 1 | |

| 阶层 | 父项编码 | 子项编码 | 子项名称 | 计量单位 | 单位用量 | 描述 |
|------|----------|----------|----------|----------|----------|------|
| 4 | 2067612 | 3021915 | 前花盘 | 个 | 2 | |
| 3 | 2062835 | 3021221 | 前轴辊 | 个 | 1 | |
| 3 | 2062835 | 3022285 | 前轴碗 | 个 | 2 | |
| 3 | 2062835 | 3022271 | 前防尘盖 | 个 | 2 | |
| 3 | 2062835 | 3029219 | 前轴挡 | 个 | 2 | |
| 3 | 2062835 | 6052200 | 垫圈 | 个 | 4 | |
| 3 | 2062835 | 3129518 | 前插 | 个 | 1 | |
| 3 | 2062835 | 6018100 | 螺母 | 个 | 2 | |
| 2 | 1022118 | 2061635 | 后轴 | 套 | 1 | |

　　物料清单是一个制造企业的核心文件。各个部门的活动都要用到物料清单,生产部门要根据物料清单来生产产品,库房要根据物料清单进行发料,财务部门要根据物料清单来计算成本,销售和订单录入部门要通过物料清单确定客户定制产品的构形,维修服务部门要通过物料清单了解需要什么备件,质量控制部门要根据物料清单保证产品正确生产,计划部门要根据物料清单来计划物料和能力的需求等。

　　物料清单表达了产品的组成结构,如果知道了 A 的需求量,我们就可以依照层次顺序,由上到下逐层地计算各相关需求物料 B、C、G、E 的需求量。如果 A 的订单量是100,没有成品库存,那么就需要生产半成品 B 的数量为200。若 B 的现有库存量是50个,则其净生产量就是150个,也因而可计算出零件 C 和 E 的需求量。这样一层一层地做计算,可以得到自制件、委外加工件、采购件的净需求量的过程,称为 BOM 展开(explosion),可以协助我们扣除已有的库存,不至于多买或多生产,如表 10-4 所示。

表 10-4　BOM 逐层式的展开(净算)

| 层次 | 物料 | 单位父项对子项的需求量 | 毛需求量 X | 库存量 Y | 净需求量 Z |
|------|------|------------------------|------------|----------|------------|
| 0 | A | | 100 | $p$ | 100 |
| 1 | B | 2 | 200 | 50 | 150 |
| 2 | C | 1 | 150 | 20 | 130 |
| 2 | E | 1 | 150 | 5 | 145 |
| 1 | C | 2 | 300 | 0 | 300 |
| 1 | G | 2 | 300 | 30 | 270 |

## 三、工作中心

　　工作中心(working center,WC)是用于生产产品的生产资源,包括机器、人和设备,是各种生产或者加工单元的统称。它是基于设备和劳动力状况,由执行相同或相似工序的设备、劳动力而组成的一个生产单元。

工作中心属于能力的范畴，即计划的范畴，而不属于固定资产或者设备管理的范畴。一个工作中心可以是由一台或几台功能相同的设备、一个或多个工作人员、一个小组或一个工段组成，甚至一个实际的车间也可作为一个工作中心，换句话说，一个车间可以由一个或多个工作中心组成，一条生产线也是由一个或多个工作中心组成的。对于外协工序，对应的工作中心则是一个协作单位的代号。

注意，不要把工作中心同加工中心（machining center）混淆。众所周知，后者是一种高精度、具有多种加工功能、带刀具库的数控机床。工作中心的内容应包括工作中心基本数据、工作中心能力数据和工作中心成本数据三方面。

（1）基本数据。如工作中心代码、工作中心名称、工作中心说明、车间代码、人员每天班次、每班小时数、每班人数、设备数及是否关键工作中心等。

（2）能力数据。工作中心每日可以提供的工时、机器台数或可加工完工的产品数量。工作中心的标准能力是由历史数据分析得到的，其计算公式如下：

$$工作中心能力＝每日班次×每班工作时数×效率×利用率$$

效率和利用率这两个因素是为了使工作中心的可用能力更符合实际，从而使计划和成本也更加符合实际。效率说明实际消耗工时或台时与标准工时或台时的差别，与工人的技术水平或者机床使用年限有关，可以大于、等于或小于100％。利用率同设备的完好率、工人的出勤率和任务的饱满程度有关，是一种统计平均值，通常小于100％。

（3）成本数据。工作中心成本费用包括人员工资、直接能源（电、水等）、辅助材料（如机床润滑油等）、设备维修费和资产折旧费等。在核定产品的标准成本、进行产品的成本模拟及成本差异分析时都会用到工作中心的成本数据。工作中心费率的单位是元/工时或元/台时，其计算依据是历史数据，计算方法如下：

$$工作中心费率＝工作中心直接费率＋工作中心间接费率$$

## 四、工艺路线

工艺路线主要说明物料实际加工和装配的工序顺序、每道工序使用的工作中心、各项时间定额（如准备时间、加工时间和传送时间，其中传送时间包括排队时间与等待时间），以及外协工序的时间和费用，也称为加工路线。工艺路线是一种计划文件，而不是工艺文件。它不详细说明加工技术条件和操作要求，而主要说明加工过程中的工序顺序和生产资源等计划信息。

工艺路线文件主要包括如下数据项：工序号、工作描述、所使用的工作中心、各项时间定额（如准备时间、加工时间、传送时间等）、外协工序的时间和费用。还要说明可供替代的工作中心、主要的工艺装备编码等，作为发放生产订单和调整工序的参考。表10-5是一份工艺路线。

编写工艺路线的过程包括：确定原材料、毛坯，基于产品设计资料，查阅企业库存存货标准目录，依据工艺要求确定原材料、毛坯的规格和型号。确定加工、装配顺序，即确定工序，根据企业现有的条件和将来可能有的条件、类似的工件、标准的工艺路线和类似的工艺路线以及经验，确定加工和装配的顺序。选定工作中心，根据企业现有的能力和将来可能有的条件，基于尺寸和精度的要求，确定各个作业的额定工时等。

**表 10-5　工艺路线**

物料代码：20021——定位栓

| 操作 | 部门 | 工作中心 | 描述 | 准备时间/小时 | 每件加工时间/小时 |
|------|------|---------|------|--------------|-----------------|
| 10 | 08 | 1 | 下料 | 0.5 | 0.010 |
| 20 | 32 | 2 | 粗车 | 1.5 | 0.030 |
| 30 | 32 | 3 | 精车 | 3.3 | 0.048 |
| 40 | 11 | | 检验 | | |

## 五、提前期

提前期是指某一工作的时间周期，即从工作开始到工作结束的时间。提前期是生成 MPS、MRP、车间作业计划和采购计划的重要基础数据。在 ERP 中提前期是在物料主文件中进行维护的（直接维护或根据工艺路线生成）。

按照是否可变，提前期分为固定提前期和变动提前期两种。固定提前期是不论批量大小，都以一定时间为提前期，它适于用作采购零部件和原材料的提前期。变动提前期是提前时间的长短随着每批加工量大小而变动，它适于用作自制件的提前期。

另外，按照在生产过程中所完成的功能，提前期可以划分为如下几类：

（1）生产准备提前期，是指从生产计划开始到生产准备完成（可以投入生产）所需的时间。

（2）采购提前期，是指从采购订单下达到物料完工入库的全部时间。

（3）加工提前期，是指从生产加工投入开始（生产准备完成）至生产完工入库的全部时间。

（4）装配提前期，是指从装配投入开始至装配完工的全部时间。

（5）累计提前期，是指采购、加工、装配提前期的总和。

（6）总提前期，是指产品的整个生产周期，包括生产准备提前期、采购提前期以及加工、装配、试车、检测、发运等提前期的总和。各提前期的时间组成如图 10-10 所示。

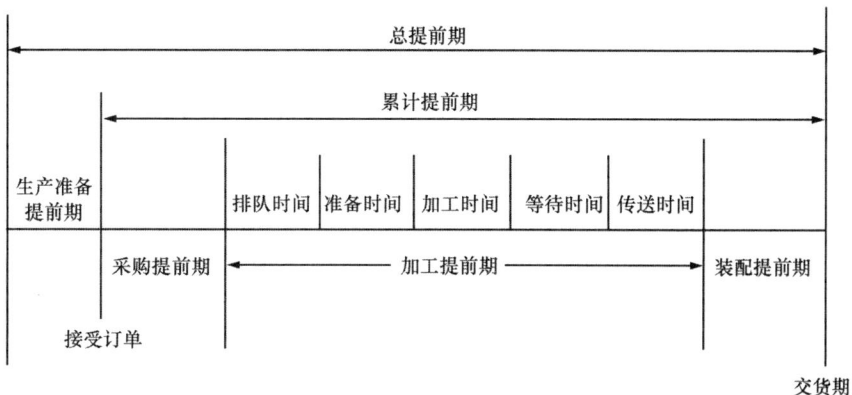

图 10-10　各类提前期示意图

下面详细说明加工提前期的构成，包含以下 5 个部分。

（1）排队时间，指一批零件在工作中心前等待上机器加工的时间。一般来说，大批生产中，各工作中心的加工周期比较接近时（节拍均衡）排队时间可以少些，换句话说，在面向库存生产情况下，排队时间可能少些，而在面向订单生产情况下则会长些。

（2）准备时间，指熟悉图纸及技术条件、准备工具及调整的时间。为了使每个零件平均占用的准备时间少些，往往希望有一定的加工批量。也可以通过成组加工、改进工装设计、改善工作地组织、采取并行准备（即在一批工件尚未完成前，就开始准备下批工件的工装）等措施来减少准备时间。

（3）加工时间，指在工作中心加工或装配的时间，同工作中心的效率、工装设计、人员技术等级有关。它是一种可变提前期，即

$$每批零件加工时间＝零件数量×单个零件加工时间$$

（4）等待时间，指加工完成后等待运往下道工序或存储库位的时间。等待往往是由搬运设施调配不当或下道工序能力不足造成的，也同传送批量有关。因此，一些软件把等待时间合并到传送时间中去。

（5）传送时间，指工序之间或工序至库位之间的运输时间，若为外协工序，则包括的内容更广。它同车间布置、搬运工具能力效率有关。

上述 5 类时间之和形成了加工件的生产周期，即从下达任务开始到加工完成为止的时间。众所周知，一个零件在机床上的时间，即上述准备时间与加工时间之和，往往仅占生产周期的 5%~10%，而 90% 以上的时间消耗在排队、等待和传送上。这样划分时间类别，有助于分析原因并采取措施以缩短生产周期。就管理而言，应把重点放在压缩这90% 的无效时间上，如改善车间布置和物流，改进计划减少库存积压，合理确定生产节拍和批量等。其中有些内容正是常说的期量标准，需要认真研究。

## 六、库存记录

库存记录是 ERP 系统的主要数据之一。这里的库存指的是各种物料的库存。库存记录中要说明现有库存余额、安全库存量、未来各时区的预计入库量和已分配量。已分配量指虽未出库但已分配了某种用途的计划出库量。在库存记录中既要说明当前时区的库存量，又要预见未来各时区库存量及其变化。为运行 ERP 系统，库存记录的准确度要求达到 95% 以上。

## 七、生产日历

生产日历，说明企业各部门、车间或工作中心在一年中可以工作或生产的日期。生产日历标明了休息日、节假日、设备检修日等非工作日期。ERP 系统在生成计划时，遇到非生产日期会自动跳过去，不安排工作（特殊的工艺时间除外）。不同的分厂、车间、工作中心因为生产任务不同、加工工艺不同而受不同的条件约束，因而可能会设置不同的生产日历。

下面以 2012 年 1 月份为例说明工作日历的设定。现假定车间仅正常节假日休息，没有特殊的休息和加班需求。表 10-6 中，每个单元格的上部为日常使用的生活日历，下部

则为车间使用的生产日历。可以看出，生产日历的编号过程中除去了1月1日（因为该天是元旦，正常情况下要放假休息，刚好遇到周日，则元旦假期顺延到1月2日周一），以及周六和周日，同时考虑大年初一和大年初二，即1月23日和24日放假两天。最后整个1月份可以安排生产任务的工作日有19天。

表 10-6　2012 年 1 月份生产日历编制

| 日 | 一 | 二 | 三 | 四 | 五 | 六 |
|---|---|---|---|---|---|---|
| 1 | 2 | 3<br>001 | 4<br>002 | 5<br>003 | 6<br>004 | 7 |
| 8 | 9<br>005 | 10<br>006 | 11<br>007 | 12<br>008 | 13<br>009 | 14 |
| 15 | 16<br>010 | 17<br>011 | 18<br>012 | 19<br>013 | 20<br>014 | 21 |
| 22 | 23 | 24 | 25<br>015 | 26<br>016 | 27<br>017 | 28 |
| 29 | 30<br>018 | 31<br>019 | | | | |

# 第四节　ERP 系统给企业带来的效益

实施 ERP 系统可给制造业企业带来明显的直接（经济）效益和间接（社会）效益。

## 一、直接效益

（1）因为有效遏制了盲目采购和盲目生产，可以使库存成本显著下降。

（2）在延期交货减少的同时，提高用户服务水平。管理层决策的科学性和生产计划的合理性可以使企业的准时交货率平均提高 55％。

（3）采购提前期缩短，费用节省。采购人员有了及时准确的生产计划信息，就能够集中精力进行价值分析、货源选择、研究谈判策略和了解生产问题，可以有效缩短采购提前期和缩减采购费用。

（4）停工待料减少。由于零件需求的透明化、计划的合理化，生产过程中零配件能够准时到达，有效减少了生产线的停工待料现象。

（5）制造成本降低。库存费用下降、采购费用的节省、设备利用率的提高，必然会降低企业的制造成本，增强企业的竞争力。

（6）管理水平提高。企业使用 ERP 系统后，各部门之间的协作水平将明显改善，决策更加合理和科学，人员工作效率大幅提升，这些都将显著提高企业的管理水平和效率。

## 二、间接效益

（1）使企业的基本数据更加完备、精细，准确度大大提高。

（2）使企业高层的决策更加快捷、科学，企业对市场的应变能力和速度大为提高。

（3）使企业员工从烦琐的手工管理中摆脱出来，从而有更多的时间从事真正的管理工作。

（4）理顺了企业的业务流程，打破了企业各部门之间条块分割的格局，增强了员工的全局观念，使企业部门间的协作工作成为可能。

（5）使企业的管理更加规范，减少了企业管理的随意性，提高了企业管理的计划性和可行性。

## 本章小结 》》

随着信息技术的发展，以计算机和网络技术为核心的信息技术逐步渗透并彻底改造了企业的产品研发、制造、办公和管理，使传统的人工作业工具发展成电子化、自动化、智能化的工具。现代企业利用信息技术来实现企业经营战略，大大拓宽了企业活动的时空范围。在时间上，企业信息化以客户需求为中心实施敏捷制造、业务运营与管理；在空间上，企业信息化虚拟形态将企业整个供应链聚合在网络世界上进行协同管理，真正实现了运筹帷幄之中，决胜千里之外。

ERP 系统实施应用是企业信息化建设的基本和首要任务，ERP 系统实施和应用的好坏直接关系着企业信息化建设的成败。本章主要介绍 ERP 理论的形成、ERP 系统的应用现状及发展趋势，并介绍 ERP 系统所涉及的一些基本原理，为实现运营管理的信息化打下基础。

## 练习与思考 》》

1. 简析 ERP 系统的应用现状及效果。
2. 简述 ERP 系统的发展趋势。
3. 讨论 ERP 系统可给企业带来哪些效益。

# 第十一章　设备综合管理

**本章学习目标** »

1. 掌握设备的概念。
2. 掌握设备磨损与故障规律。
3. 掌握设备维修制度与全员生产维修制度。
4. 掌握设备更新的方式。

**导入案例：**　某物业管理公司加强设备管理

某物业管理公司为了加强设备管理，延长设备的使用寿命，降低成本，减少损耗，提高设备的完好率与利用率，维护物业使用价值，更好地服务于客户，对设备管理和维修做了如下规定：

（1）物业项目内供配电、给排水、电梯、中央空调、消防、通信、弱电、公共照明、智能化等系统设备由管理处指定专人负责管理。

（2）各系统设备从管理处接管验收之日起建立设备资料库，就设备的名称、型号、功率、产地、编号、生产厂商、出厂时间、安装时间进行详细登记。

（3）设备购买合同与安装协议、设备使用说明书、质量检验合格证、出厂证号、生产厂商联系人、联系电话等原始技术资料由公司工程部统一收集归档管理。

（4）物业项目内各系统设备，由公司工程部按规定统一进行编号挂牌，铭牌上标注设备名称、型号、功率、厂名、产地、出厂日期、编号、管理人。

（5）物业项目各系统设备实行年度、季度、月度检修计划工作制度，由公司工程部会同管理处共同制订设备定期检修计划，维保班按计划实施。

（6）检修维护重要大型设备时，应制订详细可行的方案，方案应送交公司相关领导审批，并由工程部开展，工程技术人员现场组织、指导、监督检修。

（7）检修维护电气设备时，应由组织者采取相应的安全组织措施和技术措施，实施前要对作业人员进行安全技术交底，防止发生安全事故。

（8）检修维护电源干线、高低压、配电盘、配电箱等电气设备应安排专业电工进行，并派专人监护，操作前必须拉闸并验电，悬挂警示标志牌，必要时须加装栅栏隔离。

（9）检修维护设备工作结束后，必须经专业技术人员检查验收合格后，拆除设置的安全措施，在确定万无一失的情况下方可试车并投运。

（10）物业项目机电设备实行日常维护保养、一级保养和二级保养的三级保养制度。日常维护保养由管理处维护人员负责。一级保养要在管理处设备主管领导下进行，二级保养要在公司工程部专业技术人员指导下进行。一、二级保养后，由保养人员填写记录单并由管理处设备主管和工程部领导签字确认作为管理考核依据，并将保养资料整理归档。

（11）建立由管理处领导、主管及各系统专业操作人员参加的每天上班后对物业项目内的设备机站房进行巡检的工作制度，了解设备系统运行状况和人员值班、交接班情况。

（12）设备巡检工作中如发现异常情况或重大事故隐患，巡检人应当迅速报告上级主管，如危及人身、设备安全时应启动应急措施，处理后向上级主管汇报并详细记录。

（13）设备巡检应严格按照各系统运行的特点，重点沿巡检路线，对系统运行状况和操作作业进行巡检，观察设备系统运行状态及仪表，检查设备机站房内清洁卫生状况和设备运行记录。

（14）开展设备巡检工作，以一看（看设备）、二问（问运行）、三听（听动静）、四查（查记录）为主，切忌走马看花式的形式主义和弄虚作假。

（15）物业项目内出现设备故障由管理处在 24 小时内报告。工程部和保险公司进行确认，并协助设备故障的调查和取证。

（16）设备故障抢修由工程部组织，重大设备故障抢修应委托专业设备供货单位实施，管理处给予协助、配合。

（17）发生停电、停水、停燃气等直接影响客户正常生活的故障，由管理处迅速报告供水、供电、供气公司组织抢修，管理处给予协助、配合。

（18）物业项目发生突发性供水、供电、供燃气设备故障后，管理处在协助、配合相关单位抢修的同时，要主动向客户提供帮助，把对客户的影响降到最小。

（19）一般性的设备故障排除应由管理处组织维保人员在技术人员的指导下进行，但必须具备安全技术保障条件。

（20）设备故障抢修工作所有的技术方案、图片、记录及检验报告由管理处负责收集、整理归档，投保理赔由工程部负责。

（21）设备故障抢修发生的费用，应在进行抢修排除故障前预算报价并报业主委员会审核批准从维修基金中支出，如遇紧急设备，也应向业主委员会报告并办理好书面签字认可手续，技术方案等资料后补。

**讨论：**

　　1. 该物业公司是如何进行设备管理的？

　　2. 这种设备管理方式有何优点？你还有何更优的设备养护方案？

# 第一节　设备综合管理概述

设备是现代生产工具，是社会生产力的重要因素。生产工具是人类改造自然能力的物质标志。生产工具越先进，标志着人们对客观自然的认识支配能力越强，也就意味着生产力水平越高。加强设备管理，对保证企业生产的正常秩序、提高经济效益具有十分重要的意义。

机器设备就其范围来说包括生产工艺设备、辅助生产设备、科学研究设备、管理设备及公用设备。

## 一、设备综合管理的含义

设备管理是随着工业生产的发展、设备现代化水平的不断提高，以及管理科学和技术的发展逐步发展起来的，它经历了传统设备管理和设备综合管理两个阶段。

传统设备管理的理论核心是设备使用过程中的维修管理，其工作集中在设备的维修阶段，侧重技术管理，把设计、制造过程的管理与使用过程的管理严格分开，忽视了全面管理。

设备综合管理是在传统设备管理的基础上，为了提高设备的管理技术、经济效益和社会效益，以适应市场经济的进一步发展要求，运用设备综合工程学的成果，吸取现代管理理论，综合现代科学技术的新成果，而逐步发展起来的设备管理理论和方法。

## 二、设备综合管理的内容

设备综合管理的内容就是对设备运动全过程的管理。它一般表现为两种状态：一是物质运动形态；二是价值运动形态。

设备的物质运动形态是指计划、设计、制造、购置、验收、安装、调试、运行、点检、维修、更新、改造，直至报废处理；设备的价值运动形态表现为设备的资金筹集、最初投资、维修保养、费用支出、折旧费计提、更新改造资金的筹集与使用、设备的经营或有偿转让等。对设备物质形态的管理，通常称为设备的技术管理；对设备价值形态的管理，通常称为设备的经济管理。设备综合管理的内容归纳起来包括：

（1）实行设备的全过程管理；

（2）对设备从工程技术、经济和组织管理三个方面进行综合管理；

（3）实行设备的全员管理；

（4）开展设备的经营工作。

## 三、设备综合管理的任务

设备综合管理的任务是为企业的生产提供先进适用的技术装备，使企业的生产经营活动建立在技术先进、经济合理的物质技术基础上，以保证经营目标的实现。它的具体任务是：

（1）以设备的寿命周期作为设备管理的对象，力求设备消耗的费用最少，设备综合效率最高；

（2）根据技术先进、经济合理、生产可行的原则，正确选择设备，为企业提供优良的设备；

（3）合理使用设备，做好设备的维修和保养工作，保证设备经常处于最佳技术状态；

（4）提高设备管理的经济效益；

（5）搞好设备的更新改造，提高设备的现代化水平；

（6）搞好设备的经营工作。

## 第二节　设备选择与评价

### 一、设备的选择

设备选择问题，无论对于新建企业选择设备，还是老企业购置新设备和自行设计、制造专用设备，以及从国外引进技术装备，都是十分重要的。设备选择应满足生产实际需要，结合企业长远生产经营发展战略全面考虑。选择设备的目的是使企业有限的设备投资用在生产必需的设备上，以发挥投资的最大经济效益。一般来说，技术上先进、经济上合理、安全节能、满足生产需要是企业在选择、制造、引进设备时必须共同遵守的原则。因此，在选择设备时应考虑的因素有：①生产性；②可靠性；③安全性；④节能性；⑤环保性；⑥维修性；⑦成套性；⑧灵活性；⑨耐用性。

### 二、设备的经济评价

企业在选择设备时，除了考虑上述因素外，还应对设备进行经济评价。评价的方法主要有以下几种。

#### （一）投资回收期法

投资回收期是指用设备的盈利收入来补偿设备投资支出所需要的时间。

$$I \times (1+i)T = [R \times (1+i)T-1 + \cdots + R \times (1+i)] + R$$

$$I \times (1+i)T = R \times \frac{(1+i)^T - 1}{i} \qquad T = \frac{\lg R - \lg(R - i \times I)}{\lg(1+i)}$$

式中，$T$ 为设备投资回收期；$I$ 为设备投资额；$i$ 为年利率；$R$ 为设备年平均盈利收入。

**例 11.1：** 已知条件如表 11-1 所示，求该厂最佳决策，假设 $i = 10\%$。

表 11-1　设备投资盈利表

| 设备名称 | 投资额/万元 | 盈利收入/万元 | | |
| --- | --- | --- | --- | --- |
| | | 合计 | 折旧 | 利润 |
| Ⅰ | 1000 | 350 | 125 | 225 |
| Ⅱ | 1200 | 450 | 120 | 330 |
| Ⅲ | 1800 | 650 | 150 | 500 |

**解：** $T_1 = \dfrac{\lg 350 - \lg(350 - 10\% \times 1000)}{\lg(1 + 10\%)} = 3.53$（年）

同理可求得：$T_2 = 3.25$（年）　　　$T_3 = 3.4$（年）

所以，本例 Ⅱ 方案投资回收期最短。

### （二）费用换算法

1. 年费法

年费法是将设备的购置依据设备的寿命周期，按复利计算，换算成相当于每年的费用支出后，加上年维持费，得出不用设备的年总费用，据此进行比较分析，选择最优设备的方法。

$$年折算总费用＝年投资费＋年维持费$$
$$年投资费＝一次投资费×资金回收系数$$
$$资金回收系数＝\frac{i×(1+i)^n}{(1+i)^n-1}$$

利用资金回收系数可求出一项投资 $P$，打算在 $n$ 年内回收，每年所需的等额年金。

2. 现值法

现值法是将设备寿命周期内的年维持费，通过现值系数换算成相当于一次的维持费用的方法。

$$寿命周期总费用＝设备购置费＋年维持费×现值系数$$
$$现值系数＝\frac{(1+i)^n-1}{i(1+i)^n}$$

假设年维持费是等值的，现值系数、资金回收系数均可查表得出。为说明上述公式举例如下。

**例 11.2**：已知条件如表 11-2 所示，试用年费法计算费用并选择设备。

**表 11-2　设备 A、设备 B 数据表**

| 项目 | 设备 A | 设备 B |
| --- | --- | --- |
| 设备投资费 | 7 000 元 | 10 000 元 |
| 设备寿命周期 | 10 年 | 10 年 |
| 年利率 | 6% | 6% |
| 年维持费 | 2 500 元 | 2 000 元 |

**解**：用年费法计算得

$$设备 A 的年总费用＝7000×\frac{0.06×(1+0.06)^{10}}{(1+0.06)^{10}-1}+2500$$
$$＝7000×0.135\ 87＋2500＝3451（元）$$

同理，可计算出设备 B 的年总费用为 3359 元。比较可知设备 B 的年总费用小，选择 B 设备。

用现值法计算得

$$设备 A 的总费用＝7000＋2500×\frac{(1+0.06)^{10}-1}{0.06×(1+0.06)^{10}}$$
$$＝7000＋(2500×7.36)＝25\ 400（元）$$

同理，可计算出设备 B 寿命周期总费用为 24 720 元，比较可知设备 B 的总费用小，选择 B 设备。

# 第三节 设备合理使用和维护保养

## 一、设备合理使用

设备合理使用要做好以下三方面工作：

（1）必须根据企业的生产技术特点和工艺过程的要求，合理配备各种类型的设备，同时根据各种设备的性能、结构和技术经济特点合理安排加工任务，注意设备的负荷情况。

（2）提高设备的利用程度。一是提高设备的时间利用率，即充分利用设备可能工作的时间，不让设备闲置；二是提高设备的负荷的利用率，就是要使设备在单位时间内生产出尽可能多的合格产品。

（3）建立健全各种规章制度，确保设备的合理使用。有关的制度如安全操作规程、岗位责任制、润滑管理制度及操作合格证等。

## 二、设备维护保养

设备维护保养，是指设备使用人员和专业维护人员在规定的时间内及维护保养范围内，分别对设备进行预防性的技术护理。设备维护保养一般分为三级，称三级保养制度，有些企业，如机械加工企业等，推行四级保养制度。四级保养制度的内容如下。

1. 日常维护保养

日常维护保养亦称例行保养或"日保"，这是操作人员每天在班前后进行的通常保养。机械企业设备保养的四项要求是"整齐、整洁、润滑、安全"。

2. 一级保养

一级保养是以操作人员为主、维修人员为辅对设备进行局部检查、清洗等，一般设备运行500～700 小时进行一次。

3. 二级保养

二级保养是以维修人员为主，操作人员参加，对设备进行部分解体、检查、修理、更换或修复磨损件，局部恢复精度、润滑和调整。一般设备运行 2500～3500 小时进行一次。

4. 三级保养

三级保养是对设备的主体部分进行分解检查与调整工作，及时更换磨损限度已到的零件。设备维护保养制度因设备的性能、工作条件不同而在各企业有具体规定。

# 第四节 设备检查与预防维修

## 一、设备的磨损与故障规律

### （一）设备的磨损规律

设备在使用过程中会逐渐发生磨损，一般分为两种形式：有形磨损和无形磨损。

有形磨损指设备在工作中，由于其零件受摩擦、振动而被磨损或损坏，以致设备的技术状态劣化，或者设备在闲置中由于自然力的作用，而失去精度和工作能力。以上两种情况都称有形磨损。

无形磨损指两种设备使用价值相同或类似，由于科学技术进步产生的技术水平差距，一种与另一种在制造成本、使用成本、生产成果上的比较价值差，称无形磨损。或者这样解释：设备的技术结构、性能没有变化，但由于劳动生产率的提高，这种设备的再生产费用下降，而使原有同种设备发生贬值或是由于新的性能更完善的效率更高的设备出现和推广，使原有的设备的经济效能相对降低而形成的一种消耗。

设备有形磨损过程，大致分三个阶段，如图 11-1 所示。

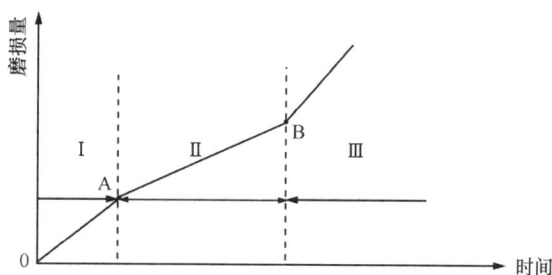

图 11-1　设备有形磨损曲线

Ⅰ：初期磨损阶段。在此阶段，机器零件表面的高低不平处，以及氧化脱炭层，由于零件的运转，互相摩擦作用，很快被磨损，这一磨损速度快，但时间短。

Ⅱ：正常磨损阶段。零件磨损趋于缓慢，基本上是匀速增加的。

Ⅲ：剧烈磨损阶段。零件磨损由量变到质变，超过一定限度，正常磨损关系被破坏，接触情况恶化，磨损加快，设备的工作性能也迅速降低，如不停止使用、进行维修，设备可能被损坏。

### （二）设备故障规律

设备故障一般分为突发故障和劣化故障。突发故障是突然发生的故障，其特点是发生时间是随机的；劣化故障是由于设备性能逐渐劣化所造成的故障，其特点是发生故障有一定的规律，故障发生速度是缓慢的，程度多是局部功能损坏。劣化故障规律呈浴盆曲线，如图 11-2 所示。

Ⅰ：初期故障期。这一阶段的故障主要是由设计上的缺陷、制造质量欠佳和操作习惯不良引起的，开始故障率较高，随后逐渐减少。

Ⅱ：偶发故障期。在这一阶段，设备已进入正常运转阶段，故障很少，一般都是由维护不好和操作失误引起的偶发故障。

Ⅲ：磨损故障期（劣化故障期）。在这一阶段，构成设备的零件已磨损、老化，因而故障率急剧上升。

针对不同故障，应采取相应措施。例如，在初期，应找出设备可靠性低的原因，进行调整，保持稳定性。在偶发期，应注意加强员工的技术教育，提高操作人员与维修人员的

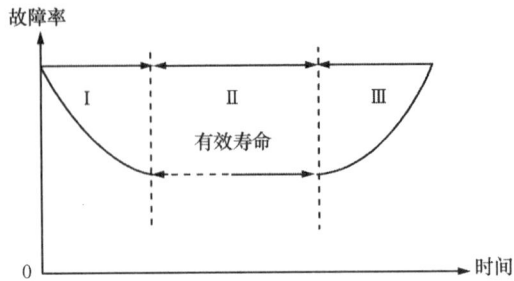

图 11-2　设备功能损坏曲线

技术水平。在磨损期，应加强对设备的检查、监测和计划修理工作。

## 二、设备检查与修理

### (一) 设备检查

设备检查是对设备的运行状况、工作精度、磨损或腐蚀情况进行检查和校验，及时消除隐患。

设备检查分类：按间隔时间的不同可分为日常检查和定期检查；按技术功能的不同可分为机能检查和精度检查。

### (二) 设备修理

1. 设备修理的种类

设备修理种类按修理程度可分为大修理、中修理、小修理。

大修理是工作量很大的一种修理，需要把设备全部拆卸下来，更换和修复全部磨损件，恢复其精度、性能和效率。其特点是：修理次数少，修理间隔长，工作量大，修理时间长，费用多。大修理费用由专门提取的大修理基金支付。

中修理则是对设备进行部分解体，修理更换部分主要零件和数量较多的其他磨损件，并校正设备的基准，以恢复和达到规定的精度和其他技术要求。其特点是：发生次数较多，时间较短，工作量不很大，修理时间较短，支付费用少，由生产费用开支。

小修理是对设备的局部修理，主要是更换和修复少量的磨损零件，并调整设备的局部机构，其特点是：修理次数多，工作量小，一般在生产现场，由车间专职维修工执行，修理费用计入生产费用。

2. 设备修理方法

设备修理方法主要有以下几种：标准修理法、定期修理法和检查后修理法。

标准修理法是根据设备零件的寿命，预先编制具体的修理计划，明确修理日期、类别和内容。设备运转了一定时间后，不管其技术状态如何，必须按计划进行修理。这种方法便于做好修理前的准备工作，设备停歇时间短，能有效地保证设备正常运转。但它容易脱离实际，产生过度修理，增加修理费用。

定期修理法是根据设备的使用寿命、生产类型、工作条件和有关定额资料，事先规定各类计划修理的固定顺序，计划修理间隔及其修理工作量。修理内容事先不作规定，而在修理前根据设备状态来确定。

检查后修理法是根据设备零部件的磨损资料，事先只规定设备检查总次数和时间，而每次修理的具体期限、类别和内容均由检查后的结果来决定。这种方法简便易行、节约费用，但修理期限和内容要等检查后决定，修理计划性差，而且检查时有可能出现对设备状况的主观判断差误引起零件的过度磨损或故障。

## 三、设备的预防维修制度

### （一）计划预防修理制度

这是我国 20 世纪 50 年代开始普遍推行的一种设备维修制度。它是进行有计划地维护、检查和修理，以保证设备经常处于完好状态的一种组织技术措施。内容包括日常维护、定期检查、计划修理（大、中、小）。其特点是通过计划来实现修理的预防性。其编制修理计划的依据之一是修理的各种定额标准。

### （二）修理定额

1. 修理周期

修理周期指相邻两次大修理之间设备工作的时间间隔。修理周期的长短取决于主要零部件的使用期限，在不同生产类型、生产条件下，不同设备的主要零件使用期限不同，修理周期也不相同。

2. 修理间隔期

修理间隔期指两次相邻修理之间的时间间隔。

3. 修理周期结构

修理周期结构指在一个修理周期内，大、中、小修的次数和排列顺序。如图 11-3 所示。其中，"大"为大修理，"中"为中修理，"小"为小修理，"检"为检查。

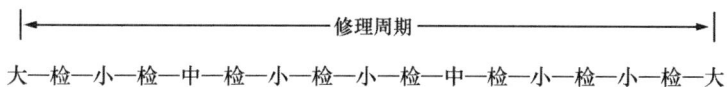

```
|◄──────────────── 修理周期 ────────────────►|
大—检—小—检—中—检—小—检—小—检—中—检—小—检—小—检—大
```

图 11-3　修理周期结构

4. 修理复杂系数

修理复杂系数是表示设备修理复杂程度的一个基本单位，也是表示修理复杂程度和修理工作量的假定单位。它是由设备的结构特点、工艺性、零部件尺寸等因素决定的。设备越复杂，加工精度越高，零部件尺寸越大，修理工作量越大，则修理复杂系数也越大。机械工业中通常是选择中心高为 200 毫米、顶尖距为 1000 毫米的 C620 车床为标准机床，将其修理复杂系数定为 10，其他设备都与该标准机床比较确定。比标准机床复杂的设备，其复杂系数大于 10，反之小于 10。不同型号的设备，复杂系数的计算也不一样。

5. 修理劳动定额

修理劳动定额是企业为完成机器设备的工作所需要的劳动时间标准。它通常用一个修理复杂系数所需要的劳动时间来表示。表 11-3 为机械加工企业一个修理复杂系数的劳动量。

表 11-3　一个修理复杂系数的劳动量　　　　　　　（单位：小时）

| 修理类别 | 钳工工时 | 机工工时 | 电工工时 |
| --- | --- | --- | --- |
| 修前检查 | 3～4 | | |
| 小修理 | 7～10 | | |
| 中修理 | 32～42 | 15 | 7～9 |
| 大修理 | 50～60 | 30 | 15～20 |

## 四、全员生产维修制度

全员生产维修（或译作全员参加的生产维修制、全面生产维修制，简称 TPM），是日本设备工程协会倡导的一种设备管理与维修制度。它以美国的预防维修为维修的主体，也反映出英国设备综合工程学的主要观点，是在总结了日本某些企业推行全面质量管理的实践经验、继承了日本管理的传统基础上逐步形成发展起来的。

### （一）推行全效率、全系统、全员参加的"三全"设备管理

全效率是指设备的综合，包括产量（P）、质量（Q）、成本（C）、交货期（D）、安全（S）和劳动情绪（M）等六方面。计算公式如下：

$$设备的综合效率＝设备的输出/设备的输入$$

从上式可以看出，设备的输出量越大，而设备的输入量越小，则设备的综合效率就越高。全系统是指对设备的生产进行系统的管理，包括从设备研究、设计、制造、安装、使用、维修、改造和更新等全系统进行管理，并建立信息情报的反馈系统。

全员参加是指从企业领导、管理人员一直到第一线生产的主要工人都参加设备管理工作，组织 PM 小组，PM 小组活动的主要内容是减少设备故障和提高生产效率。小组成员分别承担相应的职责，上一级的 PM 小组负责检查下一级 PM 小组的成果，成绩显著者可命名为"高水平 PM 小组"。

### （二）推行"5S"活动，搞好管理工作的基础

"5S"活动的内容如下：

整理，指把不同的紊乱的东西全部收拾好和整理好；

整顿，指把所需的东西备齐，按工作次序整整齐齐地排好；

整洁，指设备和场地做到没有污染；

清扫，指随时做好打扫工作，保证设备和场地能一直保持干净；

素养，指员工的举止、态度和作风，培养良好的工作习惯和生活习惯。

### （三）设备的检查工作

设备的检查工作要求以明确和严密的制度保证做好设备检查，实行明确项目、内容及检查顺序的点检制度。每次检查后都要有明确的记录标志，如良好（O）、可以（S）、差（X），以作为设备维修的依据。设备的检查分为日常检查、定期检查和专题检查。日常检查由操作人员负责；定期检查和专题检查由维修部门负责，主要是针对重点设备。

### （四）重点设备的预防修理、大修理和改善修理

将设备按照"设备的输出"的要求划分为重点设备和一般设备。对重点设备实行预防修理；对一般设备，采用事后修理和故障预防的办法。这样可以节约修理费用。每年根据生产的发展变化情况，按设备输出总的要求，对重点设备进行一次调整。

### （五）加强设备维修人员的培养工作

这是推行 TPM 制度十分重要的环节之一，每年要制订针对维修人员的教育计划，包括对技术人员、工长和组长、老员工和新员工工作的培训，针对不同人员提出不同的教育内容和要求。对于维修人员，要注意对多面手的培养，包括机械工和电工等的操作技能，定期进行考核。

### （六）重视维修记录及其分析研究

完整地记录收集设备维修实施情况的原始资料，对原始资料进行分析研究，包括各种故障原因分析、平均故障间隔时间的分析等；绘制各种比较醒目的图表、编写维修月报；制定各种标准，包括检查标准、维修作业标准等；制订各种 TPM 评价指标作为考核标准。

# 第五节　设备更新与改造

## 一、设备更新

设备更新是以比较经济和比较完善的设备代替物质上不能继续使用或经济上不宜继续使用的设备，使企业能够在科学技术发展的动态环境中，获得先进、适用的技术装备。

### （一）设备寿命

设备寿命是指设备从投入生产开始，经过有形磨损，直至在技术上或经济上不宜继续使用，需要进行更新所经历的时间。从不同角度可以将设备寿命划分为物质寿命、经济寿命、技术寿命和折旧寿命。

1. 物质寿命

物质寿命是根据设备的物质磨损而确定的使用寿命，即从设备投入使用到因物质磨损使设备老化损坏，直到报废拆除为止的年限。

### 2. 经济寿命

经济寿命是指设备的使用费处于合理界限之内的设备寿命。在设备物质寿命的后期，因设备故障频繁而引起的损失急剧增加。购置设备后，使用的年份越多，每年分摊的投资越少，设备的保养和操作费用却越多。在使用期最适宜的年份内设备总成本最低。此即经济寿命的含义。

### 3. 技术寿命

技术寿命是指随着科学技术的发展，不断出现技术上更先进、经济上更合理的替代设备，现有设备在物质寿命或经济寿命尚未结束之前就提前报废，这种从设备投入使用到因技术进步而使其丧失使用价值所经历的时间称为设备的技术寿命。

### 4. 折旧寿命

折旧寿命是指按国家有关部门规定或企业自行规定的折旧率，把设备总值扣除残值后的余额，折旧到接近于零时所经历的时间。折旧寿命的长短取决于国家或企业所采取的方针和政策。

设备寿命通常是设备进行更新和改造的重要决策依据。设备更新改造是为提高产品质量、促进产品升级换代、节约能源而进行的。其中，设备更新也可以从设备经济寿命角度来考虑，设备改造有时也是从延长设备的技术寿命、经济寿命的目的出发的。

### （二）设备更新的方式

设备更新的方式包括设备的原型更新和设备的技术更新两种。

设备的原型更新是指用结构相同的新设备，更换由于有形磨损严重，在技术上不宜继续使用的旧设备。设备的原型更新主要是解决设备的有形磨损的问题，它不具有技术进步的性质。对于设备的无形磨损，设备的原型更新是无法消除的。

设备的技术更新是指用技术上更先进的设备去更换技术上陈旧的设备。技术更新不仅能消除设备的有形磨损，恢复设备原有的性能，而且能消除设备的无形磨损，提高设备的技术水平和生产效率，降低消耗，提高产品质量，增强产品的竞争能力。

## 二、设备改造

设备改造是指应用先进的科学技术成就，改变原有设备的结构，提高原有设备的性能、效率，使设备局部达到或全部达到现代新型设备的水平。由于设备改造比更新费用省，见效快，适应性好，对促进企业技术进步有重要意义。因此，一些企业在开发新产品时或增产现有产品时，总是更新一部分设备，保留一部分可用的原设备，改造一定数量的现有设备。

设备改造的方式分为局部的技术更新和增加新的技术结构。局部的技术更新是采取先进技术改变现有设备的局部结构；增加新的技术结构是指在原有设备基础上增添部件、新装置等。

设备改造的内容主要包括：提高设备的自动化程度，实现数控化、联动化；提高设备的功率、速度和刚度，改善设备的工艺性能；将通用设备改装成高效的专用设备；提高设备的可靠性、维修性；改进设备安全环保装置及安全系统；使零部件标准化、通用化和系列化，提高设备的"三化"水平；降低设备的能耗。

## 本章小结 》》》

随着科学技术的发展，生产手段现代化越来越成为提高经济效益的决定因素之一。设备在固定资产中的比重逐渐加大，已经成为工业企业赖以生存和发展的重要物质技术基础。搞好设备管理，对于保证企业生产的正常进行，推动技术进步，促进产品开发，提高产品质量和企业经济效益都有着重要意义。因此，设备管理是企业管理的一个重要方面。本章主要讲述了设备综合管理的概念、内容和任务，设备选择与评价，设备合理使用和维护保养，设备的检查与预防维修，设备更新与改造等。

## 练习与思考 》》》

1. 简述设备综合管理的概念。

2. 设备综合管理包括哪些内容？

3. 设备选择因素及评价方法有哪些？

4. 何谓设备的保养制度？

5. 什么是设备修理定额？

6. 什么是设备修理复杂系数？

7. 什么是设备更新和设备改造？

8. 设备更新的方式有哪些？

9. 设备修理方法有哪些？

# 第十二章　生产现场管理

1. 掌握现场与现场管理的概念。
2. 掌握"5S"活动对搞好企业生产运作管理的意义。
3. 了解不同搬运方式的优缺点。
4. 掌握生产现场诊断的切入点和难点。

## 导入案例：　B工厂现场管理问题

B工厂是一家有着近10年历史的国有企业，员工有400人左右，生产部门是3个车间，每个车间有4~6个班组不等，每个班组有14~20人。两年前应总公司要求调整现场管理组织结构建立工段，于是每个车间成立了2个工段，每个工段下辖2个或者3个班组，这样就形成了工厂—车间—工段—班组四级管理的组织结构。

这个工厂的现场管理在目前众多的中小型企业里面应是比较典型的，不能说它混乱，但也谈不上令人满意。现场可以看到工厂推行的各种管理方式的痕迹，有工厂质量部门开展定置管理时绘制的车间平面布置图，挂在车间门口，可如果按照这张图去走可能会迷失方向；有技术部门编制的工艺流图贴在岗位上，但看得出已很久没人碰过；安全部门在车间也挂了"安全第一"等标语，安全承包也是该厂安全管理的主要方式；班组建有人员、成本台账，但上面只是寥寥地记了几笔。之所以说看到"各种管理方式的痕迹"，是因为这些管理方式都不能在现场坚持下来，很多最后都只剩了形式，甚至连形式也丢掉了。

如果找一些车间主任、工段长和班组长聊一聊，问他们每天在做些什么，他们会回答说："完成生产任务，当然还得注意安全和保证质量。"他们的回答是正确的，但如果继续问下去，他们是从哪几个方面考虑进行现场管理的，每一方面工作具体有哪些措施，以及当前自己现场的管理状况处于什么水平，那么他们的回答就只能是一些支离破碎、没有系统的答案。实际上这样的问题如果要工厂职能部门的管理人员来回答，同样是难以让人满意的。

讨论：

B工厂的现场管理存在什么问题？

# 第一节　现场与现场管理

## 一、现场和现场管理的概念

现场一般指作业场所。生产现场就是从事产品生产、制造或提供生产服务的场所，即劳动者运用劳动手段，作用于劳动对象，完成一定生产作业任务的场所。它既包括生产一线各基本生产车间的作业场所，又包括辅助生产部门的作业场所，如库房、试验室和锅炉房等。我国工业企业规模较小，习惯于把生产现场简称为车间、工场或生产第一线。

工业企业的生产现场由于受行业特点的影响，既具有共性，又具有各自的特性。

所谓共性，是指有些基本原理和方法对所有企业的生产现场都是普遍适用的，如所有生产现场都要求生产诸要素的合理配置，都有一个投入与产出转换的效益问题；在管理上都具有综合性、区域性、动态性和可控性等特点。

所谓特性，主要是指由于生产工艺、技术装备、生产规模和生产类型等不同，从而优化现场管理的具体要求和方法也不尽相同。从生产工艺看，不同行业的生产现场有明显的差别：钢铁企业是炼铁、炼钢、轧钢；纺织企业是纺纱、织布、印染。即使是在同一个机械制造企业中，冷加工与热加工的生产现场也有很大差异。从技术装备看，有些生产现场拥有较多机械化、自动化设备，技术密集程度较高，如大型化工企业的生产现场，一般都是通过装置和管道设施对原料进行加工。而有的生产现场则以手工业为主，劳动密集程度较高。从生产规模看，大型企业的生产现场，在人员素质、管理水平和环境条件等方面，一般要比小型企业具有较多的优势。从生产类型看，订货生产与存货生产、连续生产与间断生产、单一品种生产与多品种生产、流水生产与成批生产，其生产现场的组织管理方式皆不相同。按对象原则设置的生产现场与按工艺原则设置的生产现场，其组织管理方式也有区别。所以研究现场管理的重点首先放在共性上，主要揭示生产现场运作的一般规律，但在具体实施时要从企业生产现场的实际情况出发，注意不同生产现场的特性要求，防止"一刀切"。

有现场就必然有现场管理。现场管理就是运用科学的管理思想、管理方法和管理手段，对现场的各种生产要素，如人（操作者、管理者）、机（设备）、料（原材料）、法（工艺、检测方法）、环（环境）、资（资金）、能（能源）、信（信息）等，进行合理配置和优化组合，通过计划、组织、控制、协调和激励等管理职能，保证现场按预定的目标，实现优质、高效、低耗、均衡、安全、文明的生产。现场管理是企业管理的重要环节，企业管理中的很多问题必然会在现场得到反映，各项专业管理工作也要在现场落实。作为基层环节的现场管理，其首要任务是保证现场的各项生产活动能高效率、有秩序地进行，实现预定的目标任务，现场出现的各种生产技术问题，有关人员在现场就能及时解决，不等、不拖、不"上交"。从这个意义上说，生产现场管理也就是现场的生产管理。

## 二、现场管理的特点

### （一）基础性

企业管理一般可分三个层次，即最高领导层的决策性管理、中间管理层的执行性管理和作业层的现场管理。现场管理属于基层管理，是企业管理的基础。基础工作扎实，现场管理水平高，可以增强企业对外部环境的承受能力和应变能力；可以使企业的生产经营目标，以及各项计划、指令和各项专业管理要求，顺利地在基层得到贯彻与落实。优化现场管理需要以管理的基础工作为依据，离不开标准、定额、计量、信息、原始记录、规章制度和基础教育，基础工作健全与否，直接影响现场管理的水平。通过加强现场管理又可进一步健全基础工作。所以，加强现场管理与加强管理基础工作，两者是一致的，不是对立的。

### （二）系统性

现场管理是从属于企业管理这个大系统的一个子系统。过去抓现场管理没有把生产现场作为一个系统进行综合治理、整体优化，往往抓了某一个方面的工作改进，忽视了各项工作之间的配套改革；比较重视生产现场的各项专业管理，却忽视了它们在生产现场中的协调与配合，所以收效不大。现场管理作为一个系统，具有系统性、相关性、目的性和环境适应性。这个系统的外部环境就是整个企业，企业生产经营的目标、方针、政策和措施都会直接影响生产现场管理。这个系统输入的是人、机、料、法、环、资、能和信等生产要素，通过生产现场有机的转换过程，向外部环境输出各种合格的产品或优质的服务；同时，反馈转换过程中的各种信息，以促进各方面工作的改善。生产现场管理系统的性质是综合的、开放的、有序的、动态的和可控的。系统性特点要求生产现场必须实行统一指挥，不允许各部门、各环节、各工序违背统一指挥而各行其是。各项专业管理虽自成系统，但在生产现场也必须协调配合，服从现场整体优化的要求。

### （三）群众性

现场管理的核心是人。人与人、人与物的组合是现场生产要素最基本的组合，不能见物不见人。现场的一切生产活动、各项管理工作都要现场的人去掌握、去操作、去完成。优化现场管理仅靠少数企业管理人员是不够的，必须依靠现场所有人员的积极性和创造性，发动广大员工参与管理。生产人员在岗位工作过程中，按照统一标准和规定的要求，实行自主管理，开展员工民主管理活动，必须改变人们的旧观念，培养员工良好的生产习惯和参与管理的能力，不断提高员工的素质。员工素质中突出的是责任心问题，有了责任心，工作就主动，不会干的可以学会。如果没有责任心，再好的管理制度和管理方法也无济于事。提高员工素质既不能任其自然，也不能操之过急，要从多方面做细致的工作。

### （四）开放性

现场管理是一个开放系统，在系统内部与外部环境之间经常需要进行物质和信息的交换与信息反馈，以保证生产有秩序地连续进行。各类信息的收集、传递和分析利用，要做到及时、准确、齐全，尽量让现场人员能看得见、摸得着，人人心中有数。例如，需要大家共同完成的任务产量产值、质量控制、班组核算等。可将计划指标和指标完成情况画成图表，定期公布，让现场人员都知道自己应干什么和干得怎么样。与现场生产密切相关的规章制度，如安全守则、操作规程和岗位责任制等，应公布在现场醒目处，便于现场人员共同遵守执行。现场区域划分、物品摆放位置和危险处所等应设有明显标志。各生产环节之间、各道工序之间的联络，可根据现场工作的实际需要，建立必要的信息传导装置。例如，生产线上某个工位出现故障，流水线就会自动停下来，前方的信号灯就会显示出第几号工位出了毛病。

### （五）动态性

现场各种生产要素的组合，是在投入与产出转换的运动过程中实现的。优化现场管理是由低级到高级不断发展、不断提高的动态过程。在一定条件下，现场生产要素的优化组合，具有相对的稳定性。生产技术条件稳定，有利于生产现场提高质量和经济效益。但是由于市场环境的变化、企业产品结构的调整，以及新产品、新工艺、新技术的采用，原有的生产要素组合和生产技术条件就不适应了，必须进行相应的变革。现场管理应根据变化了的情况，对生产要素进行必要的调整和合理配置，提高生产现场对环境变化的适应力，从而增强企业的竞争力。所以，稳定是相对的、有条件的，变化则是绝对的，"求稳怕变"或"只变不定"都不符合现场动态管理的要求。

介绍上述特点有助于进一步理解现场管理的含义，同时也为优化现场管理提供了理论依据。

## 三、加强现场管理的必要性

对为什么要加强现场管理这个问题可以从以下四个方面来分析。

### （一）从管理理论上分析

生产现场是企业生产力的载体，是员工直接从事生产活动、创造价值与使用价值的场所。企业向社会和市场提供的商品要通过生产现场制造出来；员工的精神面貌、道德、作风要在生产现场培养和体现出来；投入生产的各种要素要在生产现场优化组合后才能转换为生产力。所有这些都要通过现场有效的管理才能实现。现场管理水平的高低，直接关系到产品质量的好坏、消耗与效益的高低，以及企业在市场竞争中的适应能力与竞争能力的高低。由此可见，优化现场管理是企业整体优化的重要组成部分，是现代化大生产不可缺少的重要环节。它对于加强企业管理、提高企业素质和提高企业的经济效益，有着重要的意义。

### （二）从管理实践上分析

我国工业企业对生产现场管理历来是重视的，并积累了不少好经验。"一五"时期，机械工业部通过调查，认识到应"根据企业不同的生产类型，采用不同的管理方法"，提出要"以生产作业计划为中心加强企业管理"，强调要"管好在制品"。20 世纪 60 年代，大庆油田创造了许多现场管理经验。例如，建立生产人员、基层干部和领导干部与机关工作人员的岗位责任制，做到"事事有人管、人人有专责、办事有标准、工作有检查"，把生产现场的工作同广大职工建设社会主义的积极性结合起来；强调机关科室要为生产现场服务，实行"三个面向"（面向群众、面向基层、面向生产）、"五到现场"（生产指挥、思想工作、材料供应、科研设计、生活服务到现场）。在仓库管理中实行"四号定位"与"五五化摆放"，即对仓储的各种器材规定出固定的摆放位置，按库号、架号、层号、位号对号入座，并按五个为一个记数单元进行摆放；为培养职工队伍，提出"三老"（当老实人、说老实话、办老实事）、"四严"（严格要求、严密组织、严肃态度、严明纪律）、"四个一样"（黑天和白天、坏天气和好天气、领导在场和不在场、有人检查和没人检查一个样）的作风等。

改革开放以来，特别是深化企业内部改革，实行承包经营责任制以来，许多企业从实际出发，在新形势下创造了许多优化现场管理的新经验。例如，南京第二机床厂用 10 年时间，坚持不懈地抓现场管理，形成"现场管理优化 11 法"和"现场管理 40 条"，促进了企业发展。哈尔滨锅炉厂从长远发展战略出发，对生产现场进行综合治理，系统优化，形成了良好的文明秩序，保证了各项经济技术指标连续几年大幅度增长。第二汽车制造厂从日本引进现场管理经验，建立以现场为中心的综合管理体系，成为挖掘生产潜力、提高经济效益的有效手段。还有很多企业在加强现场管理方面，摸索创造了各具特色的好经验，如山东博山水泥厂的"规范化工作法"、上海金陵无线电厂的"模特法"、黑龙江阿城继电器厂的"定置管理"、石家庄第一塑料厂的"满负荷工作法"等。

尽管有一批现场管理搞得相当好的企业和车间，也积累了不少具有先进水平的管理经验，但从全局看，许多企业的现场管理水平同国外先进水平相比还有一定的差距。有些企业近几年来注意抓市场，忽视了现场，管理重心外移，而不是内沉。有些新发展起来的中小企业整体素质差，还不知道什么是科学的现场管理。现场管理落后集中反映在：现场纪律松弛，生产效率低，质量差，投入多产出少，效益低，生产不能适应市场变化的需要。具体表现在以下几方面：

（1）现场生产秩序混乱。员工干活无计划，操作无标准；职责分工不明，遇事推诿扯皮，规章制度不能严格执行；供应不及时，生产不均衡，工时利用率低，安全、质量事故频繁。

（2）现场存在浪费现象。用人过多，有人没活干，有活没人干，停工等待，无效劳动；生产过剩，库存积压，资金周转慢；物料消耗高，产品档次低，不必要的装卸搬运，出现大量的废品和不良品；长明灯、长流水，到处"跑、冒、滴、漏"。

（3）现场环境"脏、乱、差"。设备布局、作业路线不合理；物料、半成品乱堆乱放，工具箱、更衣箱参差不齐；门上有尘土，地面有油污，杂物堆积，通道堵塞，作业面积狭窄，环境条件达不到规定标准的要求。

（4）现场人员的素质亟待提高。必须改变人们不符合大生产和文明生产要求的旧观念、旧习惯，克服"惰性"、作风散漫和纪律松弛等毛病，增强凝聚力，提高思想和技术业务素质。

有人认为，当前困扰企业的主要问题是企业外部环境的影响，许多企业的领导者忙于搞"外交"，抓市场，筹资金，顾不上抓现场管理，即便抓了也认为是"远水解不了近渴"。在市场经济条件下，企业生产经营必须以市场需求为导向，抓市场是完全必要和应该的，问题是不能把抓市场同抓生产现场割裂开来，这两者是相互关联、相互制约，密不可分的。企业要在激烈的市场竞争中求生存、求发展，就必须向市场提供质量好、品种多、价格便宜、能按期交货的产品，而这些产品是在生产现场制造出来的，要靠现场管理来保证。因此，现场管理水平决定着企业的市场应变能力和竞争实力。为什么在同样严峻的外部环境中，有些企业的经济效益连连滑坡，生产难以为继，而有些企业则应付自如，其产品仍能在市场上畅销不衰？原因之一就是这些企业有一个良好的后方基地，注重现场管理，能及时地调整产品结构、开发新产品和不断地提高产品质量。所以，企业的领导者要一手抓市场，一手抓现场，不能抓了市场丢了现场，也不能只顾现场忘了市场，要以市场促现场，用现场保市场，通过加强现场管理去适应外部环境的不断变化。

### （三）加强现场管理是企业技术进步的需要

新产品的开发与研制、老企业的技术改造、设备更新、采用新技术、新材料、新工艺，以及引进技术的消化吸收与推广应用，这些都要具体落实和体现在生产现场。如果没有先进的现场管理，先进技术就很难充分发挥作用，技术进步的成果就不能很快变成现实的生产力。有些企业引进了国外先进的技术设备，但由于现场管理水平低，迟迟不能投产或投产后不能达标，就是明显的例证。

### （四）加强现场管理是提高企业素质、实现企业管理整体优化的需要

现场管理与企业管理是相辅相成、相互促进的，两者是"局部与整体"的关系。作为区域性的子系统，现场管理要服从企业管理整体优化的要求，保证企业生产经营总目标的实现，优化各项专业管理。同时，企业管理也要以现场管理优化为基础，把管理的重点放在现场，各职能科室要主动地为生产现场服务，为现场提供良好的工作条件。现场管理搞好了，企业管理的整体优化才有可能。

提高对现场管理重要性和必要性的认识，目的是增强搞好现场管理的自觉性，把优化现场管理这项工作扎扎实实地开展起来。

## 四、现场管理的任务和内容

### （一）现场管理的任务

有人把现场管理仅仅理解为"打扫卫生，文明生产"，这是很不全面的。现场管理的任务主要是合理地组织现场的各种生产要素，使之有效地结合起来形成一个有机的生产系统，并经常处于良好的运行状态。具体的目标任务是：

（1）以市场需求为导向，生产适销对路的产品，全面完成生产计划规定的任务，包括产品品种、质量、产量、产值、资金、成本、利润和安全等经济技术指标；

（2）消除生产现场的浪费现象，科学地组织生产，采用新工艺、新技术，开展技术革新和合理化建议活动，实现生产的高效率和高效益；

（3）优化劳动组织，搞好班组建设和民主管理，不断提高现场人员的思想水平与技术业务素质；

（4）加强定额管理，降低物料和能源消耗，减少生产储备和资金占用，不断降低生产成本；

（5）优化专业管理，完善工艺、质量、设备、计划、调度、财务和安全等专业管理保证体系，并使它们在生产现场协调配合，发挥综合管理效应，有效地控制生产现场的投入与产出；

（6）组织均衡生产，实行标准化管理；

（7）加强管理基础工作，做到人流、物流运转有序，信息流及时准确，出现异常现象能及时发现和解决，使生产现场始终处于正常、有序、可控的状态；

（8）治理现场环境，改变生产现场"脏、乱、差"的状况，确保安全生产、文明生产。

### （二）现场管理的内容

现场管理的任务决定了现场管理的内容是多方面的，既包括现场生产的组织管理工作，又包括要落实的各项专业管理和管理基础工作。因此，现场管理的内容可以从不同的角度去概括和分析。例如，从管理职能分析，现场管理的层次与范围虽不同于企业管理，但仍具有计划、组织、控制、激励和教育等职能，这些管理职能在生产现场都有所体现，所以可以据此概括和分析现场管理的内容。另外，还可以从构成现场的点（工序管理）、线（流水管理）、面（环境管理）角度，概括和分析现场管理的内容。

以下从优化现场的人、机、料、法、环等主要生产要素，从优化质量、设备等主要专业管理系统角度来概括和分析现场管理的内容。具体内容包括：①作业管理；②物流管理；③文明生产与定量管理；④生产现场质量管理；⑤生产现场设备管理；⑥生产现场成本控制；⑦生产现场计划与控制；⑧优化劳动组织与班组建设；⑨岗位责任制；⑩生产现场管理诊断。在不同行业的不同企业中，现场管理的内容及其重点不尽相同。上述 10 项内容是从当前大多数企业的实际情况出发提出来的，具有一定的普遍意义。随着生产技术的发展和管理水平的提高，现场管理的内容将更加丰富、充实，并不断出现新的内容。

# 第二节　搬 运 管 理

厂内物料搬运是指物料在生产工序、工段、车间（分厂）、仓库之间进行运送转移，以保证连续生产的搬运作业。按其工作的地点分，有从厂外运达以后的搬运作业、车间之间和车间内部的搬运作业；按其所搬运的物料分，有原材料、毛坯、半成品、外购件、成品搬运作业等。搬运作业是生产现场的一项重要活动，是连接各项生产活动的纽带，为了有效地组织好物料搬运，必须遵循搬运的原则，采用科学合理的搬运方式和方法，不断进行搬运分析，改善搬运作业。

## 一、搬运原则

（1）便于搬运方面的原则主要有：①便于物料搬运；②物料集中堆放；③物料体积大小适中；④最大搬运单位；⑤排除二次搬运；⑥托盘式搬运方式；⑦用拖车运输。

（2）搬运自动化方面的原则主要有：①重力化；②机械化；③省力的。

（3）减少等待和空载方面的原则主要有：①协同工作；②均衡搬运；③钟摆方式搬运；④定时搬运；⑤提高运转率。

（4）提高作业效率方面的原则主要有：①排除潜在搬运；②减轻疲劳。

（5）搬运路线方面的原则主要有：①合理配置；②搬运中工料不受损；③安全；④减轻自重；⑤设备及时更新报废；⑥标准化。

## 二、搬运方式

### (一) 从技术发展角度分

（1）人力搬运，即依靠员工体力，用手搬肩扛。这种方式比较简单，但效率低、人工费用高、员工容易疲劳，一般只适用于物体小、数量少、重量轻、搬运距离短的情况。

（2）简单工具搬运，即利用手推车、工位器具搬运。这种方法简便，搬运效率较前者高，员工不易疲劳，一般适用于件小量大、搬运距离短的情况。

（3）机械化搬运，即利用火车、轮船、汽车、叉车、电瓶车、起重机和吊车等设备进行搬运。这种搬运方式灵活、效率高、运输量大、节省人力、费用低和适用范围广，既可以运大件，也可以运小件；既可以长距离运输，也可以短距离搬运。

（4）自动化搬运，即利用机械手、传送带、悬挂链和滑道等进行搬运，一般不使用人力。这种搬运方式效率更高，费用更少，一般也只适用于物件小、数量大、重量轻、距离短的情况。

### (二) 从对在制品进行管理角度分

（1）送货方式。按工艺顺序，上道工序加工完后，要把在制品按时、按质、按量送往下道工序。这种方式，在制品顺流而下，容易了解加工进度，但占用在制品量多。

（2）取货方式。这是后道工序向前道工序提取必要的物料。这种方式可以严格控制在制品的数量，一般适用于产品质量比较稳定的大量大批生产类型。

除上述搬运方式外，还可以从提高工时和设备利用率角度来划分，分为单向往返、单向连续、双向连续、双向双车连续和环形运输五种方式；也可按发运时间和发运量划分，分为定量定时搬运、定时搬运和定量搬运三种方式。至于企业具体选择何种运输方式，则应根据实际情况确定。

## 三、搬运分析

搬运分析是以加工对象的搬运距离、搬运数量及搬运方法为对象，分析加工对象在空间放置的合理性，目的在于改进搬运工作，减轻人员劳动强度，提高作业效率。

### (一) 搬运方便系数分析

搬运方便系数分析亦称搬运活性系数分析，是以搬运工序为对象，对各道工序之间搬动方式的分析。物件在搬运前一般应集中存放，装入容器或车内，使之处于随时即可运走状态。搬运前后要有一段处理时间，处理时间的长短是由物件的放置状态决定的。

搬运方便系数表明了物品搬运的难易程度，用数字 0～4 表示。系数大，表示物品需要处理的时间短、搬运方便；系数小，表示物品需要处理的时间长，搬运不方便。利用搬运方便系数来分析物品的放置状态，从中发现问题，加以改善，这对提高搬运效率、减少搬运时间、节省人力、保证物品质量都很有好处。搬运方便系数的确定方法如图 12-1 所示。

| 放置状态与搬运方式 |  |  |  |  |  |
|---|---|---|---|---|---|
| 搬运方便系数 | 0 | 1 | 2 | 3 | 4 |
| 状态说明 | 散放地上，需经装箱、抬起、装车，才能运走 | 装入容器，需抬起、装车后，才能运走 | 容器放在垫板上，可用叉车直接运走 | 装入车内，一推就可以运走 | 利用滑道或传送带，放上即能运走 |
| 搬运难易 | 难 ← | | | | → 易 |

图 12-1 搬运方便系数说明

### (二) 无效搬运分析

这是为了减少无效搬运，即空运所进行的一种分析。它利用无效搬运系数来表示。计算公式如下：

无效搬运系数＝（总搬运距离—有效搬运距离）/有效搬运距离

无效搬运系数越小越好，一般应为1或1以下。分析方法见图12-2和表12-1。

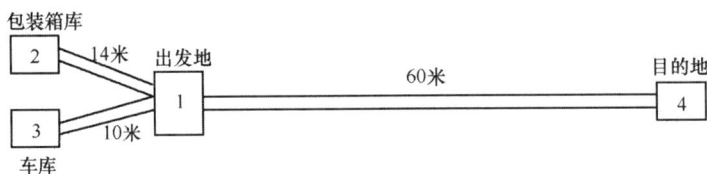

图 12-2 无效搬运系数分析图

表 12-1 无效搬运系数分析表

| 人和车的移动 | 说明 | 移动距离/米 | | |
|---|---|---|---|---|
| | | 无效 | 有效 | 合计 |
| ①—③—① | 司机到车库取车，空车回到出发地 | 10×2=20 | | 20 |
| ①—②—① | 司机开车到仓库取包装箱，回到出发地装货 | 12×2=30 | | 30 |
| ①—④ | 司机开车送货到目的地 | | 60×1=60 | 60 |
| ④—① | 司机开车回到出发地（空车） | 60×1=60 | | 60 |
| ①—③—① | 司机开车入车库，人回到出发地 | 10×2=20 | | 20 |
| 合计 | | 130 | 60 | 190 |

这个案例表明，无效搬运系数太大，需要改善。可以把车库和包装箱库移到出发地，则无效搬运就合格了。

# 第三节　定置管理

## 一、定置管理的含义

定置管理是我国工业企业 20 世纪 80 年代从日本学习引进的一种先进管理方法。作为生产现场管理的一个重要组成部分，定置管理的主要任务是研究作为生产过程主要要素的人、物、场所三者的相互关系。它通过运用调整生产现场的物品放置位置，处理好人与物、人与场所、物与场所的关系；通过整理，把与生产现场无关的物品消除掉；通过整顿，把生产场所需要的物品放在规定的位置。这种定置要科学、合理，以实现生产现场的秩序化、文明化。

## 二、定置管理的基本理论

### （一）人与物的三种结合状态

在工厂生产活动中，构成生产工序的要素有材料、半成品、机械设备、工夹模具、操作人员、工艺方法和生产环境等，归纳起来就是人、物、场所和信息等因素，其中最基本的是人与物的因素，只有人与物合理结合，才能使生产有效地进行。人与物结合可归纳为三种基本状态：

（1）A 状态，即人与物处于能够立即结合并发挥效能的状态。例如，操作工作使用的各种工具，由于摆放地点合理而且固定，当操作者需要时，能立即拿到或者做到得心应手。

（2）B 状态，即人与物处于寻找状态或尚不能很好发挥效能的状态。例如，一个操作者加工一个零件，需使用某种工具，但由于现场杂乱而忘记了这种工具放在何处，结果因寻找工具而浪费了时间；或者由于半成品堆放不合理，散放在地上，加工时每次都需弯腰，一个个地拣起来，既影响了工时，又提高了劳动强度。

（3）C 状态，指人与物处于失去联系的状态。这种物品与生产已无关系，不需要人去同该物结合。例如，生产现场中存在的已经报废的设备、工具、模具，生产中产生的垃圾、废品、切屑，以及同生产现场无关的人员生活用品等。这些物品放在生产现场，必将占用作业面积，而且影响操作者的工作效率及安全。

因此，定置管理就是要通过相应的设计、改进和控制，消除 C 状态，对 B 状态进行分析和改进，使之都成为 A 状态，并长期保持下去。

### （二）人与物的结合成本

在生产活动中，为实现人与物的结合，需要消耗劳动时间，支付劳动时间的工时费用，这种工时费用称为人与物的结合成本。结合成本，亦即物的使用费用。

人与物的结合成本，和人与物的结合状态有直接关系。当人与物的结合处于 A 状态时，结合成本可以忽略不计。当人与物的结合处于 B 状态时，比如作业者因使用的工具未实现定置管理，工作时花费很多时间去寻找需要的工具，用于找工具的工时费用越多，结合成本就越高。结合成本高，也就是增加了物的使用费用。人与物的结合成本同物的原成本和物的现成本的关系如下：

物的现成本＝物的原成本＋结合成本

**例 12.1**：某作业者操作时需使用一套模具，模具的原成本为 500 元，当模具处于 A 状态时，结合成本很少，可以不考虑。这时，模具的现成本为它的原成本，即 500 元。如果模具处于 B 状态，假定寻找该模具费了 5 个小时，单位工时费用为 10 元，试确定模具的现成本。

**解**：模具的现成本＝模具的原成本＋结合成本 ＝500＋5×10＝550（元）

如果模具处于 C 状态，即模具已与生产活动无关，这时，模具就可进行入库或报废处理了。从上面的分析可知，力求使人与物的结合保持 A 状态，是降低结合成本、使物的现成本不致增加的最佳途径。

### （三）物与场所的关系

在生产活动中，人与物的结合状态，是决定生产有效程度的因素。但人与物的结合都是在一定场所进行的。因此，实现人与物的最佳结合，必须首先处理好物与场所的关系，实现物与场所的合理结合。因为，物与场所的有效结合是实现人与物合理结合的基础。研究物与场所的有效结合，就是对生产现场、人、物进行作业分析和动作研究，使对象物品按生产需要、工艺要求科学地固定在某场所的特定位置上，达到物与场所的有效结合，缩短人取物的时间，消除人的重复动作，以促进人与物的最佳结合。

#### 1. 使场所处于良好状态

实现物与场所的合理结合，首先要使场所本身处于良好的状态。场所本身的布置可以有三种状态。A 状态：良好状态，即良好的工作环境，场所中的作业面积、通风设置、恒温设备、光照、噪声和粉尘等状态，必须符合人的生理、工作生产和安全的要求。B 状态：需要改善的状态，即需要不断改善的工作环境，这种状态的场所，布局不尽合理，或只满足人的生理要求，或只满足生产要求，或两者都不能满足。C 状态：需彻底改造的状态，即需消除或彻底改造的工作环境。这种场所对人的生理要求及工作生产、安全要求都不能满足。定置管理的任务，就是把物与场所的 B 状态、C 状态改变为 A 状态。

#### 2. 科学确定物品在场所内的位置

实现物与场所的结合，要根据物流运动的规律性，科学地确定物品在场所内的位置，即定置。定置方法有两种。

（1）固定位置，即场所固定、物品存放位置固定、物品的信息媒介物固定。这种"三固定"的方法，适用于那些在物流系统中周期性地回归原地，在下一生产活动中重复使用的物品，主要是那些用作加工手段的物品，如工、检、量具、工艺装备、工位器具、运输机械和机床附件等物品。这些物品可以多次参加生产过程，周期性地往返运动。对这类物品适用"三固定"的方法，固定存放位置，使用后要回复到原来的固定地点。例如，模具平时存储在指定的场所和地点，需用时取来安装在机床上，使用完毕后，从机床上拆卸下来，经过检测、验收后，仍搬回到原处存储，以备下次再使用。

（2）自由位置，即相对地固定一个存放物品的区域，至于在此区域内的具体放置位置，则根据当时的生产情况及一定的规则来决定。这种方式同上一种相比，在规定区域内有一定的自由，故称自由位置。这种方法适用物流系统中那些不回归、不重复使用的物品。例如，原材料、毛坯、零部件、产成品。这些物品的特点是按照工艺流程不停地从上一工序向下一工序流动，一直到最后出厂。所以，对每一个物品（如零件）来说，在某一工序加工后，除非回原地返修，一般就不再回归到原来的作业场所，对这类物品应采用规定一个较大范围区域的办法来定置。由于这类物品的种类、规格很多，每种的数量有时多，有时少，很难就每种物品规定具体位置。如在制品停放区、零部件检验区等。在这个区域内存放的各个品种的零部件，则根据充分利用空间、便于收发、便于点数等规则来确定具体的存放地点。

### （四）信息媒介同定置的关系

信息媒介就是在人与物、物与场所合理结合过程中起着指导、控制、确认等作用的信息载体。由于生产中使用的物品品种多、规格杂，它们不可能都放置在操作者的手边。如何找到，需有一定的信息来指引，许多物品在流动中是不回归的，它们的流向和数量也需有信息来指导和控制；为了便于寻找和避免混放，也需要有信息来确认。因此，在定置管理中，完善而准确的信息媒介是很重要的，它影响到人、物、场所的有效结合程度。

根据信息媒介在定置管理中所起的作用，信息媒介可分为两类：

（1）引导信息。有的引导信息告诉人们"该物在何处"，便于人与物结合。例如，车间里各种物品的台账就是一种引导信息。在台账中，每类物品都有自己的编号，这种编号是按"四号定位"原理来编码的（库、区、架、位），有了台账就可知道某种物品放在何处。又如，定置的平面布置图，也是一种重要的引导信息，它形象地指示了存放物的处所或区域的位置，人们凭借平面图中标记的信息，被引导到所需物品的场所去。

（2）确认信息。这是为了避免物品混放和场所误置所需的信息。例如，各种区域的标志线、标志牌和彩色标志，它告诉人们"这儿就是该场所"。有了废品存放区和合格品存放区的不同标志，就可避免混放的质量事故。这种指示地点的信息，又称场所标志。又如各种物品的卡牌，也是一种重要确认信息。在卡片上说明该物品的名称、规格、数量和质量等，告诉人们"这就是该物"，是物品的核实信息。

由上可见，在定置管理中各种信息媒介物是很重要的。实行定置管理，必须重视和健全各种信息媒介物，良好的定置管理，要求信息媒介物达到五方面要求（五种理想状态）：①场所标志清楚；②场所设有定置图；③位置台账齐全；④存放物的序号、编号齐备；⑤信息标准化（物品流动时间标准、数量标准和摆放标准等）。

## 三、如何推行定置管理

推行定置管理，一般开展程序如下。

### （一）对现场进行调整，明确问题点

成立调查小组，以推行定置管理的主管人员为主（一般为车间主任），组织有经验的

管理者和现场有关人员参加，对生产现场进行调查。调查内容一般包括：①生产现场中人-机联系的情况；②物流情况；③员工操作情况；④生产作业面积和空间利用情况；⑤原材料、在制品管理情况；⑥半成品库和中间库的管理情况；⑦工位器具的配备和使用情况；⑧生产现场物品摆放情况；⑨生产现场物品搬运情况；⑩质量保证和安全生产情况；⑪设备运转和利用情况；⑫生产中的消耗情况等。

调查应有侧重点，在调查的基础上，找出现场存在的主要问题，明确定置管理的方向。

### (二) 分析问题，提出现场改善的方案

主要分析以下几个方面：①人物结合情况；②现场物流状况及搬运状况；③现场信息流状况；④工艺路线和工艺方法状况；⑤现场利用状况等。

### (三) 定置管理的设计

定置管理的设计内容包括：

(1) 各种场地（厂区、车间和仓库等）及各种物品（机台、货架、箱柜和工位器具等）的定置设计。其表现形式就是各类定置图。定置设计，实质是工厂布置的细化、具体化，它必须符合工厂布置的基本要求，主要有：①单一的流向和看得见的搬运路线；②最大限度地利用空间；③最大的操作方便和最小的不愉快；④最短的运输距离和最少的装卸次数；⑤切实的安全防护保障；⑥最少的改进费用和统一标准；⑦最大的灵活性及协调性。

(2) 信息媒介物的标准设计。例如，各种区域、通道和流动器具的位置信息符号的设计；各种料架、工具箱、生活柜和工位器具等物品的结构和编号的标准设计；位置台账、物品确认卡片的标准设计；结合各种物品的专业管理方法，进行各种物品进出、收发的定置管理办法的设计等。

### (四) 定置管理方案的实施和考核

定置管理的实施，即按照设计要求，对生产现场的材料、机械、操作、方法进行科学的整理和整顿，将所有的物品定位。要做到：有物必有区，有区必有牌，按区存放，按图定置，图物相符。定置管理的实施，一定要让群众把它看成是自己的事，要依靠群众。为此，定置管理的设计必须吸收操作者参加；要对操作人员进行定置管理的培训；定置方案的实施主要依靠本车间操作人员自己来完成。

为了巩固已取得的成果，进一步发现存在的问题，不断完善定置管理，必须坚持定期检查和考核工作。考核的基本指标就是定置率，计算公式为：

$$定置率 = \frac{实际定置的物品个数（种类）}{定置图规定的定置物品个数（种类）} \times 100\%$$

**例 12.2**：检查某车间三个定置区域：合格区（绿色标牌区）摆放 14 种零件，其中有 1 种没有定置；待检区（蓝色标牌区）摆放 20 种零件，其中有 2 种没有定置；返修区（红色标牌区）摆放 3 种零件，其中有 1 种没有定置。试确定该场所的定置率。

**解**：$定置率 = \frac{(15+20+3)-(1+2+1)}{15+20+3} \times 100\% = 89.47\%$

## 四、车间的定置要求

### （一）车间场地的定置要求

（1）要有按标准设计的车间定置图；

（2）生产场地、通道、工具箱、交检区、物品存放区，都要有标准的信息显示，如标牌、不同色彩的标志线等；

（3）对易燃、易爆物品、消防设施、有污染的物品，要符合工厂有关特别定置的规定；

（4）要有车间、工段、班组卫生责任区的定置，并设置责任区信息牌；

（5）临时停滞物品区域的定置规定，包括积压的半成品停滞、待安装设备、建筑维修材料等的规定；

（6）垃圾、废品回收点的定置，包括回收箱的分类标志，料头箱（红色）、铝屑箱（黄色）、铁屑箱（黄色）、铜屑箱（黄色）、垃圾箱（白色）、大杂物箱（蓝色），以上各类箱子有明显的相应标牌信息显示；

（7）按定置图的要求，清除与区域无关的物品。

### （二）车间各工序、工位、机台的定置要求

（1）必须有各工序、工位、机台的定置要求；

（2）要有图纸架、工艺文件等资料的定置规定；

（3）有工、卡、量具、仪表、小型工具，以及工作器具在工序、工位、机台停放的定置要求；

（4）有材料、半成品及工位器具等在工序、工位摆放的数量和方式的定置要求；

（5）附件箱、零件货架的编号必须同零件账、卡、目录相一致，账、卡等信息要有流水号目录。

### （三）工具箱的定置要求

（1）必须按标准设计定置图；

（2）工具摆放要严格遵守定置图，不准随便堆放；

（3）定置图及工具卡片一律贴在工具箱内门壁上；

（4）工具箱的摆放地点要标准化；

（5）同工种、工序的工具摆放要标准化。

### （四）库房的定置要求

（1）要设计库房定置总图，按指定的地点定置；

（2）易燃、易爆、易污染、有储存期要求的物品，要按工厂安全定置要求，实行特别定置；

（3）有储存期物品的定置，要求超期物品有单独区域放置，接近超期1～3个月的物

品要设置期限标志，在库存报表上对超期物品也要用特定符号表示；

（4）账本前面应有序号及物品目录；

（5）特别定置区域，要用标准的信号符号显示；

（6）物品存放的区域、架号、库号，必须同账本的物品目录相一致。

### （五）检查现场的定置要求

（1）要有检查现场定置图。

（2）要划分不同区域并用不同颜色标志：①半成品的待检区及合格区；②成品的待检区及合格区；③废品区；④返修区；⑤待处理区。待检区（蓝色）、合格区（绿色）、返修区（红色）、待处理区（黄色）、废品区（白色）颜色不同，即"绿色通、红色停、黄色红道行、蓝色没检查、白色不能用"。

（3）小件物品可装在不同颜色的大容器内，以示区别。

# 第四节　"5S"活动

## 一、"5S"活动的含义

"5S"活动，是指对生产现场各生产要素，主要是物的要素所处状态不断地进行整理（seiri）、整顿（seiton）、清扫（seiso）、清洁（seikeetsu）和提高素养（shitsuke）的活动。由于整理、整顿、清扫、清洁和素养这五个词日语中罗马拼音的第一个字母都是"S"，简称为"5S"。"5S"活动在日本企业中得到广泛实行，它相当于我国企业里开展的文明生产活动。

"5S"活动在西方和日本企业中推行，有一个逐步发展、总结、提高的过程。开始的提法是开展"3S"活动，以后内容逐步充实，改为"4S"，最后增加为"5S"，在这一过程中，不仅内容增加和丰富了，而且按照文明生产各项活动的内在联系和逐步地由浅入深的要求，各项活动也系统化和程序化了。"5S"活动总结出，在各项活动中，提高队伍素养是全部活动的核心和精髓。"5S"活动重视人的因素，没有员工队伍素养的相应提高，"5S"活动是难以开展和坚持下去的。

日本企业在如何推行坚持"5S"活动方面，也总结了一套方法，不少方面值得我们学习。从一定意义上说，日本企业实行的"5S"活动，也是文明生产活动的发展和提高。因此，近年来我国许多企业，为了提高文明生产活动的水平，也学习和推行了"5S"活动。

## 二、"5S"活动的内容和具体要求

### （一）整理

整理指把要与不要的人、事、物分开，再对不需的人、事、物加以处理。这是开始改善生产现场的第一步。其要点是，首先，对生产现场摆放和停滞的各种物品进行分类，区分什么是现场需要的，什么是现场不需要的；其次，对于现场不需要的物品，诸如用剩的材料、多余的半成品、切下的料头、切屑、垃圾、废品、多余的工料、多余的工具、报废的设备、员工个人生活用品（下班后穿戴的衣帽鞋袜、化妆用品）等，要坚决清理出现场。这样做的目的是：

（1）改善和增大作业面积；

（2）现场无杂物，行道通畅，提高工作效率；

（3）减少磕碰的机会，保障安全，提高质量；

（4）消除管理上的混放、混料等差错事故；

（5）有利于减少库存量，节约资金；

（6）改变作风，提高工作情绪。

这项工作的重点在于坚决把现场不需要的东西清理掉。对于车间里各个工位或设备的前后、通道左右、厂房上下和工具箱内外等，包括车间的各个死角，都要彻底搜寻和清理，做到现场无不用之物。坚决做好这一步，是树立好作风的开始。日本有的企业提出口号："效率和安全始于整理！"有的企业为了保证做到这一条，而又照顾到员工摆放个人生活用品的实际需要，因地制宜，采取了相应措施。例如，在车间外专门为员工设置休息室和存放衣帽的专用橱柜；利用两个车间之间的空间，专门设置员工存放个人用品的地方等。

### （二）整顿

整顿指把需要的人、事、物加以定量、定位。通过上一步整理后，对生产现场需要留下的物品进行科学合理的布置和摆放，以便在最快速的情况下取得所要之物，在有效的规章制度和流程下完成事务。整顿活动的要点是：

（1）物品摆放要有固定的地点和区域，以便于寻找和消除因混放而造成的差错；

（2）物品摆放要科学合理，例如，根据物品使用的频率，经常使用的东西放得近些（如放在作业区内），偶尔使用或不常用的东西则应放得远些（如集中放在车间某处）；

（3）物品摆放目视化，使定量装载的物品做到过目知数，不同物品摆放区域采用不同的色彩和标记。生产现场物品的合理摆放有利于提高工作效率，提高产品质量，保障生产安全。

### （三）清扫

清扫指把工作场所打扫干净，设备异常时马上修理，使之恢复正常。现场在生产过程中会产生灰尘、油污、铁屑和垃圾等，从而变脏。脏的现场会使设备精度降低，故障多发，影响产品的质量，使安全事故防不胜防；脏的现场更会影响人们的工作情绪，使人不愿久留。因此，必须通过清扫活动来清除那些脏物，创建一个明快、舒畅的工作环境，以保证安全、优质和高效率地工作。清扫活动的要点是：

（1）自己使用的物品，如设备、工具等，要自己清扫，而不是依赖他人，不增加专门的清扫工；

（2）对设备的清扫，着眼于对设备的维修保养。清扫设备同设备的日常检查结合起来，清扫设备要同时做好设备的润滑工作，清扫也是保养；

（3）清扫也是为了改善环境，所以当清扫地面发现有飞屑和油水泄漏时，查明原因并采取措施加以改进。

### （四）清洁

清洁指整理、整顿、清扫之后要认真维护，保持完美和最佳状态。清洁，不是单纯从字面上来理解，而是对前三项活动的坚持与深入，从而消除发生安全事故的根源，创造一个良好的工作环境，使员工能愉快地工作。清洁活动的要点是：

（1）车间环境不仅要整齐，而且要做到清洁卫生，保证员工身体健康，增强员工劳动热情；

（2）不仅物品要清洁，而且整个工作环境要清洁，进一步消除混浊的空气、粉尘、噪声和污染源；

（3）不仅物品、环境要清洁，而且员工本身也要做到清洁，如工作服要清洁，仪表要整洁，及时理发、刮须、修指甲和洗澡等；

（4）员工不仅做到形体上的清洁，而且要做到精神上的"清洁"，待人要有礼貌，要尊重别人。

### （五）素养

素养指养成良好的工作习惯，遵守纪律。素养即教养。努力提高人员的素质，养成严格遵守规章制度的习惯和作风，这是"5S"活动的核心。没有人员素质的提高，各项活动都不能顺利开展，开展了也坚持不下去。所以，抓"5S"活动，要始终着眼于提高人的素质。"5S"活动始于素质，也终于素质。

在开展"5S"活动中，要贯彻自我管理的原则。创造良好的工作环境，不能单靠添置设备来改善，也不要指望别人来代为办理，而让现场人员坐享其成。应当充分依靠现场人员，由现场的当事人自己动手为自己创建一个整齐、清洁、方便和安全的工作环境；使他们在改造客观世界的同时，也改造自己的主观世界，产生"美"的意识，养成现代化大生产所要求的遵章守纪、严格要求的风气和习惯。因为是自己动手创造的成果，也就容易保持和坚持下去。

由上可见，"5S"活动是把企业的文明生产各项活动系统化，并进入了一个更高的阶段。

## 三、"5S"活动的组织管理

实践表明，"5S"活动开展起来比较容易，可以搞得轰轰烈烈，在短时间内取得明显的效果，但要坚持下去，持之以恒，不断优化就不太容易了。不少企业发生过"一紧、二松、三垮、四重"现象。因此，开展"5S"活动，必须领导重视，加强组织和管理。

### （一）将"5S"活动纳入岗位责任制

要使每一部门、每个人员都有明确的岗位责任和工作标准。以一个机械加工车间的清扫工作为例：

（1）每日清扫。①清扫时间：每班下班前 30 分钟。②清扫人员分工：操作人员负责机床上下及班组管理区域的清扫，清扫人员负责车间主、次干道的清扫及现场铁屑的清扫。③清扫内容见表 12-2。

**表 12-2　每日清扫内容**

| 人员 | 地面 | 机床 | 刀检工具 | 工位工具 | 铁屑 |
|---|---|---|---|---|---|
| 操作人员 | 清扫自己活动区地面 | 按设备日清扫标准执行 | 处理无用刀具，定位放好使用的工、检、刀、夹具 | 小车按规定放好 | 将工作区的铁屑扫入铁屑箱 |
| 清扫人员 | 清扫各行走干道 | | 把使用过的工具放在自己的工作室 | 运铁屑的车辆放在固定的位置 | 将铁屑箱内的铁屑清除干净 |
| 辅助人员 | 保证车间地面清洁 | | 使用过的工具不随意放在现场 | | |

（2）周末清扫。①清扫时间：周末白班下班前一小时。②清扫人员分工：同每日清扫。③清扫内容见表 12-3。

**表 12-3　周末清扫内容**

| 人员 | 地面 | 机床 | 刀检工具 | 工位工具 | 铁屑 |
|---|---|---|---|---|---|
| 操作人员 | 清扫自己活动区地面 | 按设备日清扫标准执行 | 做"日清扫"事项，擦洗管理点架，整理工具箱内部 | 擦洗小车滑道等，包括踏脚板，并定置放好 | 彻底清除设备周围的铁屑 |
| 清扫人员 | 清扫各行走干道 | | 同"日清扫" | 同"日清扫" | 同"日清扫" |
| 辅助人员 | 清查现场有无自己负责的无用品，如有则清除 | 配合操作者、帮助指导设备保养 | 同"日清扫" | | |

### （二）严格执行检查、评比和考核的制度

认真、严格地搞好检查、评比和考核，是使"5S"活动坚持下去并不断改进的重要保证。检查和考评的方式方法可以多种多样，根据各单位的实际情况和条件来决定，不强求一个模式。日常性的检查评比，通常是在车间内部进行，由班级的兼职员工管理员参加，而且同开展竞争结合起来。同岗位责任制检查结合起来，下面是某汽车制造厂一个车间的做法。

（1）检查方式：每日进行。由一名车间主任及车间工会主席，以及各组的"5S"委员或班长在下班前对车间各个班组进行"5S"检查。检查项目以"日清扫"为标准进行。由各班组"5S"委员集体评议，分出等级。

（2）评比等级：评比分为四个等级。4 分——良好——绿色；3 分——中等——蓝色；2 分——及格——黄色（黄牌警告）；1 分——差——红色（红牌需停工整顿）。

（3）评比公布方式：评比结果，每日公布，由工会负责填写"5S 活动竞赛评比牌"，挂在车间现场。评比牌的格式如图 12-3 所示。牌上的●分为绿、蓝、黄、红四种颜色。除了车间内部的每日检查、评比外，还应有全厂的检查和考核，这种检查通常按月或季度进行。

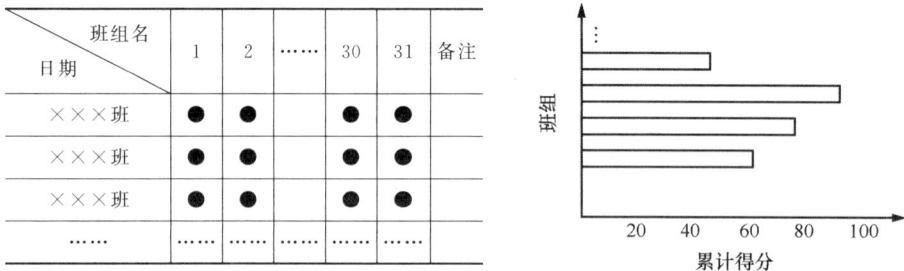

图 12-3　"5S"活动竞赛评比牌格式

下面是某电器公司有关定置管理的检查考核办法。

（1）检查方式和时间：对车间、科室每月定期检查一次；此外，还实行不定期的突击性检查，每季度 1～2 次。

（2）检查内容及扣分标准：①没有制定定置管理总图的扣 5 分；②车间、班组，没有工具箱、工序、交检区、库房定置图的，一项扣 2 分；③各类定置不完整的，一项扣 1～2 分；④考核定置率要求达到 100%，为 96%～99%，扣 1～2 分；90%～95%，扣 3～5分；85%～89%，扣 8～12 分；⑤经常使用的工夹具、量具等，没有处在 A 类状态的，两项扣 1 分；⑥物品类别相混淆，扣 1～5 分；⑦C 类状态物品没有清除掉，一处扣 2 分；⑧各类库房没有信息标志，一处扣 2 分；⑨各类库房，对于将要超过储期的物品，月末盘点报表，没按标准信息格式上报，一项扣 1～3 分；⑩各类物品没按定置图的要求堆放，如堆放在通道、走廊等，一律扣 2 分；⑪垃圾类不按定置要求堆放，各种料屑相混，扣1～5 分；⑫办公室、工位、机台的工作椅，不按规定要求放置，一律扣 0.5 分。

（3）奖罚标准：①扣分不超过 20 分的，按单位在册人数每人奖励 10～50 元；②扣分在 20～30 分的，不奖不罚；③扣分超过 30 分的，按单位在册人数每人扣罚 20～100 元；④"亮黄牌"，指由值班主任每日定时巡视现场一周，发现缺点就贴一黄纸，说明缺点、原因并限期改正。

### （三）坚持 PDCA 循环，不断提高现场的"5S"水平

"5S"活动的目的是不断地改善现场，而"5S"活动的坚持也不可能总在同一水平上徘徊，而是要通过检查，不断发现问题，不断去解决问题。要在不断提高中去坚持。因此，在检查考核后，还必须针对问题点，提出改进措施和计划。表 12-4 是一种"5S"问

题的改进计划表格。

表 12-4 "5S" 问题改进计划表

| 序号 | 改进项目 | 部门车间 | 负责人 | 日期 | | | | | |
|------|---------|---------|-------|------|------|------|------|------|------|
| | | | | 1 | 2 | 3 | 4 | 5 | …… |
| | | | | | | | | | |

厂部、科室、车间、班组等各级都应制订各自的"5S"改进计划，通过 PDCA 循环，使"5S"活动得到坚持并不断提高。

# 第五节 生产现场诊断

优化生产现场管理，首先要发现问题，提出改进的目标，然后对症下药，提出相应的改进措施，为此需要进行生产现场管理的诊断。

## 一、现状和问题的调查研究

深入进行调查研究，掌握生产现场管理的现状和问题，是确定现场管理优化方向和措施的前提。生产现场管理诊断的调查方法主要有：现场观察；同企业领导人面谈；员工意见调查；制定统一的评价标准等。

### （一）现场观察

现场观察就是到生产现场，进行实地观察、询问，以调查了解生产现场管理的现状和存在的问题，主要包括以下方面：

（1）安全文明生产。安全文明生产包括企业环境卫生、厂容、车间和工作地的整洁度，各种物品的定置情况，安全设施和安全规章的执行情况，有无"跑、冒、滴、漏"情况等。

（2）目视管理。生产现场目视管理主要指岗位责任制的公布、工作任务和完成情况的公布、作业规程和标准的公布、定置图的公布，各种物品的彩色标志、安全生产的标志，人员着装的情况等。

（3）劳动条件。生产现场劳动条件主要指照明、粉尘、温湿度、噪声、通风和劳动强度等。

（4）工艺和质量。生产工艺的机械化和自动化水平，产品或零部件的工艺技术精度和难度，产品或零部件的成品率和返修率，有无工艺文件、检验标准及其执行的严格程度和变动程度，操作人员的技术水平和熟练程度，工序质量控制点的管理状况等。

（5）物流管理。生产现场物流管理主要指采用何种生产的空间组织形式，设备布置的合理与否，物流路线和运输路线是否合理等。

（6）作业计划和调度。作业计划和调度主要指有无分车间的月、旬、周短期进度计划，作业计划下达的及时性，生产均衡率、配套率，有哪些衡量标准及执行的严格程度，计划变动的频繁程度，调度制度及调度的权威性等。

（7）设备管理。生产现场设备管理主要指设备的新度、精度及对产品质量和任务的保证程度，通过现场设备的使用、停放、维修、润滑和擦洗等判断设备的使用、保养和抢修的状况与质量等。

（8）工艺装备。生产现场工艺装备主要指工具、量具、模具、夹具的装备数量和复杂程度，能否满足产品质量的需要，工位器具的装备和使用情况，工具箱的管理、模具库的管理，搬运活性系数的大小等。

（9）劳动组织。生产现场劳动组织主要指作业班组的规模（平均人数），作业组的形式，维修、电工和搬运等辅助作业组的组织方法，开工班次，轮班组织形式，各班人员配备的均衡程度及服务工作等。

（10）定额管理。生产现场定额管理主要指有无明确的岗位定员、工时定额、材料消耗定额和资金占用定额等，定额水平的高低、定额的实际使用情况及超额的平均水平等。

（11）员工工作热情。员工工作热情指操作者的性别、年龄与生产技术要求是否一致，员工的精神状态、劳动热情、效率和工作紧张程度，生产现场劳动纪律的遵守状况，利用瞬时观察法概略估算现场人员的工时利用水平。

（12）设备开工率。利用瞬时观察法概略估算设备的大体开工率。

（13）搬运。观察了解生产中的搬运工具、方法、道路、批量和人员等合理程度。

（14）在制品管理。在制品管理主要指车间在制品的质量、数量及检验方法，合格品、次品的堆放与隔离，在制品的堆放位置、方法、数量和转移手续。

（15）仓库管理。生产现场的仓库管理主要指原材料、半成品和产成品在库房的存放数量、方法、位置和分处隔离状况，物品出入库手续和存放条件是否合适，物料和台账及卡是否齐全等。

（16）生活设施。了解车间的休息室、衣帽柜设施状况，企业食堂、澡堂和交通车等条件及其对员工生产、生活的影响程度。

现场管理的调查，应把定性分析和定量分析结合起来。通过上述各个方面的调查，可以对各个方面的工作做出定性的判断。在此基础上采用简便实用的定量计算方法，将各个分项调查的判断综合起来，做出对生产现场管理的综合评价。有了综合评价，就可以对各车间、各单位进行横向的比较。下面介绍一种填写现场调查记录卡的方法（表 12-5），它是一种简便的定量调查方法。在表 12-5 中列出了现场管理 16 个方面的内容。调查人员在调查过程中就每一个方面分别打分。打分的方法一般采用 5 分制，即最差为 1 分，一般为 2 分，较好为 3 分，很好为 4 分，最优为 5 分。然后根据这 16 个方面在生产现场管理中的重要程度，分别规定其加权系数（比重系数），在表中用 $Z$ 表示。表中的 $N$ 表示企业中生产现场单位数，$X$ 表示每项的评分得数。利用此表，可以对各生产现场管理综合水平做出定量比较，即用各生产现场（车间）得分小计进行比较；还可以就现场管理和各项工作在各车间进行比较，即各车间水平同全厂综合水平（各车间的平均值）进行比较，从而可以看出各车间水平是处在平均水平之下，还是在平均水平之上。

表 12-5　现场调查记录卡

| 序号 | 项目 | 比重系数（$Z$） | 得分值（$X$） | | | | 得分小计（$\sum X$） | 加权得分（$Z\sum X$） | 平均总分 $\dfrac{Z\sum X}{N}$ |
|---|---|---|---|---|---|---|---|---|---|
| | | | 车间 | 车间 | | | | | |
| 1 | 安全文明生产 | | | | | | | | |
| 2 | 目视管理 | | | | | | | | |
| 3 | 劳动条件 | | | | | | | | |
| 4 | 工艺和质量 | | | | | | | | |
| 5 | 物料管理 | | | | | | | | |
| 6 | 作业计划和调度 | | | | | | | | |
| 7 | 设备管理 | | | | | | | | |
| 8 | 工艺装备 | | | | | | | | |
| 9 | 劳动组织 | | | | | | | | |
| 10 | 定额管理 | | | | | | | | |
| 11 | 员工工作热情 | | | | | | | | |
| 12 | 设备开工率 | | | | | | | | |
| 13 | 搬运 | | | | | | | | |
| 14 | 在制品管理 | | | | | | | | |
| 15 | 仓库管理 | | | | | | | | |
| 16 | 生活设施 | | | | | | | | |
| | 小计 | | | | | | | | |

当有多人参加调查时，表 12-5 可以由每个调查人员分别填写一张，然后将各人的记录卡汇总起来，求出平均值，即为所有参加调查人员的总评价。这样做可以在一定程度上克服个人主观因素差异的影响。

**（二）同企业领导人面谈**

个别谈话是一种重要的调查研究方法。它侧重于定性调查，有利于揭示事物现象的深层次原因及各现象之间的内在联系。这种方法就是调查人员邀请企业厂部、车间及同生产现场管理关系密切的各方面管理人员，围绕生产现场管理存在的问题和解决这些问题的措施，谈谈个人的看法。谈话一般都是个别进行。访谈前应拟订提纲，并通知谈话者，使之有所准备。提纲一般包括两个方面的内容：一是共同性的问题，它对各级管理人员都适用；二是同谈话人身份有关的专业性问题。

1．共同性的问题

（1）根据本行业的特点和现状，你认为本企业（或本车间）生产现场管理现在达到何种水平？国内先进水平、中等水平，或较差水平？

（2）你认为本企业（或本车间）的生产现场管理在哪些方面还存在着差距？具体表现在哪里？优化现场管理应当抓什么工作？

2. 专业性问题

应根据领导人分管专业的不同而分别拟订。举例如下。

(1) 主任谈话：①你认为本车间在作业管理上存在的主要问题是什么？原因何在？如何改善？②你认为本车间在文明生产和安全生产方面存在的主要问题是什么？应如何改进？③你认为厂部各职能科室在为生产现场管理服务方面做得如何？存在什么问题？哪些亟待改进？

(2) 同生产计划科长谈话：①请介绍各车间生产作业计划的编制方法，存在什么问题？应如何改进？②企业及各车间的生产均衡性和配套率水平如何？改进的目标及措施是什么？③企业及各车间的生产调度工作如何？在作业统计、中间库管理、调度指挥等方面存在哪些问题？改进的措施是什么？

(3) 同质量管理科长谈话：①本企业在质量管理方面建立了哪些规章制度？贯彻执行情况如何？应如何改进？②企业员工和领导层的质量意识如何？存在什么问题？如何改善？③本企业产品检验系统的组织机构、人员素质如何？废品率、返修率等质量工作指标的现状如何？

(4) 同设备动力科长谈话：①请介绍本企业设备综合管理各项规章制度贯彻的情况，存在什么问题？应如何改善？②本企业设备的技术状况、役龄状况及适应生产的程度如何？③本企业煤、电、油和水的消耗现状如何？与同行业企业相比有何差距？如何改善？

与其他方面管理人员的谈话提纲可依此拟定。

### (三) 员工意见调查

员工意见调查，是运用科学的方法，在较短的时间内，了解员工对企业管理的意见、问题、愿望和要求。在现场管理调查中，采用员工意见调查，并与上述同管理人员面谈的调查方法结合起来，有利于更好地弄清现场管理的现状和问题。

员工意见调查属于抽样调查，调查的人数视企业总人数而定，一般占全企业总人数的5%～20%，原则上每个车间、班组，以及同生产现场管理关系密切的各个科室的各类不同专业人员都要有1～2人参加，并填写调查表。调查表不记姓名，但要注明填表人所在单位、职务、性别、年龄和文化程度等，以便进行分析。

### (四) 制定统一的评价标准

有些行业（或部门、地区）为了比较客观地评价和确定生产现场的实际管理水平，制定了统一的评价标准。有了这个标准，不仅可以比较客观、准确地评价生产现场管理目前所处的水平，还可以明确与先进管理水平的差距，找到优化现场管理的方向。

1. 普及型

以整齐、清洁、安全和优美的目标水平为主，要求一般企业达到此型标准，作为提高现场管理水平的第一步。

2. 先进型

以现场要素的初步优化组合为主，要求先进企业达到此型标准，作为提高现场管理水平的第二步。

3. 优化型

以现场要素的最优组合，具有现代化水平为主，要求一流企业达到此型标准，作为提高现场管理水平的第三步。这一标准的具体评价方法是：

（1）按每一项指标分别评定，符合标准的为合格项，不符合的为不合格项。每一指标必须"三型"都进行判定。如先进型判为合格项，则前一级的普及型也判为合格项；如优化型判为合格项，则前两个等级也要判为合格项。如前一个等级判为不合格项，后一个等级也必然判为不合格项（例如，先进型判为不合格，则优化型当然也判为不合格）。

（2）每一型必须有 85％以上的指标合格，才算此型合格。

$$应合格指标总数＝评价指标总数× 85％$$

（3）取达到合格型中较高的一型，作为现场管理的定型。如普及型、先进型都合格，则定为先进型。

（4）为了突出重点，每型中确定单项否决项目，此项不合格者不能定型。

## 二、系统分析

通过调查研究，了解和掌握生产现场管理的各个方面及其总体水平，找到同先进管理水平的差距，那么如何进行改善、优化？这就需要运用系统分析方法，对各个问题点及其相互之间的内在联系，进行深入分析，找出主要矛盾和解决矛盾的关键性措施。

### （一）系统分析的特点

系统分析，就是为了指挥系统的整体功能，实现系统的目标，运用逻辑的方法，对系统加以详细的分析、比较、考察和试验，从而拟订一套经济有效的处理步骤或程序，或对原有系统提出改进方案的过程。系统分析是研究事物现象的一种方法和对策，在若干既定目标条件下，分析构成该事物（现象）组成部分的功能及其相互关系，寻求发挥系统整体功能的最佳对策或方案。系统分析方法的主要特点是：

（1）以整体效益为目标。系统分析必须考虑系统整体的最高效益，不能局限于个别子系统的效益，更不能顾此失彼。

（2）以问题为重点。系统分析必须以能求得特定问题的最佳解决方案为重点。

（3）运用科学的计量方法。不能单凭想象、臆断、经验或直觉下判断得出结论。

（4）凭借价值进行判断。决定和选择最佳方案时要以价值为依据。

### （二）运用系统分析方法优化现场管理的实例

某减速机生产企业一车间运用系统分析方法优化现场管理，取得良好效果，成为机械电子系统的一个先进典型。该企业的具体做法如下。

1. 从系统调查入手，将生产现场管理划分为六个子系统进行调查，找出问题

（1）工艺管理子系统的调查。分三个环节进行。一是执行环节。企业确定的工艺执行率为 95％，车间执行情况最差的为 87％，两者相差 8％。根据对这 8％进行的调查，分析归纳出 11 个问题，其中，人与操作方法方面的问题 6 个，设备问题 3 个，材料问题 2 个。二是管理环节。调查中发现存在四对矛盾不好解决：其一为工艺要求与生产任务之间的矛

盾，表现为工艺人员同生产管理人员之间的矛盾；其二是工艺要求与现有设备水平、材料质量之间的矛盾，这个问题实际上已超出了工艺人员的权限；其三为上下认识不一致的矛盾，只是工艺人员在抓，班组长和操作人员缺乏认识；其四为检查问题与解决问题之间的矛盾，只是查出问题而不能有效地解决问题。总的来看，问题关键在于：执法不严，职责不清，结合不佳，缺乏标准。三是立法环节。调查中发现工艺要求有 10 处不利于实际操作。其原因有三条：生产条件变了，工艺未能及时修正；工艺制定脱离现场实际；新工艺确立不及时。归纳起来，工艺管理子系统共查出 3 个方面 15 个问题。

（2）质量管理子系统的调查。围绕提高质量，对全车间 17 道工序逐项调查，查出问题 91 个。其中，属于车间自己能解决的问题 41 个，占 45%；属于需同工艺、检验和设备部门配合解决的问题 29 个，占 32%；需要其他有关部门解决的问题 21 个，占 23%。

（3）生产管理子系统的调查。分别按准备、加工和产出三部分共 17 个环节进行调查。在产前准备阶段，分别对计划能力、材料准备、计划进料和材料保管等 4 个环节进行调查；在加工阶段，分别对调度、计划考核、加工顺序、统计核算、费用考核、设备维修、安全生产、质量管理和工艺管理等 9 个环节进行调查；在产出阶段，对入库结算、在制品储备、盘点统计和资金分配等 4 个环节进行调查。三个阶段共查出 47 个问题。经分类，管理型问题 21 个，占 45%，其中这些问题里，又有 12 个属于需要与相关部门配合解决的；技术型问题 9 个，占 19%；习惯型问题 10 个，占 21%；其他问题 7 个，占 15%。

（4）设备管理子系统的调查。在调查中归纳出四大因素：设备完好率未达标、设备维修率过高、部分设备精度欠佳、操作人员对设备基础知识掌握差。四大因素共查出问题 48 个，其中，管理型问题 21 个，占 43%；由突击操作造成的问题 11 个，占 23%；设备本身的问题 9 个，占 19%；其他问题 7 个，占 15%。

（5）资金管理子系统的调查。从材料费用、可变费用和工时利用率三方面入手，共查出问题 21 个，全部属于管理问题。

（6）思想政治工作子系统的调查。调查是围绕政治、经济工作一体化的问题，即思想政治工作的保证作用来进行的，归纳出党的建设、员工教育、班组管理三方面共 26 个问题。

另外，各子系统之间相互衔接不好而产生的其他问题共 8 个。

2. 对查出的问题进行分类排队和深入分析

第一，对查出的 256 个问题分别进行纵向分类和横向分类（表 12-6 和表 12-7）。

<table>
<tr><td colspan="3">表 12-6　纵向分类</td></tr>
<tr><th>项目</th><th>问题数量/个</th><th>所占比例/%</th></tr>
<tr><td>管理方面</td><td>92</td><td>35.9</td></tr>
<tr><td>技术方面</td><td>35</td><td>13.7</td></tr>
<tr><td>基础方面</td><td>28</td><td>10.9</td></tr>
<tr><td>人的因素</td><td>79</td><td>30.9</td></tr>
<tr><td>其他</td><td>22</td><td>8.6</td></tr>
<tr><td>累计</td><td>256</td><td>100</td></tr>
</table>

<table>
<tr><td colspan="3">表 12-7　横向分类</td></tr>
<tr><th>项目</th><th>问题数量/个</th><th>所占比例/%</th></tr>
<tr><td>车间问题</td><td>63</td><td>24.6</td></tr>
<tr><td>相关问题</td><td>128</td><td>50.0</td></tr>
<tr><td>科室问题</td><td>40</td><td>15.6</td></tr>
<tr><td>外部影响问题</td><td>25</td><td>9.8</td></tr>
<tr><td>累计</td><td>256</td><td>100</td></tr>
</table>

第二，在分类排队的基础上，进行四个方面的分析。

（1）对查出的问题进行 ABC 分析。从纵向分类表看，属于 A 类的是人的因素和管理方面的问题；从横向分类表看，属于 A 类的是相关问题。由此可以得出两点结论：一是在众多的问题中，管理方面的问题是重点，在管理问题中，具有相关性质的问题是主要方面。这就要求领导者把工作的重点放在管理方面，同时要树立整体意识去认识和解决问题。二是提高现场管理水平的关键在于人员管理。

（2）通过对问题的分析和筛选，进一步明确问题的关键所在。上述分析表明，重点问题是人的因素和管理问题。对这两个重点问题做进一步分析和筛选，就可以找出问题的关键所在。对管理方面的 92 个问题，应该重点抓好三个关键点：其一，要解决职责不清、标准不明，尤其是各专业管理协调和接口处的标准不健全，或有一定的职责标准但缺乏执行考核的问题；其二，要解决对物流的控制问题，主要原因在于对信息流缺乏一套科学的管理手段；其三，要解决车间管理与各职能部门的衔接问题。对人的因素方面的 79 个问题，应该突出地抓好四个关键点：第一，要解决现场人员事业心、责任心问题，这是做好一切工作的根本；第二，要抓技术、业务素质的提高，想方设法增强员工做好工作的本领；第三，要解决有章不循的问题，强调合理的制约；第四，要关心员工生活，增强凝聚力，减少逆反心理。

（3）对管理各子系统之间的关系进行分析。通过分析、摸索经验，该厂认为各专业管理子系统之间的关系是：在现场管理这个系统中，生产管理是主干线，离开它，其他管理工作将失去存在的意义；质量管理是各项管理的落脚点；工艺管理则是现场管理的基础；设备管理是现场管理的重要组成部分；资金管理是现场管理的保障；思想政治工作则起保证作用，它将调动人的积极性，推动各项管理工作的顺利开展。通过分析，抓住了主要矛盾，确立了现场管理系统优化的模型。

（4）对人员素质进行分析。由于人的因素是关键因素，有必要将这个问题作为重点进一步进行分析。首先，对车间管理人员和班组长的分析。现有管理人员 16 名，班组长 17 名，其中经过专业培训、具有中专以上水平的仅 8 名，占 24%，他们大部分从事技术工作；余下的 25 人占 76%，只具有初中文化水平，没有受过专业培训，而他们分别担任生产、设备、安全和班组等管理工作。由此可见，车间的工艺和质量管理比较得力，而生产、设备管理却是薄弱环节。这 76% 的人员既是培训的重点，又是车间管理潜力之所在。其次，对员工队伍素质的分析。这几年员工队伍的文化素质有所提高，但从总体上看仍不能适应生产发展的需要，必须大力进行系统的、有针对性的教育培训。

第三，确定系统优化的方针和目标。在多层次深入分析的基础上，围绕关键问题，该车间提出现场管理系统优化的总方针是：以提高投入产出一次合格率为重点，以工艺为突破口，以人的管理为中心，旨在提高现场管理的整体功能。根据这个总方针，该车间提出了目标体系，包括长远目标和当前目标。现场管理的长远目标体系，就是创一流车间的"六要"方针目标，即安全要保、质量要好、产量要超、效益要高、管理要优、面貌要新。为实现"六要"目标，六个管理子系统又进一步提出了各自的具体目标。见表 12-8。

**表 12-8　长远目标体系**

| 总目标 | 子系统 | 子目标 |
|---|---|---|
| "六要"方针 | 工艺管理 | 创一流工艺样板车间 |
| | 质量管理 | 消灭不良品,创产品信得过车间 |
| | 生产管理 | 创一流先进管理样板 |
| | 设备管理 | 实现系列化、档案化、标准化 |
| | 资金管理 | 加强控制,提高"三率" |
| | 思政工作 | 实现思想政治工作、经济工作一体化 |

现场管理的当前目标体系,就是当年"双提高"的优化总目标,即"提高产品质量、提高工作质量"。为了保证实现这个总目标,六个管理子系统也分别确定了自己的具体目标。见表 12-9。

**表 12-9　当前具体目标**

| 总目标 | 子系统 | 子目标 |
|---|---|---|
| 提高产品质量 提高工作质量 | 工艺管理 | 巩固、提高工艺样板车间水平 |
| | 质量管理 | 优化管理手段,提高实物质量 |
| | 生产管理 | 纳入科学管理。确定 3-4-3 均衡率 |
| | 设备管理 | 建立系列标准,采纳科学管理,提高完好率 |
| | 资金管理 | 加强物流控制,提高材料利用率 |
| | 思政工作 | 提高质量,疏通渠道,立足具体 |

第四,在系统分析的基础上,从以下五个方面实现现场管理功能的系统优化:①以工艺为突破口,优化产品质量;②以定置管理入手,优化生产秩序;③以设备管理为重点,优化加工手段;④以标准化为主体,优化基础管理工作;⑤以人为中心,优化员工队伍素质。

## 本章小结 》

现场管理是企业生产运作管理的有机组成部分,生产现场管理是生产运作系统中的一个区域,它直接影响产品质量和企业的经济效益。只有不断地优化生产现场管理,才能实现企业管理的整体优化。本章主要阐述现场管理的定义、特点和内容,搬运管理,定置管理,"5S"活动,生产现场诊断等内容。

## 练习与思考 》

1. 试述现场与现场管理的概念。
2. 何谓定置管理?
3. 何谓"5S"活动? 其内容和要求是什么?
4. 试述现场管理的特点。
5. 试述"5S"活动对搞好企业生产运作管理的意义。
6. 试分析不同搬运方式的优缺点。
7. 试说明生产现场诊断的切入点和难点。

# 第十三章　先进生产方式介绍

## 本章学习目标 》》

1. 掌握 JIT 的概念及流程。
2. 能够进行 JIT 过程设计。
3. 了解 OPT 生产流程的设计。
4. 掌握敏捷制造的流程设计。
5. 了解大规模定制的发展对企业运营的影响。

## 导入案例：　海尔的准时制（JIT）采购策略

海尔物流的特色是借助物流专业公司力量，在自建基础上小外包，总体实现采购 JIT、原材料配送 JIT 和成品配送 JIT 的同步流程。同步模式的实现得益于海尔的现代集成化信息平台。海尔用 CRM（客户关系管理）与 BBP 电子商务平台架起了与全球用户的资源网、全球供应链资源网沟通的桥梁，从而实现了与用户的零距离，提高了海尔对订单的响应速度。

海尔物流整合了集团内分散在 28 个产品事业部的采购、原材料仓储配送，通过整合内部资源，来获取更优的外部资源，建立起强大的供应链资源网络。供应商的结构得到根本的优化，能够参与到前端设计与开发的国际化供应商比例，从整合前的不到 20％ 提高到目前的 82％，GE、爱默生、巴斯夫、DOW（陶氏化学）等 59 家世界五百强企业都已成为海尔的合作伙伴。

海尔实行并行工程，一批跨国公司以其高科技和新技术参与到海尔产品的前端设计中，不但保证了海尔产品技术的领先性，增加了产品的技术含量，同时大大加快了开发速度。海尔采购订单滚动下达到供应商，一般的订单交付周期为 10 天，加急订单为 7 天。战略性物资如钢材，滚动每个月采购一次，但每三个月与供应商谈判协商价格。另有一些供应商通过寄售等方式为海尔供货，即将物资存放在海尔物流中心，但在海尔使用后才结算，供应商可通过 B2B 网站查询寄售物资的使用情况，属于寄售订单的，海尔不收取相关仓储费用。

海尔的 BBP 采购平台由网上订单管理平台、网上支付平台、网上招标竞价平台和网上信息交流平台组成。网上订单管理平台使海尔 100％ 的采购订单由网上直接下达，同步的采购计划和订单，提高了订单的准确性与可执行性，使海尔采购周期由原来的 10 天减少到了 3 天，同时供应商可以在网上查询库存，根据订单和库存情况及时补货。网上支付平台则有效提高了销售环节的工作效率，支付准确率和及时率达到 100％，为海尔节约了近 1000 万元的差旅费，同时降低了供应链管理成本，目前海尔网上支付已占到总支付额的 20％。网上招标竞价平台通过网上招标，不仅使竞价、价格信息管理准确化，而且防止了暗箱操作，降低了供应商管理成本，实现了以时间消灭空间。网上信息交流平台使海尔与供应商在网上就可以进行信息互动交流，实现信息共享，强化合作伙伴关系。除此之外，海尔的 ERP 系统还建立了其内部的信息高速公路，实现了将用户信息同步转化为企业内部的信息，实现以信息替代库存，接近零资金占用。

在采购 JIT 环节上，海尔实现了信息同步，采购、备料同步和距离同步，大大降低了采购环节的费用。信息同步保障了信息的准确性，实现了准时采购。采购、备料同步，使供应链上原材料的库存周期大大缩减。目前已有 7 家国际化供应商在海尔建立的两个国际工业园建厂，爱默生等 12 家国际化分供方正准备进驻工业园，与供应商、分供方的距离同步有力保障了海尔的 JIT 采购与配送。

资料来源：www.gap-sh.com.

讨论：

1. 准时制采购的优势是什么？
2. 海尔是如何通过准时制降低费用的？

# 第一节　准时制生产

21 世纪是一个前所未有的变革时代。现代科学技术的迅猛发展和企业经营环境的变化，使得整个市场需求的不确定因素大大增加，旧的生产方式已经很难适应市场环境的变化，这促使企业不断地变革管理模式和生产方式。近年来，经过国内外众多学者的不断研究和企业的实践，一些新思想、新理论和新方法逐渐出现在人们的视野中。本章将介绍几种先进的制造模式与管理方式，主要包括准时制生产（just in time，JIT）、最优生产技术、敏捷制造和大规模定制。

## 一、JIT 的概念

JIT 是 20 世纪 80 年代由日本丰田汽车公司首先提出的，随后众多的日本制造企业和服务企业纷纷采用了这一生产模式。

在 20 世纪后半期，整个汽车市场进入了一个市场需求多样化的新阶段，而且对质量的要求也越来越高，随之给制造业提出的新课题是，如何有效地组织多品种小批量生产；否则，生产过剩将导致设备、人员、库存费用等一系列的浪费，从而影响到企业的竞争能力乃至生存。

在这种历史背景下，1953 年，日本丰田公司的副总裁大野耐一综合了单件生产和批量生产的特点与优点，创造了一种在多品种小批量混合生产条件下高质量、低消耗的生产方式，即准时制生产，英文简称为 JIT。

JIT 一般可分为"大 JIT"和"小 JIT"。大 JIT（通常指精益生产）是一种管理哲学，其最终目标是消除企业生产作业活动中各方面的浪费，包括员工关系、供应商关系、技术、物料及库存管理。小 JIT 侧重于产品库存计划，实现在需要的时候按需提供所需的物料。

JIT 是一组活动的集合，其目的是实现在原材料、在制品及产成品保持最小库存的条件下进行大批量生产。它是基于任何工序只在需要时才生产必要产品的逻辑。图 13-1 是 JIT 的实现过程。

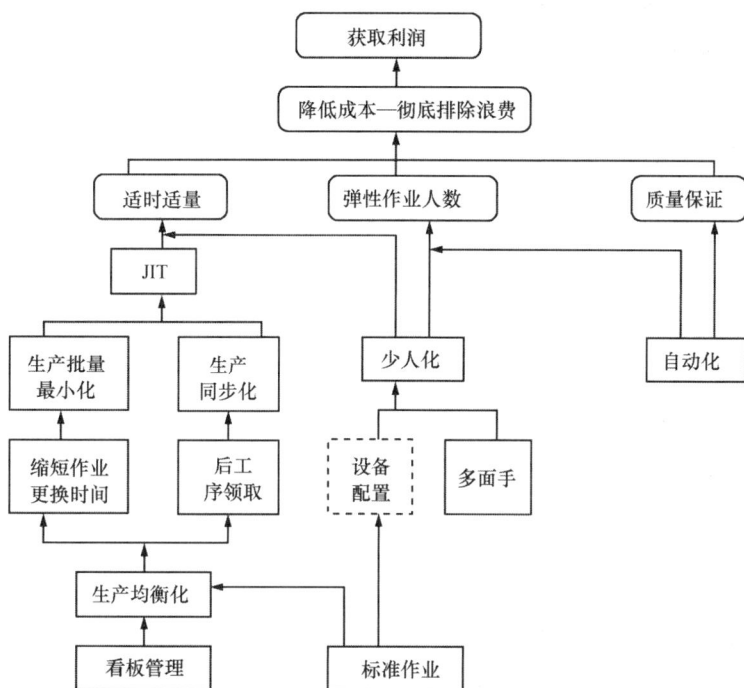

图 13-1  JIT 的实现过程

## 二、JIT 的目标

JIT 的最终目标是建立一个平衡系统，也就是说，形成一个贯穿整个系统的平滑、迅速的物料流。在这种思想主导下，生产过程将在尽可能短的时间内，以最佳的方式利用资源。总目标又可分解为几个特定的目标，如图 13-2 所示。

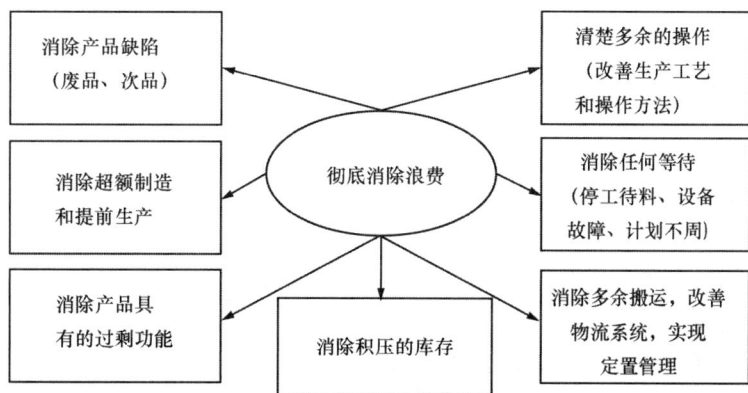

图 13-2  总目标分解为几个特定的目标

（1）废品量最低。JIT 要求消除各种引起不合理的因素，在加工过程中每一工序都要求达到最好水平。

（2）准备时间最短。准备时间长短与批量选择相联系，如果准备时间趋于零，准备成本也趋于零，就有可能采用极小批量。

（3）生产提前期最短。短的生产提前期与小批量相结合的系统，应变能力强，柔性好。

（4）库存量最低。JIT 认为，库存是生产系统设计不合理、生产过程不协调、生产操作不良的证明。

（5）减少零件搬运，搬运量低。零件搬运是非增值操作，如果能使零件和装配件运送量减少，搬运次数减少，可以节约装配时间，减少装配中可能出现的问题。

（6）机器损坏低。

（7）批量尽量小。

## 三、JIT 的组成

JIT 的基本组成包括四个部分：产品设计、过程设计、人员/组织要素及制造计划与控制。

### （一）产品设计

产品设计的三个要素是 JIT 系统的关键。

（1）标准化部件。企业使用标准化部件可以减少部件的种类，简化物料清单，从而减少工人的培训时间，降低相应的培训成本。此外，通过使用标准化部件，企业增强了采购、加工与质量检查活动的程序化程度，有助于工人自己进行不断的改进。

（2）模块化设计。模块化设计是标准化部件概念的延伸，是独立部件的集成。这种设计能够大大减少需要处理的部件数量，简化物料清单，简化装配、采购、加工、培训流程。

（3）质量。质量对 JIT 系统至关重要，因为质量低劣将导致重大停产。JIT 生产批量小，不存在缓冲存货，一旦出现质量问题及其他问题就必须立即停产，直到问题解决后才能重新开始。显然，整个生产系统停产的成本是巨大的。

### （二）过程设计

JIT 的过程设计包括以下六个方面。

（1）小批量。尽可能地降低批量规模是 JIT 的目标。生产过程与供应商运送过程中的小批量具有使 JIT 系统有效运行的优点。第一，整个系统中的小批量移动，能够缩减在制品存货，这样就减少了存货持有成本、作业空间需求，改善了工作间的混乱状况。第二，当出现质量问题时，由于检查与返工批量小，检查和返工成本较低。第三，小批量能够使进度安排的柔性更强，快速响应顾客需求的变化。

（2）缩短作业调整准备时间。日本企业把作业调整准备时间分为两部分：内部时间是指必须停机才能进行的作业调整准备时间；外部时间是指不停机也可以进行的作业调整准备时间。通过仔细分析机器在切换生产时的调整准备过程，减少内部时间，就可以成功缩短作业调整准备时间。

（3）制造单元。制造单元实质是专业化强、效率高的生产中心。许多 JIT 系统都有多个制造单元，其优点是：转换时间少，设备利用率高，易于交叉培训操作员等。

（4）质量改进。质量改进主要是发现和消除问题的起因，使问题不至于频繁发生而导致有序的工作流中断。在 JIT 系统中，质量管理贯穿于每一道工序。JIT 系统有时通过自动检测减少缺陷，即在生产过程中自动检测缺陷。它存在两套机制：一是使设备或生产线能够自动检测不良产品，一旦发现异常或不良产品就可以自动停止生产的设备运行机制；二是生产一线工人发现产品或设备出现问题时，有权停止生产的管理机制。依靠这样的机制，一方面可以防止不良产品的重复出现，避免由此可能造成的浪费；另一方面可以比较容易地找到发生异常的原因，能够有针对性地采取措施，防止异常情况的出现，杜绝不良产品的产生。

（5）生产柔性。在过程设计阶段采取有效的技术，增强生产柔性，具体包括以下几种：①通过减少转换时间降低停工期。②对关键设备采用预防性维护，即在设备运行良好时加以维护，减少故障和停工期。③交叉培训员工。④使用脱线缓冲区，储存来自生产区的不常用安全存货，减少阻塞。⑤为重要客户预留生产能力。

（6）存货量。大量存货可能掩盖产品质量缺陷、时间进度安排不当、设备故障、供应商不可靠等方面的问题。为了充分暴露这些问题，企业往往需要逐步降低存货。一旦问题得以发现并被解决，则进一步减少库存，以便发现和解决更多问题。

为了使 JIT 系统的存货量最小，公司在采购方面可以让供应商直接将物料送到生产车间，完全消除零部件和物料的储存需求；在加工方面可以将产成品一准备好就运送出去，使产成品存货也最小。

### （三）人员/组织要素

人员/组织要素中有五个方面对 JIT 系统非常重要：

（1）尊重员工，视员工如资产。受过良好教育的富有积极性的员工是 JIT 系统的核心，他们较传统生产系统下的"同伴"有更大的决策权，但企业也期望他们做得更多。

（2）员工交叉培训。经过交叉培训的员工能够操作多种机器设备，完成多项生产任务，这样可以增加系统的柔性。

（3）不断改进。JIT 系统的员工比在传统生产系统下负有更大的质量责任，同时，他们在问题解决与不断改进过程中也会起到作用。日本公司非常成功地建立了由工人和管理者组成的例行问题处理小组，鼓励工人向小组报告发现的问题和潜在问题，推动全体员工努力改进系统和作业过程，始终向改善推进。

（4）成本会计。JIT 系统采用活动成本法分配间接费用，这种方法能通过特定的作业或活动更好地反映间接费用的实际消耗量。传统会计方法有时会误导间接费用的分配，因为它们是以直接人工小时为基础进行费用分配的，而这种方法并不总能准确反映不同作业的间接费用。这样，错误的成本分配结果可能导致管理者做出错误的员工组织决策。

（5）领导能力与项目管理。JIT 系统鼓励员工与管理者的双向沟通，管理者是领导者和协调者。

### (四) 制造计划与控制

制造计划与控制方面有四个要素对 JIT 系统具有重要影响。

#### 1. 稳定的计划

JIT 的基础是均衡生产，为了实现均衡生产，主生产进度计划往往是一种基于生产率的生产安排，而不是传统的基于数量的进度安排。这样，在较长时间跨度内，企业能够持有一个相对稳定的均衡计划。均衡计划的时间跨度长短主要取决于两个因素：企业按订单生产还是按库存生产；产品可供选择的范围。

#### 2. 拉式系统

在传统生产环境中使用的是推式系统：当某个工作岗位上的工作完成时，产出物就被"推"到下一个工作岗位：或者在最终作业阶段，产出被推进成品库存。拉式系统与之相反，对工作的转移取决于下一道工序，只有在顾客需要的时候才给顾客供货，因此，工作通过回应下道工序向前推进。

拉式系统的信息沿着系统一个岗位接着一个岗位地反向流动，每个岗位都把自己的需求传达给前一岗位，确保供需平衡。工作准时移动到下道工序，使工作流协调一致，避免了工序之间额外存货的积累。

#### 3. 看板管理系统

看板管理是一种生产现场物流控制系统，它是通过看板的传递或运动来控制物流的一种方法。JIT 作业计划的主要特征是：它只向总装配（有时也简称总装）指示顺序计划，除此之外，不再向其他加工工序指示顺序计划。但是，应该尽量使总装配之前的各工序，即加工工序、毛坯工序、外协及供应部门等，都大体了解本工序、部门每月需要生产和供应的数量。此数量不一定要求准确，但可以作为各大工序作业的大致目标，有利于它们进行作业准备和作业安排。这样，在现场，除总装配工序以外，其他工序都不领取生产计划表。也可以说，对各加工、子装配过程没有统一的生产指示，它们需要生产什么、生产量多少、何时工作等都由看板进行控制。

在实现 JIT 中最重要的管理工具是看板，看板是用来控制生产现场的生产排程工具。具体而言，是一张卡片，卡片的形式随不同的企业而有差别。看板上的信息通常包括零件号码、产品名称、制造编号、容器形式、容器容量、看板编号、移送地点和零件外观等（表 13-1）。

**表 13-1 实际生产中常见的看板管理**

| 每班生产管理看板 | |
| --- | --- |
| 现在时间 | 13：05 |
| 目标产量 | 1000 |
| 实际产量 | 1050 |
| 达成率 | 99.5% |

看板管理可以说是 JIT 生产方式中最独特的部分，因此也有人将 JIT 生产方式称为

"看板方式"。但是严格地讲，这种概念不正确。日本筑波大学的门田安弘教授曾指出："丰田生产方式是一个完整的生产技术综合体，而看板管理仅仅是实现准时化生产的工具之一。把看板管理等同于丰田生产方式是一种非常错误的认识。"

如前所述，JIT 生产方式的本质，是一种生产管理技术，而看板只不过是一种管理工具。绝不能把 JIT 生产方式与看板方式等同起来。看板只有在工序一体化、生产均衡化、生产同步化的前提下，才有可能运用。如果错误地认为 JIT 生产方式就是看板方式，不对现有的生产管理方法做任何变动就单纯地引进看板方式的话，是不会起到任何作用的。所以，在引进 JIT 生产方式及看板方式时，最重要的是对现存的生产系统进行全面改组。

4. 与供应商建立合作关系

在 JIT 采购过程中，买卖双方的良好合作关系非常重要，企业希望供应商经常提供小批量的高品质产品。低劣商品一方面会造成平滑工作流的中断，另一方面检视外购商品并不增加产品价值。出于这些原因，保证质量的任务就交给了供应商。

供应商必须愿意并且能够进行规则的小批量运送。理想中的供应商自己也在 JIT 系统下运作。买方往往根据自己的经验帮助供应商转换到 JIT 系统上。这样一来，供应商实际上变成了买卖双方的扩展 JIT 的一部分。

## 四、JIT 在服务业的应用

许多 JIT 技术已经被成功应用于服务行业。每种技术及相应的工作步骤的适用性取决于行业的特点、产品及设备的工艺技能水平、员工的业务素质及技能水平和企业文化。下面介绍几个成功应用了 JIT 技术的服务性企业。

### (一) 建立问题协调小组

霍尼维尔公司正在促使其质量小组从生产部门向服务部门扩展。其他诸如达拉斯第一银行、标准肉联公司、米勒酿造公司也正在用同样的方法来提高各自的服务水平。英国航空公司把质量小组作为实施新的服务战略的基础部分。

### (二) 改进工作环境

保持良好的工作环境的真谛是要使工作区域备有工作必需的物品，工作区域中要留有必要的空间存放物品。

麦当劳、迪斯尼、速度润滑油等服务性公司认识到保持运作环境清洁的重要性，它们在这方面的投入意味着服务过程更加良好，连续改进的意识更加深入人心。

### (三) 质量改进

成本-效益法是 JIT 独特的用于改进质量的方法，其目的是建立可靠的过程能力。过程质量是根本上的质量——它从源头上保证了产品和服务在一致性和统一性的基础上进行生产。

麦当劳将质量概念构筑进它的服务传送流程，恰当地实现了服务传送系统的工业化，从而使世界上任何地方的麦当劳员工都能够提供同样的饮食服务。

# 第二节　最优生产技术

## 一、最优生产技术的概念

最优生产技术（optimized production technology，OPT）是 1979 年以色列的 Eli Gddratt 提出的，是一种计算机化的生产计划和规划工具。它主要适用于工厂内的协作性工程规划、制造、市场营销等作业，以及进行重复性生产制造的工作中心。

OPT 是一种新的管理思想，提出了一种新的均衡编制与排产方法，与传统的强调生产作业优先级的确定、能力计划的编制等的管理方法不同，OPT 强调物流的优化。

## 二、OPT 方法的基本思想

OPT 方法的基本思想是将所管理的对象抽象成一条链，从而明确系统管理的关键是管理系统中最薄弱的环节，系统的一切优化活动都应该围绕这些最薄弱的环节展开。具体而言，OPT 方法通过正确识别影响制造系统产出率的瓶颈环节、优化瓶颈环节的物流，来提高企业的制造效率，并对所有支持瓶颈环节的排序计划的工作环节进行排序。

## 三、OPT 思想的基础和内容

OPT 思想的基础和内容都是围绕瓶颈概念存在的，在一个作业环境中，是指某些资源，如工作中心、机器或劳动力等，这些资源的最大生产能力小于下游的需求，瓶颈的出现导致生产过程中产生库存积压或排队等待。

（1）追求物流平衡，而不是能力平衡，通过系统而非生产能力来平衡物流。制造过程中的每个工作中心，都要受到一些随机事件的影响，如机器故障、职工缺勤或者原材料不能满足特定需要等。这些随机事件的发生会造成工期延误。为了抵消随机事件造成的影响并适应下游作业的需求变化，我们在计划排程时不能仅仅强调所有资源都得到充分利用，而要努力通过系统来创造一个平缓的物流。

（2）非瓶颈资源的利用取决于系统中的瓶颈资源限制。OPT 方法中的资源分为两种：瓶颈资源（生产能力小于下游的需求）和非瓶颈资源（生产能力大于或等于下游的需求）。任何系统的生产能力总是取决于瓶颈资源的最大生产能力。由于瓶颈资源不能吸纳所有的物流，所以非瓶颈资源也不能发挥它的潜力。

**例 13-1**：产品 P 经过 A、B 两道加工工序，如图 13-3 所示。

原材料 ⟹ A ⟹ B ⟹ 市场

15件/周　　20件/周　　25件/周

图 13-3　瓶颈工序

瓶颈工序指的是实际生产能力小于或等于生产负荷的资源。从图 13-3 可以看出，尽管工序 B 的生产能力是 20 件/周，但由于工序 A 仅能提供 15 件/周的投入，因此它的产出也只能是 15 件/周。这样，由工序 A 和工序 B 组成的系统的生产能力取决于工序 A 的最大生产能力。

（3）进行生产，并不总是等于有效地利用了资源。如图 13-3，工序 B 的生产能力是 20 件/周，但因为有上游工序 A 的产出限制，它只能按 15 件/周来利用，有 5 件/周的生产能力被闲置。

（4）瓶颈环节决定了系统的产出和库存。

（5）传输批量并不总是等于加工批量。

（6）加工批量应当是可变的，不是固定的。

（7）同时考虑系统的所有约束条件，才能确定优先级。

## 四、OPT 的应用

OPT 应用的五个主要步骤如下：

（1）辨别系统的约束；

（2）决定如何开发系统的约束；

（3）使其他的工作服从于开发系统约束的决定；

（4）提升系统的约束；

（5）如果约束被打破，再从第（1）步做起。

**例 13-2：**考虑如图 13-4 所示的生产过程。两个产品 P 和 Q，每周的需求量为 100 件 P，50 件 Q。售价，P 为 90 元/件，Q 为 100 元/件。有 4 个工作中心：A、B、C、D，每个工作中心都有一台机器，每周运行 2400 分钟。需要 3 种原材料，原材料的成本及加工路线如图所示。求解利润最大的生产组合。

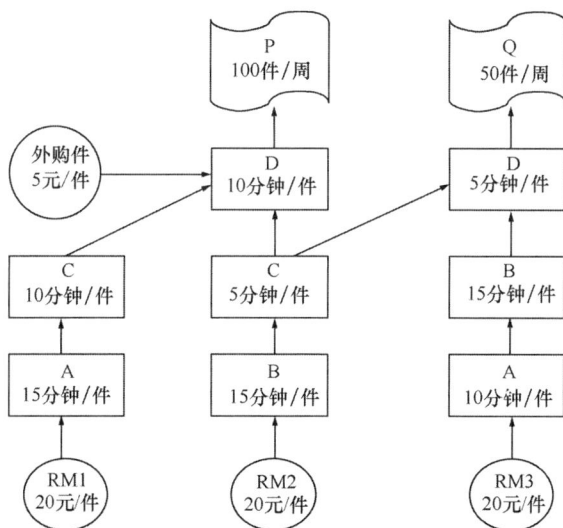

图 13-4  某产品生产过程

解决步骤：

（1）辨别系统的约束。要辨别系统的约束，需要计算机器的负荷，如表 13-2 所示。

**表 13-2 机器 A、B、C、D 的工作状况**

| 资源 | 每周工作时间/分钟 | | 加工负荷/周 | 可用时间/周 | 周负荷率/% |
| --- | --- | --- | --- | --- | --- |
| | P | Q | | | |
| A | 1500 | 500 | 2000 | 2400 | 83 |
| B | 1500 | 1500 | 3000 | 2400 | 125 |
| C | 1500 | 250 | 1750 | 2400 | 73 |
| D | 1000 | 250 | 1250 | 2400 | 52 |

（2）决定如何拓开系统的约束。TOC（约束理论）主要是使资源约束对目标贡献最大化。拓开 B 意味着使在 B 上消耗的单位时间产出最大化。如表 13-3 所示。

**表 13-3 机器 B 对生产 P、Q 两产品的贡献**

| 项目 | P | Q |
| --- | --- | --- |
| 销售价格/（元/件） | 90 | 100 |
| 材料成本/元 | 45 | 40 |
| 贡献/元 | 45 | 60 |
| 时间（资源 B）/分钟 | 15 | 30 |
| 贡献/（元/分钟） | 3 | 2 |

（3）使其他的工作服从于开发系统约束的决定。使其他工作配合拓开系统的约束。

（4）提升系统的约束。尽可能采取措施提高约束的绩效，如降低调整时间、采取预防维修等。

（5）如果约束被打破，再从第 1 步做起。比如，假设市场对 P、Q 的需求量上升了，每周分别为 132 件和 66 件，而且通过努力，使用 B 的时间也下降了 1/3。如表 13-4 所示。

**表 13-4 系统约束提升后的机器负荷**

| 资源 | 周负荷率/% |
| --- | --- |
| 资源 A | 110.0 |
| 资源 B | 55.0 |
| 资源 C | 96.0 |
| 资源 D | 68.75 |

# 第三节 敏 捷 制 造

## 一、敏捷制造的概念

敏捷制造（agile manufacturing，AM）是 1991 年美国国防部为重振其在制造业中的领导地位而提出的一种全新的制造模式和管理思想。它面向现代企业集团化、虚拟化的需求，能够极大地提高企业对市场反应的敏捷性和适应能力。

敏捷制造作为一种制造哲学，目的是提高企业生产和经营上的敏捷性，及时满足市场多样化的需求；作为一种管理思想，其核心在于通过虚拟企业的形式，最大限度地提高资源利用率，充分利用转瞬即逝的市场机遇。

## 二、敏捷制造的核心内容和特征

作为一种全新的制造模式，敏捷制造的概念和内容处于不断更新和发展的过程中。

### (一) 敏捷制造的核心内容

通过对现有研究敏捷制造文献的综合分析，A. Gunasekaran 总结了敏捷制造的理论框架，将敏捷制造中应用的管理方法和技术分为四类。

(1) 战略部分：可配置性研究、柔性人员、虚拟企业、供应链管理、并行工程、战略联盟、核心竞争力、再造工程等。

(2) 技术部分：硬件（机器和设备）、信息技术、模块装配软件、实时控制信息技术、多媒体技术、图形模拟器等。

(3) 系统部分：设计系统、生产计划与控制系统、系统集成、数据库管理、制造资源计划、国际互联网、电子商务、计算机辅助设计、企业资源规划、计算机集成制造系统、基于活动的会计、准时制生产等。

(4) 人员：知识员工、员工授权、培训及教育、柔性工作力、网络经验等。

### (二) 敏捷制造的特征

敏捷制造运作规则和特征可概括为以下四个方面。

1. 从产品开发到产品生产周期的全过程满足客户要求，为客户创造价值

敏捷制造采用柔性化、模块化的产品设计方法和可重组的工艺设备，使产品的功用和性能可根据用户的具体需要进行改变，并借助仿真技术让客户很方便地参与设计，从而快速生产出满足客户需求的产品。它对产品质量的概念是保证在整个产品生产周期内达到客户满意，真正为客户创造价值。

2. 采用多变的动态组织结构

衡量竞争优势的准则在于企业对市场反应的速度和满足用户的能力。企业的组织方式应该能够适应变化和不确定的环境，组织结构应该具有充分的柔性，为此，敏捷企业必须以最快的速度把企业内部的优势和企业外部不同公司的优势集中在一起，组成灵活的经营实体，即虚拟公司。

所谓虚拟公司，是一种利用信息技术打破时空阻隔的新型企业组织形式。它一般是某个企业为完成一定任务项目而与供货商、销售商、设计单位或设计师，甚至与用户所组成的企业联合体。选择这些合作伙伴的依据是他们的专长、竞争能力和商誉。这样，虚拟公司能把与任务项目有关的各领域的精华力量集中起来，形成单个公司所无法比拟的绝对优势。既定任务一旦完成，公司即行解体。当出现新的市场机会时，再重新组建新的虚拟公司。

虚拟公司这种动态组织结构，大大缩短了产品上市时间，加速了产品的改进发展，使产品质量不断提高，也能大大降低公司开支，增加收益。

3. 通过合作来增强竞争力

企业内部和企业之间的合作是敏捷企业运作战略的首要选择，其目的是以尽可能快的速度和尽可能经济的手段为市场提供产品。一般情况下，企业可以充分利用已知的资源，而不必考虑这些资源属于谁、在哪里；在使用形式上，多功能团队、授权、商业流程再造甚至竞争对手之间的合作都可以成为有效的合作形式。

4. 最大限度地调动、发挥人的作用

敏捷制造提倡以"人"为中心的管理，强调用分散决策代替集中控制，用协商机制代替梯阶控制机制。它的基础组织是"多学科群体"（multi-decision team），是以任务为中心的一种动态组合，也就是把权力下放到项目组，提倡"基于统观全局的管理"模式，要求各个项目组都能了解全局的远景，明确工作目标和任务的时间要求，但完成任务的中间过程则由项目组自主决定，以此来发挥人的主动性和积极性。

## 三、敏捷制造三要素

敏捷制造的目标可概括如下：将柔性生产技术，有技术、有知识的劳动力与能够促进企业内部和企业之间合作的灵活管理等三要素集成在一起，通过所建立的共同基础结构，对迅速改变的市场需求和市场实际做出快速响应。从这一目标中可以看出，敏捷制造实际上主要包括三个要素：生产技术、管理技术和人力资源。

### （一）敏捷制造的生产技术

敏捷性是通过将技术、管理和人员三种资源集成为一个协调的、相互关联的系统来实现的。

首先，具有高度柔性的生产设备是创建敏捷制造企业的必要条件，但不是充分条件。所必需的生产技术在设备上的具体体现是：由可改变结构、可量测的模块化制造单元构成的可编程的柔性机床组；智能制造过程控制装置；用传感器、采样器、分析仪与智能诊断软件相配合，对制造过程进行闭环监视；等等。

其次，在产品开发和制造过程中，能运用计算机能力和制造过程的知识基础，用数字计算方法设计复杂产品，可靠地模拟产品的特性和状态，精确地模拟产品制造过程。各项工作是同时进行的，而不是按顺序进行的，同时开发新产品，编制生产工艺规程，进行产品销售。设计工作不仅属于工程领域，也不只是工程与制造的结合。在从用材料制造成品到产品最终报废的整个产品生命周期内，每一个阶段的代表都要参与产品设计。技术在缩短新产品的开发与生产周期上可充分发挥作用。

再次，敏捷制造企业是一种高度集成的组织。信息在制造、工程、市场研究、采购、财务、仓储、销售、研究等部门之间连续地流动，而且还要在敏捷制造企业与其供应厂家之间连续流动。在敏捷制造系统中，用户和供应厂家在产品设计和开发中都应起到积极作用。每一个产品都可能要使用具有高度交互性的网络。同一家公司的，在实际上分散、在组织上分离的人员可以彼此合作，并且可以与其他公司的人员合作。

最后，把企业中分散的各个部门集中在一起，靠的是严密的通用数据交换标准、坚固的"组件"（许多人能够同时使用同一文件的软件）、宽带通信信道。敏捷制造企业将普遍使用可靠的集成技术，进行可靠的、不中断系统运行的大规模软件的更换。这些都将成为正常现象。

### （二）敏捷制造的管理技术

首先，敏捷制造在管理上所提出的创新思想之一是虚拟公司。敏捷制造认为，新产品投放市场的速度是当今最重要的竞争优势。推出新产品最快的办法是利用不同公司的资源，使分布在不同公司内的人力资源和物资资源能随意互换，然后，把它们综合成单一的靠电子手段联系的经营实体——虚拟公司，以完成特定的任务。也就是说，虚拟公司就像专门完成特定计划的一家公司一样，只要市场机会存在，虚拟公司就存在；该计划完成了，市场机会消失了，虚拟公司就解体。能够经常形成虚拟公司的能力将成为企业一种强有力的竞争武器。只要能把分布在不同地方的企业资源集中起来，敏捷制造企业就能随时构成虚拟公司。在美国，虚拟公司将运用国家工业网络——全美工厂网络，把综合性工业数据库与服务结合起来，以便能够使公司集团创建并运作虚拟公司，排除多企业合作和建立标准合法模型的法律障碍。这样，组建虚拟公司就像成立一个公司那样简单。有些公司总觉得独立生产比合作要好，这种观念必须要破除。应当把克服与其他公司合作的组织障碍作为首要任务，而不是作为最后任务。此外，需要解决因为合作而产生的知识产权问题，需要开发管理公司、调动人员工作主动性的技术，寻找建立与管理项目组的方法，以及建立衡量项目组绩效的标准，这些都是艰巨的任务。

其次，敏捷制造企业应具有组织上的柔性。因为先进工业产品及服务的激烈竞争环境已经开始形成，越来越多的产品要投入瞬息万变的世界市场上去参与竞争，产品的设计、制造、分配、服务将用分布在世界各地的资源诸如公司、人才、设备、物料等来完成。制造公司需要日益满足各个地区的客观条件。这些客观条件不仅反映社会、政治和经济价值，而且还反映人们对环境安全、能源供应能力等问题的关心。在这种环境中，采用传统的纵向集成形式，企图"关起门来"什么都自己做，是注定要失败的，必须采用具有高度柔性的动态组织结构。根据工作任务的不同，有时可以采取内部多功能团队形式，请供应者和用户参加团队；有时可以采用与其他公司合作的形式；有时可以采取虚拟公司的形式。有效地运用这些手段，就能充分利用公司的资源。

### （三）敏捷制造的人力资源

敏捷制造在人力资源上的基本思想是，在动态竞争的环境中，关键的因素是人员。柔性生产技术和柔性管理要使敏捷制造企业的人员能够实现他们自己提出的发明和合理化建议。没有一个一成不变的原则来指导此类企业的运行。唯一可行的长期指导原则，是提供必要的物质资源和组织资源，支持人员的创造性和主动性。

在敏捷制造时代，产品和服务的不断创新和发展，制造过程的不断改进，是竞争优势的同义语。敏捷制造企业能够最大限度地发挥人的主动性。有知识的人员是敏捷制造企业中最宝贵的财富。因此，不断对人员进行教育，不断提高人员素质，是企业管理层应该积极支持的一项长期任务。每一个雇员消化吸收信息、对信息中提出的可能性做出创造性响应的能力越强，企业就越可能取得成功，对于管理人员和生产线上具有技术专长的工人都是如此。科学家和工程师参加战略规划和业务活动，对敏捷制造企业来说是决定性的因素。在制造过程的科技知识与产品研究开发的各个阶段，工程专家的协作是一种重要资源。

敏捷制造企业中的每一个人都应该认识到柔性可以使企业转变为一种通用工具，这种工具的应用仅仅取决于人们对使用这种工具进行工作的想象力。大规模生产企业的生产设施是专用的，因此，这类企业是一种专用工具。与此相反，敏捷制造企业是连续发展的制造系统，该系统的能力仅受人员的想象力、创造性和技能的限制，而不受设备限制。敏捷制造企业的特性支配着它在人员管理上所持有的完全不同于大量生产企业的态度。管理者与雇员之间的敌对关系是不能被容忍的，这种敌对关系限制了雇员接触有关企业运行状态的信息。信息必须完全公开，管理者与雇员之间必须建立相互信赖的关系。工作场所不仅要完全，而且对在企业的每一个层次上从事脑力创造性活动的人员都要有一定的吸引力。

## 第四节　大规模定制

1980 年，美国著名未来学家阿尔文·托夫勒在他的《第三次浪潮》一书中首次提出了一种理想化的生产系统，并称之为"非大量化"的生产系统，这一观点引起了学术界和企业界众多人士的关注。1990 年，S. 戴维斯撰写的《未来完美的震荡》一书，发展了托夫勒的观点和概念，提出了"大规模定制"思想。1993 年，美国策略前景公司 B. 约瑟夫·派恩二世在其《大规模定制——企业竞争的新前沿》一书中对大规模定制的内容进行了完整的描述。目前，国外已有不少知名企业采用了大规模定制生产方式，并且已取得了明显的成效。

### 一、大规模定制的概念、特征及技术基础

大规模定制是指以大规模生产的成本和速度为单个客户或单件、小批量多品种的市场，定制加工任意多数量产品的一种全新的生产经营模式。它通过产品结构和制造过程的重组，将定制产品的生产问题全部或部分转换为批量化生产，适应了消费需求个性化的需要，提升了企业的竞争力。简言之，大规模定制模式是指对定制的产品和服务进行个别的大规模生产。

大规模定制兼具大规模生产模式和定制模式的优点：在不牺牲企业经济效益的条件下，了解并满足单个客户的需求，对个性化定制产品和服务进行大规模生产。

在大规模生产中，企业通过规模经济实现低成本，即通过大批量和生产过程的高效率来降低产品和服务的单位成本。在定制模式下，企业主要通过范围经济实现低成本，应用单个工艺过程便可以方便快速地生产出多种产品和服务。因此，在大规模定制过程中，若要以较低成本对定制产品进行大规模生产，则需要兼顾规模经济和范围经济，即用标准化零部件实现规模经济，零部件按多种方式进行组合，形成多种最终产品，从而实现范围经济。大规模定制生产方式的产品制造过程吸取了大批量生产的规模经济优势，产品销售活

动借鉴了定制生产的多品种营销思想，在生产经营目标、原则、模式、控制等方面表现出明显的特征，如表 13-5 所示。

表 13-5  大规模定制生产方式特征分析

| 项目 | 特征分析 |
| --- | --- |
| 经营目标 | 以足够的变异性和定制化程度为每个顾客提供需要的产品和服务 |
| 竞争要素 | 时间、价格、客户满意 |
| 制造哲理 | 环境友好型、绿色制造与可持续发展相结合 |
| 制造模式 | 柔性化、敏捷化 |
| 制造原则 | 强调人、技术和组织管理的有机集成 |
| 制造技术 | 基于信息技术的可靠性、可重构性、可重用性 |

信息技术、自动化技术等先进技术在大规模定制中扮演了关键角色。在制造业，由数控机床和工业机器人等自动化设备及计算机网络组成的制造单元、柔性制造系统，以及计算机集成制造系统，大大增加了制造的柔性。在预先确定的多品种范围内，制造零件不会增加额外费用，从而建立起可以按需要快速响应变化的制造系统。计算机辅助设计（辅助制造）允许进行快速变型设计，甚至快速完成一个全新的设计，并可以从设计定义中自动产生制造要求。计算机集成制造系统将所有的由计算机控制的"自动化孤岛连接起来，成为一个快速、敏捷、灵活且产量高、成本低的集成系统"。这些制造技术可以同时产生规模经济和范围经济，也就是所谓的"集成经济"。有效顾客反应、精益生产技术、供应链管理、基于时间的竞争、交叉功能团队等大量先进管理技术的发展，增强了企业生产的灵活性和市场响应能力，在成本没有大幅度增加的前提下实现了多样化和定制化的要求。

大规模定制是优化供应链、增强对顾客的反应能力的一种有意义的方式，它给传统的生产、流通和消费模式带来了冲击。大规模按顾客订单定制不仅仅是一个制造过程、物流系统或营销战略，它还可能成为 21 世纪公司的组织原则。

## 二、企业向大规模定制转变的基本模式

运营模式是否与市场需求相适应将决定企业的生存和发展，这是业已被社会发展多次证明的历史事实。在今天，企业面临的市场和经营环境已经发生了深刻而影响深远的变化，具体表现在以下几方面：①由卖方市场转向买方市场，消费者拥有更大的市场权力。②技术进步日新月异，产品的生命周期日益缩短。③消费者需求呈现个性化、多样化、易变性，市场需求的不确定性增强。④全球经济进入一个速度利润和速度效益时代。

基于新的经营环境和市场规则，传统的生产运作模式已经不能适应外部环境的变化。对于长期采用大规模生产模式的公司来说，向大规模定制模式转变是其正确的战略选择。向大规模定制转变的基本模式有三：循序渐进模式；业务改造模式；创建新业务模式。

### （一）循序渐进模式

循序渐进的转变模式适合于市场扰动度虽然增加，但仍然很低，并且增加幅度很缓慢，有逐步转变的时间余度的企业。这是假定竞争对手还没有转变经营模式以适应大规模

定制的情况。反之，循序渐进转变模式可能难以适应竞争的需要，应考虑其他转变模式。

对于很多企业，从大规模生产向大规模定制转变是缓慢地、渐进地进行的。当市场扰动增加并且大规模生产模式陷入困境时，企业的本能反应是增加多样化和定制化。通过改进整个价值链或供应链的结构和功能，建立灵活的、快速响应的过程和组织，提供越来越多的多样化和定制化的产品与服务。尽管这样做成本会有所增加，但也可维持公司当前的局面。即使如此，企业在采取循序渐进转变模式的同时，也应该密切关注竞争对手的反应以及竞争态势的发展变化，以便灵活应对。

### （二）业务改造模式

当公司面临着急剧增加的市场扰动或竞争对手已经接近大规模定制模式时，循序渐进的转变模式显然难以适应竞争的需要，公司必须加快转变的步伐，摆脱旧生产方式的束缚，增加整个公司的灵活性和快速响应能力，对业务进行面向大规模定制的改造。

企业以顾客的个性化需求为中心进行业务改造，按他们的订单提供低成本产品和服务。业务改造只有在高层管理者发起或至少完全支持下才能得以实施。

### （三）创建新业务模式

创建基于大规模定制的新业务，特别是以大规模生产的价格提供多样化和定制化是实现转变的第三种模式。这些新业务通常以新的信息技术和通信技术为基础，在增加定制化成本的同时降低生产成本。业务在采用大规模定制的理念上占据优势，新业务可以从零开始，通过大规模定制产品和服务充分满足客户的个性化需求。

## 三、大规模定制下的敏捷产品开发

鉴于产品开发设计阶段在定制产品整个生命周期中的重要地位，大规模定制下的产品开发技术近年来已成为国内外学术界和企业界研究与应用的重点，在国外已经取得了长足的进展。

### （一）大规模定制下面向产品族的设计

面向产品族的设计是指设计过程中通过对已有需求并结合预测需求的分析，不仅仅考虑一种产品的设计，而是结合产品族中拟采用的定制方法提取变型参数，同时对一族产品进行设计的方法。面向产品族设计的结果将形成可变型的产品模型，能够在快速设计阶段针对单个客户需求进行产品配置。大规模定制下的面向产品族的设计需要对现有的客户需求进行系统的分析。通过对产品族定义以及最佳定制范围的确定，以质量功能展开部署的方法为核心，进行适当扩展，对客户需求与产品的功能模块之间的关系进行整理，将客户对产品外观、功能、性能、交货期、价格等方面的需求，转化为对其实施管理和控制的工程参数和生产管理参数，从而对产品的定制方法和需要定制的模块做出明确的定义。

#### 1. 产品定义

对于大规模定制模式，其产品族中的所有产品都能加以定义。这样一来，客户才能够真正获得定制的产品和服务。产品的定义不是单一产品的定义，而是产品定义的一个范围，它应该能表达出模块、标准零件、定制零件、定制配置和定制尺寸的各种不同的组合。

为了在大规模定制模式下设计产品和工艺，首先必须了解产品族的覆盖范围，然后，在此基础上确定产品族的最佳范围，这是一项非常重要的工作。

2. 大规模定制下的质量功能展开

大规模定制模式需要一种能够将客户的呼声转化为定制的产品族的方法。质量功能展开是一种在设计阶段应用的系统方法，它采用一定的方法保证将来自顾客或市场的需求，精确无误地转移到产品寿命循环每个阶段的有关技术和措施中去。

质量功能展开于 20 世纪 70 年代初起源于日本的三菱重工，由日本质量管理大师赤尾洋二和水野滋提出，旨在时刻确保产品设计满足顾客需求和价值。后来它被日本其他公司广泛采用，现已成为一种重要的质量设计技术，得到世界各国的普遍重视——认为它是满足顾客要求、赢得市场竞争、提高企业经济效益的有效技术。质量功能展开首先被成功地应用于船舶设计与制造业，现在已扩展到汽车、家电、服装、集成电路、建筑机械、农业机械等行业。

传统的生产质量控制是通过对生产的物质性检查——用观察与测试的手段来取得的，这种措施通常也被归于检验质量的方法。质量功能展开方法则帮助公司从检验产品转向检查产品设计的内在质量，因为设计质量是工程质量的基石，在设计阶段就要使质量要素融入其中。

简单地说，质量功能展开把客户的要求转换成相应的技术要求，帮助企业的研究小组系统化地达成共识：做什么？什么样的方法最好？怎样用最好的指令去完成工作？对员工与资源有什么要求？

一个典型的质量功能展开流程一般包括以下几个步骤：

（1）通过运用产品规划矩阵，发掘顾客的产品需求，或者是这些需求表现出来的技术特征。

（2）通过顾客需求，形成产品概念。

（3）运用概念选择矩阵，对产品概念进行评估，选择最佳概念。

（4）将系统概念或结构分割为次级系统结构，并将顾客的高级需求及其需求的技术特征分配给这些分割开的次级系统结构。

（5）通过运用零部件展开矩阵，将次级系统需求转化为低级的产品/零部件需求和属性。

（6）对于关键的零部件，将产品/零部件属性转化为制造操作流程规划。

（7）确定这些零部件的生产流程。

根据以上这些步骤，确定生产组织结构需求、流程控制以及质量控制，从而确保制造出合格的关键性的零部件，或者说满足零部件属性的需求。

**（二）早期的概念设计**

在完善了产品定义之后，接下来的工作是概念简化和结构优化，这一阶段对产品开发影响最大，它将决定产品生命周期中累积成本的 60%，而且，还将对产品质量、可靠性、可服务性、制造柔性和可定制性等关键性能指标产生重大的影响。对大规模定制模式而言，这一阶段将决定如何进行产品定制，以及由谁来完成产品的定制，同时也将决定能否顺利实现产品的定制及定制的效率如何。结构优化的一个重要部分是确定如何及何时对产品进行定制。

在早期的概念设计阶段，应该根据企业的实际情况对定制产品类型——模块化的定制、可调节的定制和参数化的定制的比例进行优化，以期实现大规模定制生产模式的高效率。

**1. 模块化的定制**

企业在设计时将许多零部件模块化，即将模块作为制造的基本组成元素，建立产品族和零件族。企业通过零件和产品的模块组合来满足顾客的需要，实现产品的定制。

**2. 可调节的定制**

这是一种可逆的定制产品方法。调节可以自动进行，也可以由工厂、经销商或者客户设定。一般来说，普通用户可能要求自动调节，而高级用户则可能希望亲自进行产品的配置以满足他们的高级需求。这样，自动调节和手动调节之间可以存在一种最佳的平衡。

可调节的定制需要注意的问题是：确保各种调节工作不要相互干涉，避免多重调节造成调节项目之间的不兼容。

**3. 参数化的定制**

参数化的定制可以是连续变化的，或者是一系列离散的选择。参数化使企业的产品具有许多可供使用者选择的功能，从而满足不同顾客的需要。在实际生产中，制造商所要做的是以高产量来维持合理的产品价格，特别是对其中关键的零部件要采用大量生产的模式。

### （三）面向产品族设计所需要的信息技术

大规模定制设计的实现同计算机技术、信息技术等密切相关，只有将设计、制造、销售等全部企业信息集成起来，形成信息管理的统一平台框架，为大规模定制下的产品设计提供有利的信息支持，大规模定制下的产品设计才能得以真正实现。

### 本章小结 》》

在变革的 21 世纪，技术进步和经济社会的发展，使得企业所处环境因素的不确定性大大增加，旧的生产方式已经很难适应环境的变化，这促使企业不断地寻求管理模式和生产方式的变革，涌现出准时生产制、最优生产技术、敏捷制造、大规模定制等许多先进的生产方式。

JIT 是一组活动的集合，其目的是实现在原材料、在制品及产成品保持最小库存的条件下进行大批量生产。"准时制"是基于任何工序只在需要时才生产必要的产品的逻辑。

OPT 是一种新的管理思想，提出了一种新的均衡编制与排产方法，与传统的强调生产作业优先级的确定、能力计划的编制等的管理方法不同，OPT 强调物流的优化。它主要适用于工厂内的协作性工程规划、制造、市场营销等作业以及进行重复性生产制造的工作中心。

敏捷制造作为一种制造哲理，目的是提高企业生产和经营上的敏捷性，及时满足市场多样化的需求；作为一种管理思想，其核心在于通过虚拟企业的形式，最大限度地提高资源利用率，充分利用转瞬即逝的市场机遇。它面向现代企业集团化、虚拟化的需求，能够极大地提高企业对市场反应的敏捷性和适应能力。

大规模定制是指以大规模生产的成本和速度为单个客户或单件、小批量多品种的市场，定制加工任意多数量产品的一种全新的生产经营模式。它通过产品结构和制造过程的重组，将定制产品的生产问题全部或部分转换为批量化生产，适应了消费需求个性化，提升了企业的竞争力。简言之，大规模定制模式是指对定制的产品和服务进行个别的大规模生产。大规模定制兼具大规模生产模式和定制模式的优点：在不牺牲企业经济效益的条件下，了解并满足单个客户的需求，对个性化定制产品和服务进行大规模生产。

## 练习与思考

1. 什么是 JIT？
2. 如何进行 JIT 的过程设计？
3. 敏捷制造的三要素是什么？
4. 简述一下大规模定制生产。

## 主要参考文献

毕星 . 2011. 项目管理 . 第二版 . 北京：清华大学出版社 .

陈关聚 . 2011. 项目管理 . 北京：中国人民大学出版社 .

陈心德，吴忠 . 2011. 生产运营管理 . 第二版 . 北京：清华大学出版社 .

龚国华，李旭 . 2010. 生产与运营管理——制造业和服务业 . 第三版 . 上海：复旦大学出版社 .

黄思明，王帆，宫大川 . 2012. 台湾运营管理案例 . 北京：中国人民大学出版社 .

季建华 . 2004. 运营管理 . 上海：上海人民出版社 .

科利尔，埃文斯 . 2011. 运营管理 . 第二版 . 马凤才，马俊，译 . 北京：机械工业出版社 .

李敏华 . 2011. 生产运作管理 . 北京：中央广播电视大学出版社 .

李全喜 . 2011. 生产运作管理 . 北京：北京大学出版社 .

李震 . 2012. ERP 原理、应用与实践 . 北京：清华大学出版社 .

刘丽文 . 2011. 生产与运作管理 . 第四版 . 北京：清华大学出版社 .

刘晓冰 . 2011. 运营管理 . 北京：清华大学出版社 .

欧阳文霞 . 2011. ERP 原理与应用 . 北京：人民邮电出版社 .

施罗德，戈尔茨坦，拉格塔斯纳海姆 . 2011. 运营管理：概念与案例 . 第五版 . 北京：清华大学出版社 .

孙慧 . 2011. 运营管理 . 上海：复旦大学出版社 .

孙科柳，石强 . 2012. 运营管理的 55 个关键细节 . 北京：中国电力出版社 .

希特 . 2005. 战略管理：竞争与全球化 . 吕巍，等译 . 北京：机械工业出版社 .

雅各布斯 . 2011. 运营管理 . 任建标译 . 北京：机械工业出版社 .

应可福，张凌 . 2012. 生产与运营管理 . 北京：高等教育出版社 .

张毕西 . 2011. 生产运营管理 . 北京：机械工业出版社 .